廊坊师范学院2016年度出版基金项目

鲍德里亚媒介文化理论的生存论阐释

王咏梅 ◎ 著

图书在版编目（CIP）数据

鲍德里亚媒介文化理论的生存论阐释 / 王咏梅著.
—北京：中央编译出版社，2019.8
ISBN 978-7-5117-3697-0

Ⅰ.①鲍…
Ⅱ.①王…
Ⅲ.①传播媒介—研究
Ⅳ.① G206.2

中国版本图书馆 CIP 数据核字（2018）第 300348 号

鲍德里亚媒介文化理论的生存论阐释

出 版 人	葛海彦
出版统筹	贾宇琰
责任编辑	郑永杰
责任印制	刘　慧
出版发行	中央编译出版社
地　　址	北京西城区车公庄大街乙 5 号鸿儒大厦 B 座（100044）
电　　话	（010）52612345（总编室）　（010）52612339（编辑室） （010）52612316（发行部）　（010）52612346（馆配部）
传　　真	（010）66515838
经　　销	全国新华书店
印　　刷	天津雅泽印刷有限公司
开　　本	710 毫米 × 1000 毫米　1/16
字　　数	199 千字
印　　张	15.5
版　　次	2019 年 8 月第 1 版
印　　次	2019 年 8 月第 1 次印刷
定　　价	65.00 元

网　　址	www.cctphome.com　　邮　　箱：cctp@cctphome.com
新浪微博	@中央编译出版社　　微　　信：中央编译出版社（ID：cctphome）
淘宝店铺	中央编译出版社直销店（http：//shop108367160.taobao.com）（010）55626985

本社常年法律顾问：北京市吴栾赵阎律师事务所律师 闫军 梁勤
凡有印装质量问题，本社负责调换，电话：（010）55626985

目　录

绪　论 ··· 1
　一、鲍德里亚研究：国内外研究视角的多样性 ················ 3
　二、鲍德里亚研究：生存论视角的应然性与必要性 ········· 13

第一章　媒介的全面殖民：媒介化生存批判的社会现实语境 ··· 30
　一、媒介化生存：诸种现实表征 ··································· 31
　二、媒介化生存：人类生存异化的新变 ························ 42

第二章　物品体系：媒介化生存的符号化表征 ················ 73
　一、功能物体系与人的功能化生存 ······························· 78
　二、非功能物体系与人的抽象化生存 ···························· 87
　三、病态或变态功能物体系与人的自动化主义迷思 ········· 92
　四、消费物体系与人的差异化生存 ······························· 96

第三章 消费社会：媒介化生存的体制化情境 …… 103
一、以消费为交流媒介：消费社会媒介化生存的内涵 …… 103
二、消费本位：消费社会媒介化生存的伦理机制 …… 110
三、符号消费：消费社会媒介化生存的驯化机制 …… 120
四、消费异化：消费社会媒介化生存的异化表征 …… 127
五、意识形态操控：消费社会媒介化生存的异化根源 …… 135

第四章 大众传媒：媒介化生存的操控性系统 …… 146
一、广告与消费意识形态幻象的操控 …… 147
二、一般大众媒介及其文化生产原则的操控 …… 165

第五章 象征交换与命定策略：媒介化生存的救赎理想 …… 180
一、物化、景观化生存困境的突围策略：历史参照系 …… 181
二、媒介化生存困境的救赎理想：鲍德里亚的乌托邦 …… 199

结 语 …… 222

参考文献 …… 225

后 记 …… 241

绪　论

在20世纪后期以来西方学术思想的璀璨星河中，法国学者让·鲍德里亚（Jean Baudrillard）独到、深刻、犀利、充满挑战性和诗意性的思想尤为耀眼夺目。这位如今头顶"哲学家""社会学家""思想家""媒介理论家""后现代教父"等多项桂冠的闻名全球的人物，虽然早在20世纪60年代末至80年代初就陆续出版了《物体系》(1968)、《消费社会》(1970)、《符号政治经济学批判》(1972)、《生产之镜》(1973)、《象征交换与死亡》(1976)、《论诱惑》(1979)、《拟像与拟仿》(1981)、《拟仿》(1983)、《命定策略》(1983)等主要理论著作，但由于与生俱来的反叛性格造成的与学术体制的疏离及其理论的激进批判性，使之在当时并未得到法国学术界的普遍认可，也未能得到应有的重视。直到80年代中后期，在后现代主义思潮的汹涌激荡中，鲍德里亚才仿佛一枚沙滩上掩埋已久的贝壳，被时代的浪潮冲刷掉了身上的沙砾，显现出五色缤纷、绚烂夺目的真实面目，成为法国思想界继萨特、列维-施特劳斯、罗兰·巴特、德里达、福柯等人之后的中心人物，并且在世界各地的媒体、学院体系和公众之间引起了广泛的关注。1988年9月21日，英国的《卫报》以《鲍德里亚是谁》为标题，用整版篇幅对其加以报道，称其为"社会学的教授，大灾变的预言家，大恐慌的狂热抒情诗人，没有中心的后现代荒原的痴迷描述者，纽约文人圈最热门的人物"；1990年5月11日，《欧洲人》周报创刊号在显著的位置摘引鲍德里亚的格言作为欧洲知识分子的代言；美国的《纽约时报》称他是"后马克思主义'左'派阵营中一个火药味十足的孤独漫游者"[①]；加拿大的一份杂志推出了鲍德里亚专刊，把他称作"一个异数，一种症候、符号、魅力，尤其是通向另一世界的一个通道"；在澳大利亚，有学者提出了"鲍德里亚风景"这一概念和命题；德国则有研究者称鲍德里亚是"终结现代性的理论家"[②]；英国学者尼克·史蒂文森把鲍德里亚的理论比喻为"暴风雪"的来临，称其媒介文化理论"对时下已有的大众传播提供了最为精辟的后现代批评"[③]；鲍德里亚的美国研究者道格拉斯·凯尔纳则宣称：鲍德里亚"是一位千年末的理论家，他为后现代性的新时代设立了标志杆，他是走向新时代的一位重要的向导"[④]，并称鲍德里亚"是迄今为止立场最为鲜明的后现代思想家之一……是新的后现代世界的'守护神'，是给后现代场景注入理论活力的汹涌巨浪，是新的后现代性的超级理论家"[⑤]。与此同时，对鲍德里亚的质疑和批评也不绝于耳。总

[①] 季桂保：《后现代境遇中的鲍德里亚》，见包亚明主编：《后现代性与地理学的政治》，上海教育出版社2001年版，第44页。

[②] 季桂保：《后现代境遇中的鲍德里亚》，见包亚明主编：《后现代性与地理学的政治》，上海教育出版社2001年版，第43页。

[③] ［英］尼克·史蒂文森：《认识媒介文化——社会理论与大众传播》，王文斌译，商务印书馆2005年版，第226页。

[④] ［美］道格拉斯·凯尔纳编：《波德里亚：批判性的读本》，陈维振等译，江苏人民出版社2005年版，第25页。

[⑤] ［美］道格拉斯·凯尔纳、斯蒂文·贝斯特：《后现代理论：批判性的质疑》，张志斌译，中央编译出版社2006年版，第127页。

之,近二十年的时间里,鲍德里亚的理论"深刻地影响了文化理论以及有关当代媒体、艺术和社会的话语"①,在许多后现代期刊和团体中都被看作是"对马克思主义、精神分析学、哲学、符号学、政治经济学、人类学、社会学和其他学科中正统理论和传统智慧的挑战"②,从而使他成为当今学术界具有国际影响力且最具争议性的理论家,对其学术思想的研究也在世界范围内形成了经久不衰且愈演愈烈的热潮。

一、鲍德里亚研究:国内外研究视角的多样性

(一)西方学界的研究视角

国外在 20 世纪 80 年代中后期即开始了对鲍德里亚的研究,至 90 年代研究不断升温,关于鲍德里亚的学术研讨会接连在各国举行,多本有关鲍德里亚的传记和访谈录相继问世,对鲍德里亚进行专门研究的著作和论文不断出版和发表,数量之多"不可胜数"。就目前国内所能查阅到的资料来看,英语世界对鲍德里亚的专题研究著作和访谈录、论文集、传记等有二十多本,其中,美国学者道格拉斯·凯尔纳(Douglas Kellner)于 1989 年出版的《让·鲍德里亚:从马克思主义到后现代主义及其超越》(*Jean Baudrillard: From Marxism to Postmodernism and Beyond*)是研究鲍德里亚的开山之作,影响非常深远。此书按照鲍德里亚学术思想发展的脉

---

① [美]道格拉斯·凯尔纳、斯蒂文·贝斯特:《后现代理论:批判性的质疑》,张志斌译,中央编译出版社 2006 年版,第 127 页。

② Douglas Kellner, *Jean Baudrillard: From Marxism to Postmodernism and Beyond*, Stanford University Press, 1989, p.1.

络，分七章进行了全面的分析，内容涉及消费社会、政治经济学、马克思主义、媒介文化、后现代性、精神分析、女性主义、形而上学等，其多样化的研究方法和研究视角颇有奠基意义和示范作用，使得之后的研究者大多是沿着此书所开辟的路径进一步拓展和深入。总体来看，西方学术界的鲍德里亚研究大致有如下视角。

1. 后现代视角的研究

这类研究将鲍德里亚置于后现代主义语境中，或直接考察其理论的后现代性特征，如道格拉斯·凯尔纳与斯蒂文·贝斯特1991年合著出版的《后现代理论：批判性的质疑》（*Postmodern Theory: Critical Interrogations*）第四章"走向后现代性的鲍德里亚"，着重论述了鲍德里亚对现代性的探索及其向后现代性的转变，明确指出"鲍德里亚发展出了迄今为止最引人注目也是最极端的后现代性理论"[①]；或通过对鲍德里亚与其他后现代主义者之间理论渊源的分析与理论观点的比较，揭示鲍德里亚理论的独特内涵与价值，如朱利安·皮佛内斯（Julian Pefanis）的《异源性与后现代》（*Heterology and the Postmodern*，1991）将鲍德里亚与巴塔耶、利奥塔进行了比较，迈克·甘恩（Mike Gane）的《鲍德里亚：批判与命定性理论》（*Baudrillard: Critical and Fatal Theory*，1991）揭示了鲍德里亚与萨特、阿尔都塞、列维-施特劳斯、德波、巴特、巴塔耶、德里达、福柯、克里斯蒂娃、列斐伏尔等人之间的渊源关系，并分析了其理论与后现代主义、马克思主义、女性主义的关系，泰勒塔玛·瑞杰恩（Tilottama Rajan）的《解构与现象学残余》（*Deconstruction and the Remainders of Phenomenology*，2002）将鲍德里亚从人类学到消费社会理论的转变放到

---

① 译文参见［美］道格拉斯·凯尔纳、斯蒂文·贝斯特：《后现代理论：批判性的质疑》，张志斌译，中央编译出版社2006年版，第127页。

与萨特、海德格尔、德里达、福柯等人的现象学理论的关系中考察,凸显了其后现代社会理论的解构性特征。

2. 文化视阈的研究

英国学者迈克·甘恩的《鲍德里亚的寓言:鲍德里亚与文化》(*Baudrillard's Bestiary: Baudrillard and Culture*,1991)是较早从文化视阈对鲍德里亚进行专门研究的著作,是将鲍德里亚视为一个文化批评家的重要导读。值得注意的是,书中明确地就某些问题将鲍德里亚与其他思想家加以比较,如就媒介的作用问题与麦克卢汉比较,就关于巴黎蓬皮杜(Pompidou)中心的不同看法与詹姆逊进行比较,从而加深了人们对鲍德里亚理论的认识。加拿大学者查尔斯·莱文(Charles Levin)的《让·鲍德里亚:文化形而上学研究》(*Jean Baudrillard: A Study in Cultural Metaphysics*,1996)试图详尽地说明与鲍德里亚著作相关的文化形而上学观念,并通过这个观念强调鲍德里亚理论游戏式的、否定的特征和对意义的根本拒斥。此外,莱文还把鲍德里亚的著作与一系列艺术运动和作家如超现实主义、达达、巴塔耶、包豪斯等排列在一起,突出了鲍德里亚的著作对文化和艺术研究的意义。

3. 媒介视角的研究

鲍德里亚的媒介文化理论历来受到研究者们的重视。道格拉斯·凯尔纳的《让·鲍德里亚:从马克思主义到后现代主义及其超越》、迈克·甘恩的《鲍德里亚的寓言:鲍德里亚与文化》、尼克·史蒂文森的《认识媒介文化:社会理论与大众传播》等著作中都有专门的章节加以论述,加里·基诺斯克(Gary Genosko)1999年出版的《麦克卢汉与鲍德里亚》(*McLuhan and Baudrillard*),首次将媒介文化领域两位思想大师的"内爆"理论进行了系统的比较研究，而威廉·麦瑞恩（William Merrin）于2005年出版的《鲍德里亚与媒介》（*Baudrillard and the Media*），则从媒介与大众传播、媒介的仿真游戏、电子媒介与人的关系、媒介与战争操演、虚拟现实与社会控制等方面，对鲍德里亚的媒介文化理论进行了更为全面、系统而深入的研究。

4. 符号学视角的研究

以加拿大学者加里·基诺斯克的《鲍德里亚与符号》（*Baudrillard and Signs*，1994）为代表。此书将鲍德里亚提出的"象征交换"（Symbolic Exchange）这一关键概念置于欧美符号学理论建立、成熟与发展的历史进程中进行批判性检验，列举了一系列重要的符号学理论，试图概括出鲍德里亚的革新之处即在于其"象征交换"概念取消了能指和所指之间的"/"（差异和对立），并运用美国符号学家皮尔士的思想更好地解释了鲍德里亚的理论。书中还讨论了鲍德里亚与德勒兹、瓜塔里、拉康、德塞都、利奥塔等人的思想关联，指明了鲍德里亚著作中很多被忽略的特征。基诺斯克对鲍德里亚著作的符号学研究，开启了一个新的研究方向，所取得的研究成果具有重要的参考价值。

5. 女性主义的研究

这是西方鲍德里亚研究的一个重要视角。这类研究在道格拉斯·凯尔纳的《让·鲍德里亚：从马克思主义到后现代主义及其超越》、迈克·甘恩的《鲍德里亚：批判与命定性理论》等著作中已有章节性论述，到维克托尔·格蕾斯（Victoria Grace）2000年出版的《鲍德里亚的挑战：女性主义阅读》（*Baudrillard's Challenge：A Feminist Reading*）已发展为系统性的专门研究，不仅对鲍德里亚研究的拓展和深入有重要意义，而且对女性主义理论的发展有极大的参考价值。

（二）中国学界的研究视角

由以上提纲挈领的勾勒可以看出，近二十年来西方学界对鲍德里亚的研究越来越系统化、专门化、深入化，研究内容日益丰富，研究领域日益扩大，研究方法也日益多样。与此形成鲜明对照的是，我国学术界对鲍德里亚的研究从20世纪90年代后期开始起步，比西方晚了将近十年的时间，而且在长达七八年的时间里处于冷落和停滞的状态，究其原因，当与鲍德里亚理论的复杂多变、晦涩难解导致的译介和研究的困难有关。直至2005年后才出现研究的升温并呈现出发展的态势，这与消费社会、媒介社会、后现代社会状况在我国的出现以及相关理论的输入不无关系，更是2007年3月6日鲍德里亚辞世后全世界对其纪念所引发的又一股研究热潮的直接影响。就目前所能查阅到的资料来看，国内的鲍德里亚研究成果共有十几部专著，多为博士论文修改而成。[①] 另有十余部著作中的章节性研究以及公开发表在各级各类期刊上的研究论文五百余篇。此外还有一百

[①] 仰海峰：《走向后马克思：从生产之镜到符号之镜——早期鲍德里亚思想的文本学解读》，中央编译出版社2004年版；戴阿宝：《终结的力量：鲍德里亚前期思想研究》，中国社会科学出版社2006年版；高亚春：《符号与象征：波德里亚消费社会批判理论研究》，人民出版社2007年版；夏莹：《消费社会理论及其方法论导论：基于早期鲍德里亚的一种批判理论建构》，中国社会科学出版社2007年版；张天勇：《社会符号化：马克思主义视阈中的鲍德里亚后期思想研究》，人民出版社2008年版；孔明安：《物·象征·仿真：鲍德里亚哲学思想研究》，安徽人民出版社2008年版；张一兵：《反鲍德里亚：一个后现代学术神话的祛魅》，商务印书馆2009年版；李宁：《技术现代性的悖反逻辑——鲍德里亚批判理论研究》，江苏人民出版社2010年版；刘翔：《采取物的立场——让·鲍德里亚的极端反主体主义思想研究》，中国社会科学出版社2012年版；韩欲立：《马克思政治经济学批判的哲学意义——鲍德里亚的批判及其回应》，复旦大学出版社2013年版；张劲松：《重释与批判：鲍德里亚的后现代理论研究》，上海人民出版社2013年版；裴云：《波德里亚理论及其在中国的传播》，暨南大学出版社2014年版；汪德宁：《超真实的符号世界——鲍德里亚思想研究》，中国社会科学出版社2016年版；宋德孝：《符号政治经济学批判——鲍德里亚早期思想研究》，上海社会科学院出版社2016年版。

余篇收录在中国知网博硕士论文数据库中的学位论文。总体来看，这些研究的视角主要集中在四个方面。

1. 消费社会理论研究

这类研究数量最多，视角也比较多样化。但其中能够对鲍德里亚的消费社会理论进行较为深刻的分析、阐释并做出独到而精当的科学评价的尚且不多。较好的研究有：王岳川从现代性问题与文化危机、消费社会形态转型和媒介传播的结构、消费主义与日常生活、商品拜物教中的精神生态危机、大众传媒与世俗化问题等五个方面，深刻阐释了鲍德里亚的后现代消费社会理论对揭示当代世界性的消费社会文化困境所具有的重要意义[1]；孔明安从方法论的角度考察鲍德里亚的消费社会理论，指出其"从马克思主义和西方马克思主义对商品和物的研究开始，逐渐进入对现代消费社会的研究，并逐渐开始偏离马克思主义的方法，发展出自己的一套消费社会的理论"[2]；余源培从哲学视角进行研究，对鲍德里亚"企图对唯物史观进行'颠覆'"以及"不懂消费与生产的现实辩证关系，片面地离开生产探讨消费的新特征，甚至主张用消费取代生产"的"错误"进行了批判[3]；高亚春吸收了基诺斯克对鲍德里亚研究的符号学方法，从鲍德里亚著作的"符号与象征的双螺旋结构"入手，探索了其消费社会理论由"现代性之内的反思和批判"到"现代性他者立场上的反思和批判"最后走向后现代的发展历程[4]，对我们从整体上把握鲍德里亚学术思想的动态演进

---

[1] 王岳川：《消费社会中的精神生态困境》，载《北京大学学报》（哲学社会科学版），2002年第4期。

[2] 孔明安：《从物的消费到符号消费》，载《哲学研究》，2002年第11期。

[3] 余源培：《评鲍德里亚的"消费社会理论"》，载《复旦学报》（社会科学版），2008年第1期。

[4] 高亚春：《符号与象征：波德里亚消费社会批判理论研究》，人民出版社2007年版。

具有重要意义；夏莹立足于"抽取出一种可适用于一般性批判的方法论体系，以建构一般性的消费社会理论"①的研究及其取得的成果，则为鲍德里亚消费社会理论的重要意义做了生动的注解。此外，尤为值得注意的是，陈立新强调从存在论透视鲍德里亚消费社会理论的必要性，提出"鲍德里亚揭示了当代人的何种生存性质""如何给鲍德里亚由批判马克思而来的划界做出存在论定位"等问题②，给我们提供了新的思考方向。

2. 媒介文化理论研究

媒介文化理论是鲍德里亚思想中的一个重要组成部分，也是贯穿其一生的思想主题，因此同样受到了国内学者的关注。总的来看，大多数研究者都还局限于对鲍德里亚以"仿真""超现实""内爆"等核心概念组织起来的媒介文化理论的主要内容及其含义的阐释，但也有一些学者在此基础上做了进一步的分析、批判：孔明安通过对鲍德里亚前后两个时期媒体思想的不同内容及特点的考察，指出其媒体批判理论标志着西方社会批判理论已从单纯的物的"异化"批判进入大众媒体的"符号"批判，其对媒介技术的分析，开辟了批判现代资本主义社会的一个新视野③；刘燕则对鲍德里亚激进的后现代主义媒介理论所蕴含的虚无主义倾向提出了质疑④；而孙燕的研究得出的是"博德里亚的媒介理论过多地强调了媒介的技术形式和效

---

① 夏莹：《消费社会理论及其方法论导论：基于早期鲍德里亚的一种批判理论建构》，中国社会科学出版社 2007 年版，第 12 页。
② 陈立新：《鲍德里亚消费社会理论存在论上的启示》，载《哲学动态》，2008 年第 1 期。
③ 孔明安：《从媒体的象征交换到"游戏"的大众——鲍德里亚的大众媒体批判理论研究》，载《南京大学学报》（哲学·人文科学·社会科学版），2004 年第 2 期。
④ 刘燕：《鲍德里亚的后现代传媒理论与媒介现实的构建》，载《国际新闻界》，2005 年第 3 期。

果，贬抑了媒介的内容和语境，因而被道格拉斯·凯尔纳称作是一种形式主义理论，一种反阐释学理论"①的结论。需要特别指出的是，尽管大众传媒是鲍德里亚理论关注的焦点，但他实际上是在"指向个体与外界之间的一切社会化交往中介"这一更广泛的意义上使用"媒介"概念的，因而他的媒介文化理论便不仅仅限于大众传媒，相应地，对其媒介文化理论的研究也应该采取一种更为宏阔的视角。在这方面，李宁的博士论文《技术现代性的悖反逻辑：鲍德里亚的媒介批判理论》②堪称一个很好的范例。作者从技术哲学批判的角度，深入分析了早期与晚期的鲍德里亚媒介文化理论在理论立足点、主要内容与特点等方面的不同及其"反启蒙"转向，其中揭示出的鲍德里亚媒介文化理论对现代人的生存困境的关注将我们引向一片有待深入发掘的研究空间。

3. 马克思主义研究

这类研究成果较多，大多是从鲍德里亚的《生产之镜》《消费社会》《符号政治经济学批判》《象征交换与死亡》等文本的解读出发，对鲍德里亚与马克思的劳动、生产、消费理论和政治经济学理论的比较分析。研究者们通过细致的分析、比较，普遍认为鲍德里亚对马克思的劳动、生产等概念存在误读，并对鲍德里亚试图以符号政治经济学批判超越、发展马克思主义政治经济学批判提出了质疑。更有学者进一步指出了鲍德里亚对马克思主义进行错误的批判和解构的根源：姚顺良认为，造成鲍德里亚对马克思"劳动"概念误读和曲解的直接原因，主要在于他总是自觉不自觉地透过"西方马克思主义"的棱镜来解读马克思主义。更进一步说，还有

---

① 孙燕：《博德里亚的后现代媒介理论》，载《广西社会科学》，2007年第6期。
② 李宁：《技术现代性的悖反逻辑：鲍德里亚的媒介批判理论》，南京大学博士论文，2004年。

着其自身的深层方法论根源，即在概念的历史性与普遍性问题上否认普遍性、在批判的内在性与外在性问题上反对内在批判的错误立场①；唐正东认为，鲍德里亚根本没有进入"使用价值""交换价值"这些概念在马克思那里的历史发生学视域，因而不仅导致他对马克思"生产"概念之本质的误判，而且还导致他对马克思的社会历史观的误读②；韩欲立、温晓春则指出，鲍德里亚以走出生产逻辑、进入消费逻辑为探索当代政治经济学批判新范式的出路，其哲学后果隐含着对马克思哲学的革命因素——历史辩证法的彻底遗忘③。

此外，仰海峰、张一兵分别考察了鲍德里亚"从西方马克思主义到后马克思思潮"以及"从后马克思到反马克思主义"的思想演变轨迹。还有学者在承认鲍德里亚与马克思主义存在差异的基础上分析了二者的关联，指出：对拜物逻辑的批判，是鲍德里亚与马克思共同的社会批判题域和靶心④；鲍德里亚对马克思生产主义的否定和对消费社会的批判是基于同一逻辑基础之上的，他选择象征交换理论超越马克思政治经济学，其实并没有"走出马克思"，而是"接续"了马克思尚未展开的理论空间⑤。上述学者对鲍德里亚与马克思主义之间复杂关系的考察与辨析，为我们更好地理解鲍德里亚的思想提供了有益的参考。

---

① 姚顺良：《鲍德里亚对马克思劳动概念的误读及其方法论根源》，载《现代哲学》，2007年第2期。

② 唐正东：《鲍德里亚对马克思生产概念的误读》，载《现代哲学》，2007年第2期。

③ 韩欲立、温晓春：《使用价值概念及其批判：鲍德里亚政治经济学批判的哲学后果》，载《江淮论坛》，2007年第2期。

④ 张雄、曹东勃：《拜物逻辑的批判：马克思与波德里亚》，载《学术月刊》，2007年第12期。

⑤ 曾军：《鲍德里亚走出了马克思？——从中国学界对鲍德里亚的误读谈起》，载《黑龙江社会科学》，2006年第5期。

4. 后现代理论研究

鲍德里亚是作为后现代理论家被引介到中国的，因此，分析、揭示鲍德里亚理论中的后现代性特征也就成了鲍德里亚研究的题中应有之义。对鲍德里亚理论的后现代性特征的揭示，主要涉及其消费社会理论和媒介文化理论。徐琴、曾德华从"现代技术本身的性质、技术社会与消费主义的内在联系以及现代技术的本质在大众媒体中的完成"等三个方面考察了鲍德里亚对现代技术社会进行的深刻而富有特征的批判，指出其批判性分析在一定意义上汲取了马克思学说的灵感，并承继着法兰克福学派社会批判理论的传统，但其基本性质乃是后现代主义的[1]；戴阿宝集中讨论了鲍德里亚的"超真实"后现代视界，指出"超真实"作为一个后现代概念，不是对真实的背叛，而是指一种比真实更真实的超级真实状况，由此，鲍德里亚在某种意义上瓦解了现代性所追求的真实观念[2]；李昕、赵铭恕进一步指出，鲍德里亚理论对后现代社会的文化逻辑提出了独到的见解，但掉进了技术决定论和悲观主义的陷阱[3]。此外，鲍德里亚的后现代"超美学"（Transaesthetics）理论也引起了一些研究者的重视[4]。需要指出的是，目前国内从后现代视角对鲍德里亚理论进行的研究，还缺少对其中的后现代性与现代性之关联以及由现代性向后现代性转向的内在逻辑的深入分析，而对鲍德里亚后现代理论的独特性、内在矛盾及其深层原因也缺乏必要的探讨。

---

[1] 徐琴、曾德华：《波德里亚对技术社会的后现代主义批判》，载《上海大学学报》（社会科学版），2007年第1期。

[2] 戴阿宝：《鲍德里亚：超真实的后现代视界》，载《外国文学》，2004年第3期。

[3] 李昕、赵铭恕：《真实的消亡——鲍德里亚"超真实"的后现代文化逻辑分析》，载《湖北社会科学》，2007年第3期。

[4] 张法：《20世纪西方美学史》，四川人民出版社2003年版，第299—312页。支宇：《"超美学"——论鲍德里亚后现代美学思想》，载《西南民族大学学报》（人文社科版），2005年第11期。

二、鲍德里亚研究：生存论视角的应然性与必要性

综观国内外鲍德里亚研究的历史与现状，可以看到，鲍德里亚理论的后现代性以及最能体现这种后现代特征的媒介文化理论已经成为中西方学术界共同关注的焦点。这一学术焦点所具有的强大理论张力自然也吸引了笔者。在对这一焦点（或者毋宁说是"黑洞"）的深入探察过程中，笔者发现，鲍德里亚的媒介文化理论有两个突出特点：一是"媒介"概念的广义性，即泛指一切具有中介作用的事物；二是始终关注媒介与人类生存之间的关系问题。这使他的媒介文化理论具有一种鲜明的生存哲学色彩。然而，研究者们普遍忽视了从生存论视角对鲍德里亚的媒介文化理论进行深入的阐释（这或许是因为在萨特过分强调感性个体的"自由选择"以及"他人即地狱"的存在主义思潮为人所诟病、人们对"生存论"和"存在论"之类的话语已产生了某种警惕、抵触甚至是厌倦、逆反的时代背景下，重提生存论问题，需要冒一定的被误解与被排斥的理论风险吧）。实际上，无论是鲍德里亚媒介文化批判理论自身的特点，还是现代哲学领域"生存论转向"的理论事实，无不昭示了将鲍德里亚的媒介文化理论纳入生存论视阈进行研究的应然性与必要性。

（一）生存论视角下鲍德里亚媒介文化理论研究的应然性

1. 媒介化生存批判：贯穿鲍德里亚学术生涯的思想红线

从生存论视角对鲍德里亚的媒介文化理论进行研究，首先是由其媒介文化理论自身的特点——在看似纷繁莫测的理论主题的流变中始终贯穿着对现代、后现代社会人的媒介化生存困境的忧思与批判——所决定的。

鲍德里亚的人生历程及其学术生涯充满了挑战、反叛与"断裂"。祖辈世代务农，父母亲是城市小公务员——生长在这样一个毫无知识氛围的家庭环境中的鲍德里亚，却立志要成为一名知识分子。在巴黎著名的亨利四世中学进行了艰苦的文化资本的"原始积累"后，本来有望升入法国高等师范学院的鲍德里亚，却与父母亲、与他的家庭"决裂"——逃离了大学的预科班，离家出走当了一名农工。这一举动在鲍德里亚的生命历程中"建立了一种决裂的模式，之后又以位移的程序，影响了其他事物"①。尽管鲍德里亚后来还是完成了索邦大学德文专业的学业，但没能如愿考取高等教师资格证。1966年，在经过了长达十年的蹉跎岁月后②，鲍德里亚完成了他的社会学博士学位论文，并在导师列斐伏尔的鼎力相助下，终于挤进了学术体制的窄门，成为南特尔（Nanterre）大学一名社会学助教。1968年，鲍德里亚以由其博士学位论文修改而成的《物体系》一书的出版为起点，正式踏上了独辟蹊径、标新立异的学术探险之旅。伴随着这条"前途多歧"的"林中路"③向远方的不断蜿蜒，他那自童年、青少年时代即已根植于内心的"决裂情结"衍生出了一系列现实的或虚拟的决裂：与导师列斐伏尔的决裂，与大学体制的决裂，与

---

① ［法］尚·布希亚：《物体系》，林志明译，（台湾）时报文化出版企业股份有限公司1998年版，第16页。

② 自1956年开始，鲍德里亚做了整整十年的中学德语教师。这也是他游离于学术体制之外的文化资本积累时期，其成果具体表现为：1962年在萨特创办的《现代》杂志上连续发表了三篇已透露出其后来思想主题之端倪的文学评论；1963年编辑了一本名为《德国人》的文集；1965—1966年翻译了德国作家布莱希特的《流亡者对话》以及彼德·怀斯的《马哈／萨德》等著作。参见［法］尚·布希亚：《物体系》，林志明译，（台湾）时报文化出版企业股份有限公司1998年版，第XIX–XXII页。

③ 美国现代诗人罗伯特·弗洛斯特的诗《没有走的路》中的意象。参见赵毅衡编译：《美国现代诗选》（上），外国文学出版社1985年版，第22—23页。

政治界的决裂，与马克思主义的决裂，与弗洛伊德主义的决裂，与福柯的决裂，与女性主义、生态主义甚至后现代主义的决裂，最后从根本上同"现实"本身决裂。①

可以说，鲍德里亚的理论建构处于不断的"流变"过程中，甚至出现了前后"断裂"，这一点已为学界所公认。正因如此，研究者们通常从不同的研究视角和论题需要出发，将鲍德里亚学术思想的发展过程进行阶段性划分。如仰海峰从马克思主义研究立场出发，将鲍德里亚的理论发展分为三个阶段：第一阶段是在西方马克思主义批判理论的影响之下，结合符号学与精神分析理论展开的对消费社会的批判分析，主要作品为《物体系》《消费社会》《符号政治经济学批判》；第二阶段是从西方马克思主义转向后马克思主义思潮，主要作品为《生产之镜》《象征交换与死亡》；第三阶段是同一切现有思潮决裂，最后同现实本身决裂，走向了物体支配一切的阶段。②美国学者凯尔纳和贝斯特将鲍德里亚置于现代性的发展演变这一时代背景下，对其思想进程做了"现代性"与"后现代性"的二分，认为鲍德里亚在其1980年之前的早期著作中通过对客体系统、消费社会、媒体与信息、现代艺术、当代时尚、性和思想等问题的分析，提出了他的现代性理论；同时在这些著作中已经包含了许多"原型后现代"（Proto-postmodern）主题；而在后期的著作中，则转向了以"类象""内爆"和"超现实"为核心主题的后现代性理论建构以及对当

---

① 仰海峰：《走向后马克思：从生产之镜到符号之镜——早期鲍德里亚思想的文本学解读》，中央编译出版社2004年版，第6—7页。

② 仰海峰：《走向后马克思：从生产之镜到符号之镜——早期鲍德里亚思想的文本学解读》，中央编译出版社2004年版，第9—10页。

代场景中主体与客体之间新型关系的后现代形而上学沉思。①毋庸置疑，这些划分都从某种角度准确地把握了鲍德里亚学术思想的流变与断裂。但也存在着一个显而易见的问题，那就是只关注流变与断裂，而忽视了对其背后的内在关联的探究与追问。事实上，无论是从个体还是从"类"的角度来看，任何思想的演进都不可能是对此前思想的绝对反叛、超越或背弃。正是基于这样的信念，笔者在对鲍德里亚的著作进行细读并寻找其内在关联的过程中，发现在他近四十年的学术生涯中有着一种始终如一的致思路向和价值取向，那就是：对现代以及后现代社会人的媒介化生存状态和困境的忧思与批判。

在某种意义上，西方社会发展史可以说是一个人类生存不断异化的历史。在前工业社会，人的生存受强大的自然力量和神秘的"上帝"宰制，处于一种听天由命的"自然化生存"和寄望于神灵的"超验化生存"状态。到了工业社会，人在生产劳动中身体被机器分割、肢解为一个个"部件"，成为流水线上的一个个环节，人的生存也被机器大工业的生产方式异化为一种"机械化生存"；同时，在非生产领域，由于人的价值体现为其所拥有的产品（商品）的交换价值，人与人之间的交往关系也被物化为一种商品与商品之间的交换关系，从而使人陷入一种"商品化生存"状态。而到了后工业时代，人的生存状态出现了新的异化形式，即"媒介化生存"，主要表现为在消费取代生产成为社会生活的主导模式和社会发展的主导力量的时代，人的生存愈益受到广告、电视、广播等大众传媒以及被这些大众传媒景观化了的商品和时尚的制约。不过，与这种被人们在经验层面上广为认同的一般性体认有所不同，在鲍德里亚的理论话语中，

---

① ［美］道格拉斯·凯尔纳、斯蒂文·贝斯特：《后现代理论：批判性的质疑》，张志斌译，中央编译出版社2006年版，第128—157页。

"媒介化生存"所涉及的范围更加广泛。尽管他对"媒介"概念正如对其他许多重要概念一样并未加以明确的界定,但我们从其著作的具体表述中可以发现,鲍德里亚是在"指向个体与外界之间的一切社会化交往中介"这一更广泛的意义上使用"媒介"概念的。由此出发,媒介化生存的空间范围在鲍德里亚的理论视野中便有所扩大:从日常生活世界的各式物品,到以消费促生产的社会机制,再到媒体机构操控的大众传媒,乃至社会文化领域的各种意识形态,举凡能对人类生存产生影响的一切具体和抽象事物,均纳入了其媒介化生存批判的视阈;而在时间范围上,鲍德里亚所理解的媒介化生存也不限于大众传媒和高新科技主宰社会生活的后工业社会,而是上延到了马克思时代的机器大工业社会。在他看来,"劳动的伦理"(即劳动是人从自然界获取物质生活资料、满足人类生存需要的中介和必要手段的观念),客观上为资产阶级对工人劳动的剥削提供了借口;而以出卖劳动力为生的人们陷入以异化劳动为谋生手段的生存困境(即一种广义上的媒介化生存困境)却茫然无觉。尽管鲍德里亚对马克思的生产理论和劳动概念存在着误读和误释,但不可否认,其对现代资本主义社会人的生存异化之根源所做的深刻揭示是颇有启示意义的。

　　贯穿鲍德里亚整个学术生涯的媒介化生存批判,并非一成不变的思想因循和自我重复。随着时代和社会生活的变迁以及鲍德里亚自身在学术思想方面的发展变化,其媒介化生存批判理论也在内容和方法上呈现出前后不同的特点。1977年以前,鲍德里亚在其早期著作《物体系》《消费社会》《符号政治经济学批判》《生产之镜》《象征交换与死亡》中,主要从符号学方法出发,结合精神分析学、人类学、批判哲学等方法,较为系统地揭示和分析现代消费社会中人在"符号秩序"统治下依赖于"符号—物"的生产和消费确定自己的社会地位、确证自身的生命价值的"符号化生存"状态,并对造成这种符码逻辑宰制下的媒介化生存困境的意识形态根源进行深入的批判；此后，在《论诱惑》《拟像与拟仿》《拟仿》《命定策略》《交流的迷狂》《在沉默大多数的阴影里》《终结的幻觉》《恶的透明》《完美的罪行》《海湾战争不曾发生》等晚期著作中，则以诗化哲学、后现代形而上学、技术哲学等方法论为依托，对大众传媒（尤其是电视、互联网等电子媒介、数字媒介）按照"模拟秩序"建构而成的"超现实"世界里人的"拟像化生存"和"虚拟化生存"状态进行拟仿式的描述，并对这种媒介化生存困境的新形式进行戏谑式的、反讽性的解构和批判。而贯通这一流变的思想主脉和逻辑引线，则是对与主客体关系的异化、嬗变相应的主体性建构策略（即媒介化生存困境的超越策略）的思考和追索：前期鲍德里亚在立足于现代性立场对现代资本主义社会主体日益遭受客体侵略、奴役的异化生存现实进行反思和批判的同时，对主体性的重建尚存希望和梦想，并试图通过对前现代社会象征交换原则的回归来实现精神的还乡；晚期鲍德里亚在以后现代话语展示符号—物、大众媒介等客体对主体的全面"内在殖民"之际，却显示出无力正面抵抗主体性沦陷的理论尴尬和无奈，遂只能诉诸"主体沉默"和"客体狂欢"的"命定策略"，以期通过"顺势疗法"，在有朝一日社会体制和结构系统的"内爆"和逆转中实现主体的解放。

总之，鲍德里亚始终执着于对现代和后现代社会人的媒介化生存困境的反思与批判这一理论事实，无疑是我们应当从生存论视角对其媒介文化理论进行研究的现实依据。

2. 生存论转向：鲍德里亚媒介化生存批判的哲学背景

现代哲学领域的"生存论转向"，是鲍德里亚对现代、后现代社会人的媒介化生存困境进行反思与批判的宏阔哲学背景，同时也是我们从生存论视角对鲍德里亚的媒介文化理论进行研究的学理依据。

绪　论

在我国学界，很多人将西方哲学史上的"生存论"（existential-ontology）概念混同于"存在论"（ontology）①概念，并且常常在相互等同的意义上使用这两个术语。事实上，就内涵而言，二者是有着明显区别的："存在论"是关于存在（being）是什么以及存在如何存在（to be）的理论，是"以抽象的、实体性的概念的推演寻求某种绝对普遍性，从而解释万事万物生成变化的纯粹原理体系"②；"生存论"则是人对属于自身的生命、生活的意识自觉及其哲学表达，是"维系于人的生存的生命向度，以人的生存的自我创生、自我确证、自我理解为其理论坐标和视界"③，着重对"人在世生存的感性现实性、自成目的性和意义的澄明"④进行反思与批判的哲学理论。简言之，"存在论"是关于一切存在物（当然也包括人）之终极存在的抽象理论体系，"生存论"则是关于作为感性个体的人之在世存在的本质、特征及其意义的具体的历史的哲学之思。由此可见，"生存论"与"存在论"既判然有别，又有着错综复杂无法分割的渊源关系。因此，对现代哲学史上的"生存论转向"进行一番寻根溯源的考察，有助于我们在与"存在论"的关联与比较中清晰而深刻地理解这一哲学转向的历史必然性及其重大现实意义，从而有助于我们更好地理解鲍德里亚媒介化生存批判理论的深刻内涵与独特价值。

---

① Ontology 的最常见并已形成了相应的语言习惯的汉译是"本体论"。但越来越多的学者强调应该把 ontology 译为"存在论"而不是"本体论"，其原因，一是在汉语中"本体"的含义是指"本来的状态及状况"，二是在成就了系统的存在论学说的古希腊亚里士多德哲学中，以首要范畴 ousia（即"本体"，指事物在生成意义上的本源或结构意义上的基质）为研究对象的 ousiology 更有理由被称为"本体论"。参见邹诗鹏：《生存论研究》，上海人民出版社 2005 年版，第 24—27 页。

② 邹诗鹏：《生存论研究》，上海人民出版社 2005 年版，第 431 页。

③ 张曙光：《生存哲学：走向本真的存在》，云南人民出版社 2001 年版，第 58 页。

④ 张曙光：《"生存与发展"问题和生存论哲学》，载《哲学研究》，2001 年第 12 期。

鲍德里亚媒介文化理论的生存论阐释

尽管生存论转向作为古老的存在论哲学的现代变革①是在19世纪上半叶由丹麦哲学家克尔凯郭尔所开启的，但生存论哲学的悠长序曲却早已由古希腊哲人奏响。苏格拉底将其哲学关注的目光聚焦于人的存在，认为"善"作为一个蕴含着理性原则的"共同概念"，不仅体现着人存在的目的，也彰显着宇宙本身的生命本质，即灵魂的永存与生命的不朽。不过，苏格拉底将"善"的目的性之最终实现寄望于作为逻各斯的生命本身以及神，显示出一种关于人之存在的超验的实存观念。在此基础上，柏拉图认为："善"是神的自性，是高倨于现实个体之上的普遍的绝对的"理念"（理性），是人之存在的终极目的；人只有通过长期的超凡脱俗的"心灵"（理性）的苦修苦练，才有可能超越其所处身的残缺不全、虚幻不实的现实世界（"现象"界），进入纯粹的、完善的、神圣的、至高无上的理念世界（"本体"界）。由此，柏拉图着力倡导贬斥个体感性存在的"理性的迷狂"，为西方存在论哲学之超验实存论传统的形成奠定了

---

① 生存论，英文为 existential-ontology，直译即"生存论的存在论"，是存在论（ontology）这一"古老哲学的一个形态"。德国现代哲学家雅斯贝斯曾将西方古代哲学、近代哲学以及现代哲学的典范形态归结为存在论的、认识论的和生存论的，并认为其在某种程度上起源于人类的三种情感状态，即惊讶、怀疑、震惊：在古代，由于人对变化莫测的外部世界总是充满着惊异与好奇，使得古代哲学总是力图追究这一世界的原初构成，并将由这种追问产生的对世界内在秩序的追求转换为对某种纯粹存在的确证，这就是存在论；到了近代，由于存在论的构建从理论上已经形成了一种与人自身的生存逐渐疏离开来的超验传统，人开始追问存在论建构与存在者的认识活动的关系，并开始怀疑自身与世界沟通的可能性，由此，近代哲学逐渐完成了由存在论形态向表达了存在论内容与功能的认识论形态的转换；19世纪以来，尤其是进入20世纪之后，伴随着现代人对自身生存状况、生存境遇的震惊与迷茫以及对生存主体、历史与人的理性能力的深切关注与期待，哲学走向了对人自身生存的历史性的自觉。（参见邹诗鹏：《生存论研究》，上海人民出版社2005年版，第219—220页。）由此可见，存在论是西方自古希腊时代起延续至今的"唯一的古老的哲学"（[德]卡尔·雅斯贝斯：《生存哲学》，王玖兴译，上海译文出版社2005年版，导言），只不过它经历了由古代的本体论存在论到近代的认识论存在论再到现代的生存论存在论的形态变革。

基石。而亚里士多德从具体事物的"实体"推导出"上帝"这个"最高实体"以便对世界万物生命目的的实现给予一种"终极因"的理论建构，在对生命（一切生物的存在本性）的自然实存论和超验实存论的调和中，最终偏向了超验的"形而上学"之域。正是在柏拉图和亚里士多德建立的抽象理性主义和超验形而上学的基础上，西方中世纪的宗教神学家们构造、论证着"天国"和至善至圣的"上帝"及其对"尘世"的创造和统治，从而将哲学存在论的超验实存论推向了极致。

近代以后，随着生产力的发展、科学技术的进步以及人的主体地位和自我意识的确立，哲学的历史使命也发生了转换，即从解释、确证世界的本原转为探寻、确定人类认识世界、改造世界的能力和方式。由此，哲学存在论由古老的本体论层面的研究转换为一种认识论层面的研究。以"我思故我在"的生存论领悟确立了人的主体地位和自我意识的笛卡尔，以人先天秉有的理性作为衡量一切的标尺，认为所有的事物和观念都必须诉诸理性，在理性的法庭上加以审判。不过，笛卡尔所谓的理性，是由"上帝"这一"绝对的实体"创造的，是一种脱离感性个体的神化了的理性。这种理性观在长达一个半世纪的时间里，一直在西方哲学中占据着统治地位。18世纪80年代以后，康德在法国启蒙运动之人本主义与理性批判思潮的双重影响下，通过对纯粹理性、实践理性和判断力的批判铸成了一个真、善、美的哲学体系，由此全面论证并确立了人类主体性之自主地位与价值形态。在康德看来，人作为一切活动的主体，其最高本质就在于理性和自由。在认识活动中，人以其生而具有的理论理性能力成为自然的立法者；在伦理活动中，人又以其先天秉有的实践理性能力成为自由的立法者。可见，康德的主体形而上学就是先验的理性自身的形而上学。不过，在《实践理性批判》中，他又把灵魂不朽和上帝存在作为实践自由的条件，从而将道德与幸福的协调最终推向了彼岸。康德对主体理性的开掘，经过费希特、谢林的推进，在黑格尔哲学中达到了顶峰。黑格尔将主体与实体辩证同一的"绝对精神"作为宇宙的本原，作为一切存在、发展的实质和动力。其中，主体是具有能动性的主导方面。当主体凭借否定性的势力——先天的思维和纯粹自我的能力——否定自身的抽象性并赋予自己以具体的规定性时，它就异化为真正的实体，成为存在。在精神（理念、真理）的形成过程中，将对象意识和自我意识相统一并确信自身就是一切实在的理性发挥了至关重要的作用。正是"理性冲力的双重运动"即理念的"理论活动"和"实践活动"的统一，造就了主体和客体的辩证同一，造就了"绝对和全部的真理"。黑格尔在主体与客体的辩证统一中高扬主体理性的能动性，但这种理性归根结底来源于作为客观的精神实体而存在的上帝（绝对理念），是上帝这一"世界活的运动的理性"[①]辩证发展的结果。可见，从笛卡尔、康德到黑格尔，近代理性主义认识论在存在论问题上表现出一种悖反性，那就是：以主体性反对传统的超验实存论，却又无法彻底摆脱宗教神学的羁绊；强调人的理性的能动性，但又不自觉地陷入抽象主义和神秘主义的泥潭。

实际上，"人的'理性'本质上是属于人的生存的，理性的向度是人的生存的向度，但若理性与人的生存的其他方面脱离开来并自成目的，它就会丧失生存的活性而成为概念的'木乃伊'"[②]。理性主义存在论的抽象化发展，以及现代社会人类生活"从受动的、物化的、自在的生活形式向主动的、反省性的和自身超越性的生活形式的巨大转换"[③]，为哲学存在论从传统的本体论、认识论转向生存论提供了契机。克尔凯郭尔作为现代生存哲学的开山鼻祖、"生存论转向"（existencial turn）的开创者，率先提

[①]［美］梯利：《西方哲学史》，葛力译，商务印书馆2006年版，第513页。
[②]张曙光：《生存哲学：走向本真的存在》，云南人民出版社2001年版，第81页。
[③]邹诗鹏：《生存论研究》，上海人民出版社2005年版，第156页。

出个体生存观并开始了对欧洲理性主义传统尤其是黑格尔的抽象理性主义的反叛。在他看来,"存在"总是与个人相遇、在个人生命活动中的"存在",是个人通过自主自由的选择而切己地感受着的生活现实。个人作为理性、认识及自由等人类活动的最高价值的承担者,是人类生存的核心,不能以客观精神来代替。而个人作为主体,首先不是认识的主体,而是生存的主体,即是说,认知者首先必然是一位生存着的个人。认知者认识真理不过是使真理敞开、使生存个体以及生存沟通活动中的意义展现的过程。沿着克尔凯郭尔敞开的对"存在"个体化、内在化、生成化理解的哲学进路,尼采以"强力意志"作为包括人在内的万物生生不息永恒生成的本源和动力,以代表无穷无尽的生命活力的"酒神精神"作为生命意志的充分表达,以具有超群的意志、激情、领悟能力以及鲜明的个性与创造性的"超人"作为理想个体的象征,进一步对限制和扼杀了生存个体独特的生命意志的传统认识论和理性主义进行了激烈的反叛。海德格尔则把在尼采那里尚作为一种现象的思想性反叛,深化到对西方自古希腊以来的哲学基础即作为本体论的存在论的系统清理与批判中。在他看来,西方哲学两千多年形而上学的历史表面上看是确立"在"(Sein)的历史,其实只是抛开了"此在"(Dasein)即现实的、活生生的人的生存之后,对于实体化的"在者"(Das Seiende)的确证。因此,应以"此在"为中心重建基本存在论,以烘托和澄明"存在"的意义。而"存在"的意义,在海德格尔那里,即在于被抛于世的"此在"承受虚无、向死而生、努力摆脱日常生活之沉沦状态的在世生存的本真性和超越性。海德格尔对感性个体在世生存的状态、本质与意义的关注和强调,使现代哲学的生存论转向得到了有力彰显,并为存在主义哲学的发展开辟了道路。法国存在主义哲学的代表人物萨特,即在海德格尔的基本存在论的基础上,将在世的人、处境中的人的实存作为研究对象,并将海德格尔的向死而生的"此在",发展成具有虚无化能力和绝对自由的"自我"即"自为的存在",以区别于一般的"自在的存在"。在萨特看来,人是以自我的方式处世的,人生存的所有意义都感性地向自我开放着,而人也就必然要自由地选择并承担生存。个体之所以能够自由地选择并承担生存,乃是因为人作为一种偶然的被抛在世界上的能动的主体,本质上是一种虚无的存在,他能够从存在的缺乏、存在的不完全、存在的晦暗不明出发,通过不断地否定自身、否定过去,在时间性的一系列过程中造就自己、实现自己、超越自己。把虚无看成人生存的本质,使萨特排除了上帝、绝对精神、理性等对人生存的本质规定,将生存的根据确定为非理性的个体感性,从而将海德格尔的个体此在思想推到了极点。20世纪五六十年代,萨特将存在主义哲学从狭小的课堂和书斋引向了广阔的现实生活,从单纯的理论思辨引向了具体的社会实践,从而使这一思潮流播广泛、深入人心、影响深远。

由对自然的、超验的实体性存在的追寻,到对理性的、先验的主体性存在的确立,再到对感性的、真实的个体性存在的张扬,人的生命存在与在世生存活动的独特性、现实性与超越性在西方存在论哲学的流变中日益凸显。而西方现代哲学的生存论转向以及由此带来的生存哲学的勃兴,不仅在人类生存境遇和生存状况改变的社会历史条件下将人的生存问题提到了首位,而且为20世纪西方社会文化理论的发展铺设了思想的地平线。"现代西方的文化哲学、价值哲学、语言分析哲学、解释学、社会批判理论、日常生活理论、交往理论等,不仅都发生在上述哲学的生存论转向所涵盖的历史情境之中,而且,原则上都属于现代生存论哲学的谱系。"① 鲍德里亚在为踏上学术之旅进行社会生活体验和思想文化积累的岁月,正是历经两次战火洗礼的西方社会陷入政治经济文化的全面危机从而导致生

---

① 张曙光:《生存哲学:走向本真的存在》,云南人民出版社2001年版,第92页。

存哲学和存在主义思潮风起云涌的时代，这无疑为鲍德里亚未来的社会文化批判提供了立足点和风向标，使其日后能够从西方资本主义社会由生产本位向消费本位转变、符号消费大行其道这一现实情境出发，对物质（符号）商品极大丰盛、科学技术迅猛发展、大众传播媒介（尤其是广播、电视等电子传媒）蓬勃兴起带来的人的生存的物欲化（符号化）、工具化、媒介化等新的异化状态进行深刻的反思，并将这种广义的媒介化生存批判纳入其独到而精警的媒介文化批判理论的广阔视域。

既然现代哲学领域的"生存论转向"思潮是鲍德里亚对现代后现代社会人的媒介化生存进行反思与批判的哲学背景和精神导引，那么，从生存论视角对鲍德里亚的媒介文化理论进行研究，深刻揭示其中的生存论意蕴，也就具有了充分的学理依据。

（二）生存论视角下鲍德里亚媒介文化理论研究的必要性

在鲍德里亚的理论谱系中，媒介文化理论无疑占据着核心地位。而且，鲍德里亚的媒介文化理论有两个突出的特点：一是"媒介"概念的广义性。鲍氏所论之"媒介"，并非仅仅指传播学意义上的信息发布、播散、交流的工具，而是泛指一切具有中介作用的事物：从日常生活世界的各式物品，到媒体机构操控的大众传媒，乃至社会文化领域的各种意识形态，举凡能对人类生存产生影响的一切具体和抽象事物，均纳入了其媒介文化理论的视阈。二是始终关注媒介与人类生存之间的关系问题。从早期的《物体系》《消费社会》《符号政治经济学批判》《象征交换与死亡》，到后期的《拟像与拟仿》《拟仿》《传播的迷狂》《终结的幻觉》《完美的罪行》《海湾战争不曾发生》等，鲍德里亚对后工业时代日益凸显的社会的媒介化与人类生存的媒介化（即人类在社会生活中遭受越来越严重的"物役"，包括消费社会中"符号—物"的统治，以及大众传媒的意识形态霸权宰治）之关注与批判不仅从未停止，而且愈益深切与激烈。尤其是在其思想进程的后期，随着经济全球化和资本空间化浪潮的涌动、推进，许多后发展国家也具有了消费社会的特征，全球消费社会逐渐形成。消费社会通过大众传媒不断张扬物质生活的合法性而贬低精神存在，把既有物质需要又有精神需要的双面人变成完全受物质欲望支配的单面人。在这样一种由大众传媒推波助澜的精神生态危机日益加剧的现实情境中，鲍德里亚对大众传播媒介及其技术的"仿真"逻辑所造成的人类"拟像化"生存方式与"超现实"生存境遇的揭示，俨然成为他解剖当代资本主义社会的最锋利的手术刀；其对后现代传媒在社会心理和个体心性的健全方面所造成的威胁及其在"文化工业"生产中销蚀意义的功能的批判，无疑具有深刻的现实意义。正因如此，西方学术界把鲍德里亚与加拿大媒介文化理论家麦克卢汉相提并论，称其为"法国的麦克卢汉""新麦克卢汉"，其分析、批判西方资本主义的理论被划入西方传媒批评理论，并被看作西方后现代传媒批评理论的代表。

然而，我们应该看到，在广泛意义上使用"媒介"概念、思考"媒介"问题的鲍德里亚，尽管受到了麦克卢汉等传媒理论家的影响，其理论批评的目标却显然不仅仅是大众传媒本身，而是现代科学技术、消费意识形态以及大众传播媒介控制下的当代西方资本主义社会人的媒介化生存这一新的异化现实；其理论的终极目的，则是探寻当代西方资本主义社会中人类摆脱媒介化生存困境、实现自由和解放的现实出路。因此，要深刻而又全面地揭示鲍德里亚媒介文化理论的价值和意义，就不能仅仅将目光停驻在他的大众传媒理论上，满足于对"拟像""超现实""内爆"等概念所构成的基本理论的现象学还原和阐释，而应该从"生存论"哲学聚焦于人的生存这一基本视角出发，着力揭示鲍德里亚在媒介文化批判背后所蕴藏着的、对媒介化社会人类生存困境的忧思及其对摆脱媒介化生存困境之出路的探寻。只有这样，才能准确把握鲍德里亚全部理论的核心和精髓、洞悉其媒介文化批判理论的真谛和旨归，并且在20世纪西方哲学、美学之"生存论转向"的宏阔背景下，在后工业社会日益凸显的人类生存危机的现实语境下，深刻阐明并充分彰显其媒介文化理论所具有的独特而深远的现实意义，同时亦能弥补目前国内外对鲍德里亚媒介文化理论研究"画地为牢"（局限于传播学的媒介文化研究）和纠缠于概念、范畴的阐释、生发而缺乏对其背后生存论意蕴的深刻揭示之不足。

正是基于上述认识，本书将鲍德里亚的媒介文化批判理论作为研究对象，置于其社会批判理论的整体框架中进行考察，并在20世纪哲学、美学领域"生存论转向"的理论背景下，从"生存论"这一鲍德里亚研究领域尚少有人关注的视角出发，综合运用文本解读法、文献资料法、比较法等，在揭示其以媒介化生存批判为核心的媒介文化理论由以产生的社会现实语境（详见第一章）的基础上，着重从四个方面阐释其媒介化生存批判理论的主要内容。首先，鲍德里亚在对作为媒介化生存之符号表征的物品体系所做的分析中，通过对人与物相互关联的心理、文化、技术等内外机制的考察，深入揭示出以各种各样的物为媒介进行社会交往和个体认同活动的现代人生存的异化及困境（详见第二章）。其次，鲍德里亚在对作为媒介化生存之体制化情境的消费社会的批判中，通过揭示"消费本位""符号消费"等新的观念由以产生的社会机制，不仅深入剖析现代人以符号—物的意义性消费作为媒介来实现社会认同这一异化生存的社会历史根源和思想意识根源，而且深刻揭露并批判了通过隐蔽的意识形态操控对社会大众进行新型统治和奴役的当代资本主义社会体制（详见第三章）。再次，鲍德里亚对作为媒介化生存之操控系统的大众传媒进行分析和批判，深刻地揭示了广告（最出色的大众媒介）的消费意识形态幻象和消费文化产品的生产过程中媚俗与仿真原则对现代人异化生存活动的操控，使其在消费和娱乐的狂欢中不知不觉地被资本利益集团所控制和奴役（详见第四章）。最后，鲍德里亚对如何超越媒介化生存困境所做的思考，具有一种乌托邦性质。与马克思为商品社会的人们走出物化生存困境所指明的阶级革命的解放之路不同，在德波为景观社会的人们摆脱景观化生存困境所制定的文化—政治革命的突围策略启发下，鲍德里亚提出了重建原始社会"象征性交换"的社会交往模型、通过采取客体的"诱惑"和死亡的"自由"等"命定性策略"来建构现代社会的主体身份、彻底消除媒介化生存对主体自我的异化等"文化革命"的主张，从而宣示了其试图引领当代消费社会的人们走出媒介化生存困境的乌托邦式救赎理想（详见第五章）。

目前国内外对鲍德里亚媒介文化理论的研究，大多囿于传播学和文化学领域，注重对"拟像""仿真""超现实""内爆"等核心概念的阐释，忽视了其中蕴含的对现代媒介化社会人类生存困境、终极命运的关怀与思考。鉴于此，本书从生存论哲学视角对鲍德里亚的媒介文化批判理论进行系统研究，力图阐明其对现代媒介社会中人的异化生存现象及其社会根源进行的形而上学思考和激烈批判所体现出的深刻思想意蕴，从而彰显其媒介文化批判理论的学术价值与现实意义。同时，与以往对鲍德里亚媒介文化理论的研究多注重核心概念的阐释和与相关理论家的比较不同，本书以鲍德里亚对现代媒介社会中人的媒介化生存困境及其异化本质的批判为核心，着重对其媒介化生存批判理论的现实基础、主要内容、本质特征、意义与局限等方面进行全面细致的研究，以期深入揭示鲍德里亚媒介文化批判理论的独特内涵与价值，进而揭示出其社会批判理论的生存论意义。

20世纪90年代以后，随着经济全球化浪潮和资本空间化步伐的推进，许多后发展国家也具有了消费社会的特征，从而逐渐形成了一种全球消费社会。消费社会通过大众传媒不断张扬物质生活的合法性而贬低精神存在,把既有物质需要又有精神需要的双面人变成完全受物质欲望支配的单面人。消费社会中的精神生态问题,关涉到人类未来发展的诸多问题。这就使鲍德里亚对后现代传媒在社会心理和个体心性的健全方面造成威胁、在"文化工业"生产中销蚀意义的批判具有了深远的现实意义,也使我们可以结合消费社会人的媒介化生存状况的不断变化而持续地对其媒介文化批判理论加以研究、阐释和验证,从而使其理论的现实意义得以发扬。同时,由西方存在主义哲学所肇始、马克思主义哲学真正开启的现代哲学的"生存论转向"是一项未竟的事业,将随着人在不断生成过程中所蕴含的无限丰富性而延展[①],因此,从"生存论"视阈观照并研究鲍德里亚的媒介化生存批判理论,也就具有了向未来敞开的开放性和无限生成的可能性,从而使这一研究具有广阔的前景。这是本书从"生存论"视角研究并阐释鲍德里亚媒介文化批判理论的现实意义和理论价值所在。

[①] 邹诗鹏:《生存论转向与当代哲学转型》,载《哲学研究》,2001年第12期。

第一章　媒介的全面殖民：媒介化生存批判的社会现实语境

　　我们说在鲍德里亚漫长的学术生涯中，在其看似纷繁莫测的理论主题的流变中，始终贯穿着对现代、后现代社会人的媒介化生存困境的忧思与批判，那么，"媒介化生存"指陈的是一种怎样的异化生存状态？这一异化生存状态有着怎样的现实表征？它与以往的人类生存异化有何不同？对这些问题的先行清理和回答，即对鲍德里亚的媒介化生存批判理论由以产生的社会现实语境的预先阐明，不仅使我们能够掌握一把开启理解与阐释之门的钥匙，同时亦能为我们进一步分析和诠释鲍氏媒介化生存批判理论的深刻内涵与独特价值提供一个坚实的逻辑起点。

第一章 媒介的全面殖民：媒介化生存批判的社会现实语境

一、媒介化生存：诸种现实表征

"媒介化生存"，即一种以广泛意义上的现代媒介（尤其是在其中占据着重要地位的大众传播媒介）①为中心，并受其支配和控制的生存方式和生存状态。它是由后工业时代媒介技术日新月异、突飞猛进的发展所催生的一道新的社会景观。鲍德里亚的媒介化生存批判理论，就是在这一社会现实语境中产生并发展的。

20世纪以来，电影、广播、电视、磁带、激光唱盘、计算机等电子传播媒介的相继涌现及其技术进步的日新月异，使一个与以往判然有别的社会形态——"媒介社会"风生水起。作为一种依托现代传播技术而存在的新型社会形态，可以说，媒介社会中几乎全部的社会生活、社会事件和社会关系无不依赖于大众传播媒介的构织和布展。正如塞伦·麦克莱所言："传媒充斥在我们生活的每个角落，大众传媒已经成为当今世界的

---

① 从词源学的角度来看，"媒介"一词古已有之，它的广义在中西方均指一切对人或事物发生作用、产生影响或使人与人、人与事物、事物与事物之间发生关系的介质或工具。在我国，"媒介"一词最早见于《旧唐书·张行成传》："观古今用人，必因媒介。"这里的"媒介"就是指使双方发生关系的人或事物。其中，"媒"字在先秦时期是指媒人（《诗·卫风·氓》："匪我愆期，子无良媒。"），后引申为事物发生的诱因（《文中子·魏相》："见誉而喜者，佞之媒也。"）；而"介"字，则一直是指居于两者之间的中介体或工具。"媒介"的英文词 media（其单数形式为 medium）来自于拉丁语，拉丁文的原意是两者之间的、一般的、不偏不倚的。因此，media 在英文中的早期意义也是指"中介物，手段，工具"，后来亦指环境。直到19世纪30年代，随着现代报纸的诞生，专指"大众传播媒介"的狭义"媒介"用法才开始出现。20世纪以来，现代科学技术的飞速发展和传播学的兴盛，使特指"大众传播媒介"的狭义"媒介"概念广为人知并被广泛使用。不过，从生存论的视角来看，广泛意义上的现代"媒介"概念所指称的，仍然是现代社会条件下个体与外界（自然、社会、他人）之间所发生的一切社会化联系和交往活动的中介，而不仅仅是各种依托于现代科技的大众传播媒介。（当然，毋庸置疑的是，在现代社会人类的生存与发展活动中，大众传媒确确实实发挥着重要作用。）

'文化中心'。"① 从普通大众的生活、工作，到整个社会的发展、变革，甚至国家机器的运转，无不越来越多地依赖各种现代媒介。因此，媒介社会的根本特征即是媒介影响力对于社会生活的全方位渗透，换言之，媒介已经深入人们生活的方方面面，构成了人们生存的环境，成为人们生存的方式和状态。由此，人们进入了"媒介化生存"的时代，媒介越来越成为人在生产生活中须臾不可离的一个中介物，甚至有时候成为目的本身，即人们逐渐形成的对媒介的某些非目的性的、日常程式化和仪式化的精神依赖。要而言之，"媒介化生存"意味着人们只能通过大众传播媒介建构的"社会知识"和社会影像来认知"客观世界"、体验"现实生活"。进一步考察后我们会发现，在现代媒介社会，人们的媒介化生存方式在政治、经济、文化等各个领域都有着异常丰富的现实表征。

（一）政治领域的媒介化生存

随着近代西方市民社会的核心——政治化公共领域的形成，自由地批评公共事务以及自由地表达意见、沟通思想成为大众愈益强烈的现实政治要求。19世纪，人们为争取言论和出版自由所进行的斗争及取得的胜利，使担负着信息传播、思想宣传和舆论监督功能的报纸、杂志等印刷媒介成为建构理想型公共领域的重要工具，从而使公民得以及时地了解政治信息并广泛参与到选举、表决、对体制政策以及法律法规发表意见等政治活动中去。20世纪，无线电广播和电视的发明及其在政治活动中的运用，对人们的政治生活产生了更为强烈而深刻的影响。电波传送声音信号的即时性、迅捷性、跨越国界无远弗届的超空间性，使人们对政治

---

① ［美］塞伦·麦克莱：《传媒社会学》，曾静平译，中国传媒大学出版社2005年版，第6页。

信息的接收、了解、二次传播和交流更为便捷，甚至可以不受识字与否的限制，极大地扩展了公众政治参与的规模。电台借助于电话技术设置的"听众热线"节目，更是以实时互动和及时的信息反馈，激发了广大公众参政议政的热情。20世纪五六十年代，电视在美国以及西欧各国得到普及进入千家万户，看电视占据了人们日常生活中的大部分闲暇时间。由于电视视听兼备、声画并茂的媒介特性真正适应了人类接受外界信息的生理特性①，同时，由于电视图像的马赛克网络形态造成的低清晰度与低信息量要求电视观众全部感官的深度卷入与深刻参与②……致使作为"冷媒介"的电视在大众政治生活中的影响力远远大于作为"热媒介"的报纸和广播。人们不仅喜欢通过电视上播放的政治新闻、政要人物的专访或讲话、与各种政治议题相关的专题片来获取政治信息，了解各个党派对各种政治现象、政治问题的不同意见和态度，并就此自由地进行甄别选择，而且还经常不自觉地通过对电视媒介展示的具有超凡魅力和高尚人格的政治榜样的"象征性模仿"而"学到态度、情绪反应和新的行为风格"③，潜移默化地接受大众传媒的政治教化。电视作为一种融入大众日常生活的政治社会化工具，在政治思想教育、政治人格塑造、政治文化传承等方面的作用日益突出，已成为现代人政治领域之媒介化生存的重要表征之一。

进入20世纪90年代，互联网作为一种新的传播媒介，同时具备了文

---

① 科学家研究发现，人类通过视觉获得的信息占所接收信息总量的83%，来自听觉渠道的占11%。从记忆效果看，听到的信息能记住20%，看到的信息能记住30%，边听边看的能记住50%。视听兼用，使人们可以真实、立体地感受到事物的特征。

② [加拿大]马歇尔·麦克卢汉：《理解媒介——论人的延伸》，何道宽译，商务印书馆2003年版，第387页。

③ [美]梅尔文·德弗勒等：《大众传播学诸论》，杜力平译，新华出版社1990年版，第243页。

字、图像、视频、音频等人类现有的一切传播手段，成功地实现了报纸、广播、电视等传统媒介在功能上的整合。这给人们的政治生活带来了重大变革。建立在虚拟互联网空间的开放式、透明化的"电子政府"使人民的知情权得以扩大；网络传播媒介的即时性、便捷性、交互性，为积极主动的"民意表达和公众参与提供了有效的技术手段，特别是使弱势群体也有可能参与决策"[①]。由于任何人都可以随时在公开的站点上发表自己对有关事物的意见和建议，也可以直接向主管单位和政府有关部门发送电子邮件，民众政治参与的积极性空前提高。[②]

总之，在现代社会政治领域，报纸、广播、电视、互联网等大众传播媒介作为民众获知信息的基本来源、认识世界的主要工具、追求真理的必要渠道，不仅深刻影响了人们的政治认知、情感和意向，还直接影响到他们的个性特质和行为倾向，关系到主体政治人格的形成与演变，从而决定了人们越来越依赖于大众媒介的生存方式。

（二）经济领域的媒介化生存

人类社会经济活动的主要内容即商品的生产、流通和消费。在这全部过程的各个环节和面向，媒介（广义上的）都发挥着不可或缺的作用。

首先，对生产商和销售商而言，依靠现代大众传播媒介对商品信息进行广泛传播、对品牌形象进行精心打造和大力宣传的商业广告，可谓其安身立命的根基。

近代以来资本主义社会生产力与科学技术的迅猛发展，使得商品生产

---

① 鲍宗豪主编：《网络与当代社会文化》，上海三联书店2001年版，第145页。
② 参见张昆：《大众媒介的政治社会化功能》，武汉大学出版社2003年版，第75—77页。

第一章　媒介的全面殖民：媒介化生存批判的社会现实语境

的规模越来越大，产品的堆积越来越多，生产商和销售商们为了避免大量积压的产品滞销使自己陷入经济困境而最终破产，就不得不确保生产出来的产品能够全部卖掉。为此，首要任务就是要把有关商品的性能、用途、使用方法、价格以及销售的地点、时间、方式等信息发送出去，使广大消费者能够获取这些信息并得到相关的知识，从而唤起消费者显性的和潜在的消费需求，并推动其产生购买欲望。商业广告正是生产商和销售商们用来推销产品、打开市场并维持销路畅通的一件利器。而作为商业活动之必要媒介的广告本身，又是一种市场经济和媒体文化相结合的产物，必须借助其他传播媒介及其组织机构的运作，才能发挥"广而告知"和诱导、劝服消费者的作用。因此，作为广告主的生产商和销售商，势必要倚重报纸、杂志、广播、电视乃至互联网等现代大众传播媒介的技术进步：正是因为有了彩色印刷、激光照排等先进技术，生产商和销售商们刊登在报纸、杂志上的印刷广告才能从文字叙述的抽象、呆板变成图文并茂的形象、生动；正是伴随着收音机的发明与迅速普及，各种专门的广播电台的大量涌现以及无线电传声技术从中波、短波到超短波的不断发展，生产商和销售商们通过广播发布的商品广告才从集中而简短的新闻播报式和穿插在节目中间的衬乐传声式，发展为专门策划制作的专题节目式；同样，正是由于走入千家万户的电视接收机以及卫星信号传输技术具有声画同步、视听兼备、形象逼真的传播特性，才使得充分利用图形、色彩、实体形象、音响、语言文字等符号刺激消费者各种感觉器官的电视广告，成为生产商和销售商演示产品的功能性特征，同时使产品或品牌产生极大的非功能性附加价值的重要媒介；而网络媒介的交互技术为消费者提供了深入体验产品的机会，让产品与消费者之间建立深入而人性化的关系具有了技术上的可能，遂使得一些大型企业的生产商和销售商可以通过各种网络手段为目标消费群体接触和体验商品创造机会，同时获得目标消费者对商品的反应，以此来建立一种持久的互动联系。①事实证明，传播媒介的发展直接影响到商业广告的发展，每一次传播史上的革命都给商业广告及广告主带来更广阔的发展空间和利益空间。因此，在各种传播媒介分庭抗礼、鼎足而立的媒介化时代与媒介化社会，能否对适宜的广告传播媒介正确地选择，对于生产商、销售商能否使其商品广告产生最大效果从而带来最大收益是至关重要的。

此外，生产商和销售商通过广告及其赖以传播的大众媒介所进行的品牌打造和宣传，是其开拓、扩大和稳固市场以确保在激烈的市场竞争中立于不败之地的一大法宝。所谓品牌，即"能为顾客提供其认为值得购买的功能利益及附加价值的产品"②。其中，被生产商、销售商和广告商所赋予的品牌的附加价值，即品牌所代表的与之相对应的社会阶层、社会地位、生活方式、生活品位、人生理想和价值观念等社会的、文化的、心理的、精神的价值，远远大于商品本身的使用价值和交换价值。李维斯牛仔装广告宣称"让它们成为你自己的"，耐克运动鞋广告展现战斗力、决心、成就、乐趣以及运动带来的心灵慰藉与回馈，都是为了塑造出属于自己的品牌形象，形成自己独特的品牌文化内涵，其最终目的则是"通过提供利益优势谋求与消费者建立长久的、强劲的关系，博得消费者长期的偏好和忠诚"。③而当消费者对自己喜爱的品牌形成了强烈的信赖感和依赖感，就很难发生"品牌转换"。因此，生产商、销售商们一旦通过独特的广告创意和在各种媒体上发动的强大广告攻势树立了良好的品牌形象，赢得了广大消费者的品质信赖、消费偏好和品牌忠诚，就赢得了稳定的市场，从而大

---

① 参见曾振华：《广告学原理》，暨南大学出版社2006年版，第181—182页。
② 杜国清：《广告即战略：品牌竞合时代的战略广告观》，北京广播学院出版社2004年版，第106页。
③ 刘泓：《广告社会学》，武汉大学出版社2006年版，第81页。

第一章 媒介的全面殖民：媒介化生存批判的社会现实语境

大增强了自身的生存竞争能力。在此过程中，广告对激发消费者的品牌认知、进一步强化消费者的品牌偏好、防御竞争性品牌的进攻、维持品牌的渗透和购买频率、保护品牌的现有地位起到了巨大的作用。如果说，品牌是生产商和销售商的摇钱树，那么，塑造、展示、宣传品牌的商品广告及其赖以传播的大众媒介，就是令这棵大树枝繁叶茂、生机无限的空气、阳光、水分和土壤。

其次，对消费者而言，充斥于大众传播媒介上的商业报道、产品广告以及各种各样的媒介文本所营造、展示、推动的消费时尚，不仅是其消费需求的导航仪、消费欲望的发动机，而且是其最终实施购买行为的助推器。

在20世纪西方发达资本主义社会，随着机械化、规模化大生产的不断发展，琳琅满目的商品堆积如山，多功能、自动化、高科技的新产品、新发明又不断涌现，消费者眼花缭乱、无所适从，只能不由自主地跟着广告走，将注意力投向那些在各种媒体和场合大肆进行广告宣传的产品和品牌。由此，广告促使人们朦胧的甚至盲目的消费愿望有了明确的目标和方向，并产生了强烈的消费需求。而这些广告不仅是告知性的，即为消费者提供有关商品的功能、特点、用法等方面的基本信息，更是劝服性的，即想方设法诱惑、说服消费者购买。为达此目的，广告商们一方面努力为所宣传的产品寻找某种与众不同、独领风骚的"独特"品质，以使消费者产生一种"使用了该产品的人便拥有了与众不同、高人一等的生活品位"的幻觉和满足[①]；另一方面又通过人为地赋予产品某种符号—象征意义、某种个人的和社会的意义的结合，使人们对商品的选择和使用不再是一种单

---

① 蔡勇：《消费者发现与主体性缺席：现代广告理论及运用史评》，中国传媒大学出版社2008年版，第22—23页。

纯满足基本生活需要的消费活动，而成为一种对身份地位、社会形象、个体价值、生活品位和生活方式的彰显和赋值活动。于是，不是商品本身的使用价值而是商品的广告意象及其所内含的符号—象征价值成为现代人的深层需要与依赖，意象消费、符号消费成为现代人自我定性和自我认同的神圣"仪式"。广告和大众媒介正是利用人们喜欢追新求异、随波逐流以及害怕落后于时代潮流、隔绝于社会群体的心理，通过对商品的蓄意"推陈出新"以及对"时尚"与"流行"的刻意制造、大力展示和强烈渲染，不断地激起人们的心理匮乏感、缺失感，并不断地为人们制造出新的欲望对象，从而使人们自觉地否定手中的"陈旧"商品，转而追逐广告中宣传的新奇商品；自觉地否定现实的消费方式，转而认同广告中宣传的理想的消费方式。因此，在消费活动中，人们所欲满足的往往并非自己真实的日常生活消费需要，而是被生产商和销售商通过广告和大众媒介所制造出来的虚假的消费需求和永无止境的消费欲望。这是一种符号消费的需求、一种自我建构的欲望，即一种渴望通过所消费的商品的符号价值、象征意义获得社会认同的深层次、潜在性欲望。正是这种被广告和大众媒介制造和激发的需求和欲望的强大内在驱动力，使得消费者最终决定购买广告所宣传的商品和服务。而厂家和商家依托于名目繁多的节庆和五花八门的展销会、博览会所做的各种促销活动——打折、降价、返券、抽奖、换购、赠送礼品等，则是促使消费者的购买行为具体实施和最终完成的直接决定力量。

从某种意义上说，在自由或市场经济条件下，人类的经济行为就是人们为控制生产、消费和商品的交换流通而构建起一种社会关系的行为。在这种社会关系的构建活动中，商品广告及其赖以传播的大众媒介，不仅是沟通生产商、销售商和消费者的桥梁，而且对整个经济活动的各个环节都有着决定性的影响。英国历史学家麦考莱所言，"广告之于商业正如蒸汽机之于机器"①，形象地指出了在现代经济生活领域媒介对于人们生存活动的重要作用。

（三）文化领域的媒介化生存

现代科技的发展使大众传播媒介不仅在人们争取和维护自身生存权利的政治活动中以及获取生存和发展所需的更多物质生活资料和社会竞争资本的经济活动中显示着强大效力，而且在人们追求更高品质的生存和发展的精神文化②生活中发挥着巨大作用，从而实现了媒介对现代人生活世界的全面内在化殖民，使媒介化生存最终成为现代人别无选择且无法抗拒的生存样态。具体来看，人们在精神文化领域的媒介化生存，主要表现为在艺术生产、艺术消费以及日常娱乐休闲等方面，日益受到各种大众媒介技术及其所带来的媒介自身特点、传播方式和传播功效的影响与制约。

首先，在艺术生产领域，大众媒介技术的飞速发展与新媒介的不断涌现，促使人们创造出许多新的艺术品种和艺术形式。现代机械印刷技术进步带来的报纸普及化，使得一种以社会新闻、历险故事和罪案侦探为主要内容，讲究叙事节奏、善于制造悬念的文学体裁——连载小说被创造出来，并使一批凭借撰写连载小说赚取高额稿酬为生的专栏作家应运而生。19

---

① 转引自［法］让－诺埃尔·让纳内：《西方媒介史》，段慧敏译，广西师范大学出版社 2005 年版，第 72 页。

② "文化"是一个内涵十分丰富和复杂的概念，有广义与狭义之分。一般而言，广义的文化着眼于人类与一般动物、人类社会与自然界的本质区别，着眼于人类卓立于自然的独特的生存方式，泛指人类在社会历史发展过程中所创造的物质和精神财富的总和；狭义的文化排除人类社会—历史生活中关于物质创造活动及其结果的部分，专注于精神创造活动及其结果，是一个群体或社会共同具有的价值观和意义体系及其以符号、象征方式在物质形态上的具体化，是一个社会群体长久积累并不断变化进步的具有明显特色的思维模式、生存模式、行为模式的综合体现。我们这里所说的精神文化即一种狭义的文化。

世纪末产生的电影,在由无声而至有声、由黑白而至彩色的技术变革过程中,不仅成为一种"能够传播信息、实施教育、提供娱乐的文化载体和媒介交流手段"[①],一种综合了各种传统艺术的表现方式和媒介技术手段的"第七艺术",而且催生了一种打破传统戏剧文学的结构方式和表现手法,注重画面感、时空变换自由的新的戏剧文学样式——电影文学剧本,并使其摆脱了早期仅仅作为电影拍摄脚本在小范围的专业圈子里存在的附庸地位,成为吸引了大量创作者和阅读者的独立的文学形态,甚至出现了电影文学剧本的创作数量远远大于影片拍摄数量的"生产过剩"现象。具有传播速度快、覆盖面广、接收自由灵活等媒介技术优势的广播的兴起,促使人们又为传统的戏剧艺术家族创造出一个鲜活的新生命——广播剧。这是一种以声音为表现媒介、以广播电台和无线电传输与接收设备为传播媒介的综合艺术样式,制作者主要运用人声(人物的对白、独白和叙述人的解说)来塑造形象、呈现故事、表达对社会生活的认识和理解,并充分运用音乐伴奏、各种音响及其效果的组合来渲染气氛、表现剧作内容、帮助听众通过想象和联想了解剧中的情境和人物的动作状态,其诉诸听觉的特性虽然不可避免地带来视觉形象方面的缺失,但给听众留下了广阔的想象空间,并且能够更加充分地发挥声音的情绪感染作用,从而在情感上打动听众。因此,作为大众日常文化生活中的亲密伴侣,广播剧在20世纪的文化产业中成为一支拥有庞大消费者的生力军。继电影和广播之后,电视这一音画并茂、突破了任何时间和空间限制的电子媒介的蓬勃兴起,又激励着人们在艺术生产领域创造了电视连续剧、电视风光片、电视专题片等一系列新的电视艺术形式,并创造了以电视机、摄像机、投影仪等电子设备为表现媒介的视像装置艺术以及主要通过 MTV(Music Television,音乐

---

① 李显杰、修倜:《电影媒介与艺术论》,华中师范大学出版社 1994 年版,第 20 页。

电视）进行传播，以精美的影像画面诠释音乐内涵、展现歌手风采的 MV（Music Video，音乐录像）艺术，使现代艺术生产的领域得到进一步的扩大和发展。而 20 世纪下半叶电子计算机、互联网等新型电子媒介（又称数字媒介）的迅速发展及其在艺术生产领域的应用，又催生了以计算机图像技术、多媒体技术、虚拟现实技术、远程控制技术以及各种技术的综合运用为艺术表现媒介的多媒体交互艺术、虚拟现实艺术、遥在艺术等令人应接不暇的新媒体艺术，显示出在现代艺术生产领域，人们艺术创造能力的发挥越来越依赖于艺术表现媒介与传播媒介的技术进步这一发展趋势。

其次，在艺术消费领域以及人们的日常娱乐休闲活动中，20 世纪大众传播媒介的飞速发展所产生的重大影响也是显而易见的。机械印刷技术的进步，推动了图书、报纸、期刊等印刷媒介对文学、绘画、摄影等艺术作品的大规模、批量化印制和传播，使以往由于稀缺而被少数贵族阶层和精英人士所垄断的文学艺术资源，开始从神圣的殿堂转移到日常生活世界并向社会大众开放，这就使得位居社会中下层的普通消费者，也获得了购买并消费"高雅艺术"的复制品从而享受精神文化生活的权利和可能。而广播、电影、电视、计算机、互联网等电子传播媒介和数字传播媒介发展的日益大众化、普及化，更使得大量的音乐、小说、诗歌、广播剧、电影、电视剧、电视艺术片、电脑动画片、电子游戏等艺术作品和文化娱乐产品，借助于电波、荧屏和网络进入千千万万普通大众的日常娱乐、休闲活动，成为他们进行文化消费和审美欣赏的主要对象。更为重要的是，现代大众传播媒介不仅为人们的文化消费活动提供丰富的产品，从而起到文化传输机的作用，而且其本身及所生产的文化产品也已成为现代消费文化的有机组成部分，甚至成为人们日常生活中必不可少的娱乐、休闲方式。在全球各个国际化大都会和雨后春笋般发展起来的新兴现代化都市，越来越多的人将多得惊人的时间用来收听并打电话参与广播节目；观看声色光影无比震撼的电影大片；按时守在电视机前收看社会新闻、娱乐选秀以及冗长的肥皂剧；戴着耳机通过便携式电子播放设备聆听经典乐曲或电子合成技术创造的美妙音乐；在KTV流光溢彩的包间里对着音乐电视（MTV）屏幕引吭高歌；在地铁里、公交车站或工作之余阅读印刷精美、充斥着各种广告的时尚杂志和报纸；在互联网上"赛博空间"里游荡、游戏；或者在各种媒体广告的诱惑和召唤下到大型商场或虚拟的网店购物。

总之，人们不自觉地参与到各种各样的媒介文化[①]产品的消费之中，媒介文化渐渐主宰了人们的日常生活，成为大众的文化消费和娱乐休闲活动中一种无所不在的背景以及富有诱惑力的前景，甚至成为人们如鱼在水般沉浸其中而不自知的日常生活方式，从而使人们在文化生活领域也呈现出一种媒介化生存的样态。

二、媒介化生存：人类生存异化的新变

现代大众传播媒介对人类社会政治、经济、文化以及日常生活的全面内在化殖民所造成的现代人的媒介化生存，是近代以来人类生存异化的一种新变。

异化，英文词alienation，源于拉丁文alienatio，其在神学和经院哲

[①] 美国学者道格拉斯·凯尔纳将媒介文化界定为"诸种系统的组合：从电台和声音的复制（慢转唱片、磁带、激光唱盘以及诸如收音机、磁带录音机等传播器械）、电影及其放送模式（剧场放映、录像带出租、电视播放等）、包括报纸和杂志在内的印刷媒体，一直到位于媒体文化中心的电视等"。并认为"其中的图像、音响和宏大的场面通过主宰休闲时间、塑造政治观念和社会行为，同时提供人们用以铸造自身身份的材料等，促进了日常生活结构的形成"。参见［美］道格拉斯·凯尔纳：《媒体文化：介于现代与后现代之间的文化研究、认同性与政治》，丁宁译，商务印书馆2004年版，第9页。

第一章　媒介的全面殖民：媒介化生存批判的社会现实语境

学中的主要含义，一方面指人在默祷中使精神脱离肉体而与上帝合一；另一方面则指圣灵在肉体化时，由于顾全人性而使神性丧失以及罪人与上帝疏远。异化作为近代哲学和社会学的概念，是指在人类的生存活动中，人的物质生产与精神生产及其产品变成外在的异己力量反过来奴役人、支配人从而使人的主体性和能动性丧失，使人的个性只能片面甚至畸形发展的一种社会现象。① 从社会历史根源以及发展的角度来看，人类的生存异化是阶级社会发展到一定历史阶段即私有制社会尤其是资本主义社会的产

---

① 近代西方许多哲学家、社会学家对人类的生存异化现象进行了理论探讨。卢梭以"社会契约说"明确地将异化规定为权利的放弃或转让这样一种损害个人权利的否定活动，并在《爱弥儿》一书中指出：文明使人腐败、背离自然使人堕落、人变成了自己制造物的奴隶……从而揭露了人的社会活动及其产品变成异己东西的事实，在人与自然、人与社会两重关系上深化了异化概念的内涵。费希特虽然未使用异化概念，但他经常从哲学高度通过"外化"这一概念揭示异化的重要含义，如自我外化为非我从而使原来与自我同一的东西变成异己的东西。席勒通过批判劳动分工所带来的危害，即永远被束缚在整体的个别小部件上的人本身也变成了部件，相当深刻地揭示了异化的实质。黑格尔的异化思想最初表现在对于基督教的"实证性"所做的批判中，认为人所制造的基督教变成一种僵化的反过来压迫人的异己力量。在《精神现象学》中，黑格尔的异化理论达到高峰，异化成了说明自然、社会、历史等辩证发展的核心概念。由于他把存在的一切都归结为"自我意识"，异化也就被归结为"自我意识"的异化。在黑格尔看来，人和由人所组成的各种社会形态及其历史作为主体，在异化中不仅表现为"分裂为二""或树立对立面的双重化过程"，而且这种由主体所产生的对立物，对于主体是一种"压迫性的""吞食它的力量"。在黑格尔之后，费尔巴哈从人本主义唯物主义观点阐述了宗教的本质乃是人的本质的自我异化，认为是人的感性物质生活产生了观念，那个能够抽象出人们的类关系的观念一步步成为主体，最终，人们创造了自己本质的异化物——上帝，从而使人本身的力量变成凌驾于人之上的超自然的神的力量。这些对人类社会种种生存异化问题的揭示，基本上还停留在对异化的外部现象的描述。马克思深入阐释了决定人类生存异化的根本性要素在于建立在私有制基础上的异化劳动或劳动异化，并从人与自己创造的劳动产品相异化、人与自己的生产活动相异化、人与人的类本质相异化以及人与人之间相互异化等方面，全面而又深刻地揭示了异化劳动及其所带来的人的异化生存的基本特征。而后来的西方马克思主义者们从总体性批判的高度继承并深化了马克思的异化理论，将异化看作是渗透到当代社会政治、经济、文化、心理等方方面面的一种更为普遍、更为突出的人类生存困境，一种绝大多数人不可逃避的历史命运。

物，其在发展过程中经历了以商品生产为主导的商品社会的物化生存、由商品生产为主导向商品消费为主导转向的"景观社会"①的景观化生存以及在大众媒介的诱导和支配下以符号消费为主导的"消费社会"（又称"符号化社会""媒介化社会"）的媒介化生存等异化生存形态的历史变迁。

（一）商品社会的物化生存

生存异化作为一种突出的普遍的社会现象产生于近代由机械化的工业生产所开启的商品经济时代。在此之前的自然经济时代，人与自然客体还处于一种尚未完全分化的原始同一状态之中，人类只是依靠前代人积累的

---

① "景观社会"这一术语是由法国社会学家居伊·德波在1967年出版的专著《景观社会》中首次提出的。在该书中，德波对"景观"概念的界定是"商品完全成功的殖民化社会生活的时刻"。景观世界展现的正是商品世界之所是，只不过是以精选的虚幻的商品影像取代了真实的商品世界，同时这些商品影像又成功地使自己被认为是卓越超群的现实之缩影，因而使景观世界在表面上显现为一种影像的积聚而已。由此，"景观社会"主要指的是一种由商品影像的生产和消费所主导的现代社会形态，具体而言大致是指1927—1967年四十年间的西方社会形态。值得注意的是，德波的"景观"概念内涵在其思想进程中有所发展和变化。在早期的《景观社会》一书中，德波对"景观"现象的揭示和分析虽然也涉及大众媒介的影像制造和影像传播技术问题，但关注的焦点和理论的重心更多的还是在强调商品的影像化布展在形成新的经济发展模式、社会关系模式、社会生活模式以及意识形态统治模式方面的重要作用。而在后期的《景观社会评论》（1980）一书中，德波所说的"景观"主要是指媒体（大众传播的组织、机构）向社会生活的方方面面渗透，并通过各种各样的媒介（大众传播的工具、手段）对社会生活的方方面面进行布展（尤其是影像化布展）的结果，概而言之，"是媒体泛滥的表现"。综观全书，"景观"一词的含义大多是指媒体通过大众媒介所制造的影像，即凯尔纳所说的"媒体奇观"。据此，德波后期思想中的"景观社会"实际上指的是20世纪70年代以后大众媒介尤其是电子媒介在社会生活中占据核心地位的媒介社会、信息社会（以上所述参见［法］居伊·德波：《景观社会》，王昭风译，南京大学出版社2007年版；［法］居伊·德波：《景观社会评论》，梁虹译，广西师范大学出版社2007年版）。这里要着重指出的是，本章所提到的"景观社会"以及人们在其中的"景观化生存"，均是在德波前期思想的意义上而言的。

第一章 媒介的全面殖民：媒介化生存批判的社会现实语境

经验去被动地适应自然而尚不能真正地改造自然，因此，人与周围的自然世界保持着一种天然的、自在的联系。同时，人们为了维持生存，自发地依据血缘和地域的天然联系建立起一个个共同体以抵御外界的侵袭，因此，个人存在与社会存在也是相互统一的。而当时社会物质资料的匮乏，必然迫使人们把劳动产品主要用于满足生产者自身及其所属的自然共同体维持和延续生命以及繁衍后代的需求，因此，人与自己的劳动产品之间不是对立的而是直接同一的，即劳动作为人类的生存手段是直接与其生存目的相统一的。在这样的劳动中，人可以直接从他的劳动产品中确证自己的存在价值，并且从劳动的过程得到精神上的愉悦，从而感受到生活的意义。

随着商品经济取代自然经济成为近现代社会的主导经济形态，商品生产和商品交换得到充分发展，产品由原来部分地采取商品形式转变为全部采取商品形式。"买和卖不仅把剩余的产品纳入自己的范围，而且也把生活所必需的东西纳入了自己的范围，并且各种不同的生产条件本身全部作为商品通过买和卖进入生产过程本身。"[①] 这样，人的劳动不再体现为维持人基本生存的"必要劳动"，而体现为追求物质财富的"剩余劳动"。人们进行生产的目的，也不再是为了满足自身和经济共同体成员的基本生活需要，而是为了在一种"全面依赖"和"普遍物化"[②]的社会关系网络中，

[①]《马克思恩格斯全集》第47卷，人民出版社1979年版，第352—353页。

[②] 马克思将商品社会的基本特征概括为"全面的依赖关系"和"社会关系的普遍物化"。所谓的"全面依赖"是指"每一个人的生产，依赖于其他一切人的生产，同样，他的产品转化为它本人的生活资料，也要依赖于其他一切人的消费……这种互相依赖，表现在不断交换的必要性上和作为全面媒介的交换价值上"。而"普遍物化"则是指"个人从属于像命运一样存在于他们之外的社会生产；但社会生产并不从属于把这种生产当做共同财富来对待的个人"。(《马克思恩格斯全集》第30卷，人民出版社1995年版，第105—106、108页。) 在这种"全面依赖"和"普遍物化"的社会关系中，根本上是对"物"的关系，也就是对"资本"的关系。正是由于资本作为交换价值造成了人与人之间的"全面依赖"，从而导致了"社会关系的普遍物化"。

通过商品交换满足他人和社会的需要。同时，在个人的生产和消费之间，必须以社会性的商品交换作为中介才能建立二者之间的普遍联系，导致个人所进行的生产直接以商品交换为目的，主要考虑自己的劳动产品作为商品其交换价值能否实现以及实现多少。这样，人的劳动产品便以商品的形式成为外在于人的存在，反过来支配和主宰着劳动者，导致生产的目的不是为了人自身的自在生存，而是为了无止境地追求货币、商品和资本，从而产生了"商品拜物教""货币拜物教"和"资本拜物教"，由此使得物主体化了，人客体化了；物成为人的主宰，人却成为物的奴隶。同时，由于交换活动已经主要不再是人和自然之间的交换，而是在人与人之间进行的交换，人们之间的关系便体现为一种商品交换的关系，即直接表现为一种对物的依赖性关系。这种普遍的物化过程使人们的生存呈现出一种全面的异化，它使商品结构中物的关系掩盖了人的关系，使人的劳动成果所形成的物反过来支配人，从而使人失去了原有的主体性和创造性，使劳动者成了转动着的机械系统的组成部分以及商品交换中的商品。人不仅不能控制自身的实践活动所创造出来的商品世界，而且在遵循商品本身运行规律的前提下丧失了人本身的自由。物化不仅使人变得孤立无助和不自由，使人的活动及其结果越来越与自身相分裂、疏离，越来越不属于他自己，而且使人的体力和人格也变成了商品的筹码，从而使得人与自身越来越疏远了，人的主体性、人的价值普遍丧失，货币、商品、资本等物的形式全面控制和支配了人的地位和命运。由此，"物化"成为商品社会（这里特指马克思所说的"自由竞争的资本主义社会"和詹姆逊意义上的"市场资本主义社会"）一种普遍的异化生存状态，成为现代人难以突破的生存困境。

（二）景观社会的景观化生存

在商品社会（即市场资本主义社会），出于资本原始积累的目的，生产和扩大再生产是资本主义经济发展的巨大动力和强大支柱，消费只是作为维持劳动力再生产的必要条件而被置于生产的附庸地位。因此，社会生产的重心是生产资料的生产，生活资料的生产相对而言十分匮乏。而在消费领域，能够直接促进剩余价值实现的生产性消费占据着主要的中心位置，生活性消费则一直处于次要的边缘位置。到了19世纪，随着资本向社会生活各个部门的不断渗透，生活资料的商品化生产成为资本积累的主要来源，社会对生活资料商品的有效需求成为资本主义再生产的关键性条件。但是，长期的低工资和大量失业的状况严重地影响到生产与消费之间的平衡关系，由此所引起的社会冲突也此起彼伏。20世纪初期，以装配线流水作业为标志的福特主义生产方式的兴起极大地缓解了上述危机，不仅造就了资本主义规模化大生产，而且缩短了必要劳动时间，提高了生产效率，降低了生产成本，促进了工人工资的增长，极大地提升了社会的消费潜力。加之30年代以后以刺激大众消费、制造并扩大社会有效需求、拉动经济增长为目的的凯恩斯主义国家干预政策在西方各国广泛实行，整个资本主义社会开始向着一个新的阶段——大众消费阶段迈进，这就意味着商品社会进入由过去以商品生产为主导朝着以商品消费为主导转向的过渡时期。在这样一个特定的历史时期，资本主义社会所面临的主要问题不再是如何生产和扩大再生产，而是如何引导和刺激消费。景观——商品的影像化布展，成为资本主义社会一种新的操控手段。景观化，成为资本主义社会发展的一个新阶段、一种新形态。与此相应，人类的生存也出现了不同于以往的新的异化形式，这就是德波所描述和批判的景观化生存。

景观（spectacle），原意为一种被展现出来的可视的客观景色、景象，也指一种主体性的、有意识的表演和作秀，德波用以概括当代资本主义社会的新特质，即当代社会存在的主导性本质主要体现为一种被展现的图景性①。在他看来，当代资本主义社会已经从生产阶段发展到一个独特的景观阶段。在社会本体论意义上，"景观就是商品完全成功的殖民化社会生活的时刻"②。也就意味着，景观社会是商品社会的高度发达阶段。不过，这一阶段的社会存在方式与早期资本主义社会有着重要的差异，那就是：生活本身不是展现为物态化的商品的堆积，而是展现为以表象方式存在的景观的庞大堆聚，"直接存在的一切全都转化为一个表象"③。与此相关的是，早期资本主义的生产方式在人的生存方式上所实现的从存在到占有的堕落，在景观社会进一步发展为从占有到显现（炫示）的滑落。这样，人类生存异化的根基就从物的统治转化为意象（image）的统治。在这个所有的商品均被加以影像化布展的社会，真实的商品世界沦为纯粹的商品意象，纯粹的商品意象却幻化成看似真实的存在。人们被这种仿真④的商品意象所催眠，不知不觉陷入景观化生存的无意识之境。

从社会主体的角度看，景观化生存的异化本质主要表现在生产异化和消费异化两个方面，尤以后者为重。

由于景观的制造仍然受资本主义意识形态的操控，因此，以刺激消

---

① 张一兵：《代译序：德波和他的〈景观社会〉》，见［法］居伊·德波：《景观社会》，王昭风译，南京大学出版社2007年版，第10页。
② ［法］居伊·德波：《景观社会》，王昭风译，南京大学出版社2007年版，第15页。
③ ［法］居伊·德波：《景观社会》，王昭风译，南京大学出版社2007年版，第3页。
④ 仿真（simulation）出自拉丁字源simulo，有模仿、冒充、假装等含义，也译作模拟、虚拟，在技术领域通常是指利用模型复现实际系统中发生的本质过程，并通过对系统模型的实验来研究已存在或设计中的系统；在文化领域指的是一种不以客观现实为基础但又极度真实的符号再生产过程。

第一章 媒介的全面殖民：媒介化生存批判的社会现实语境

费、主导生产这一内在目的性为动力，以经济的发展为至高无上的原则，以直接生产不断增长的影像对象为目标，景观生产作为由生产型社会向消费型社会过渡阶段的主要生产内容和生产方式，不仅确立了这一社会"现存体制条件和目标的总的正当性的理由"以及"这种正当性理由的永久在场"，[①]而且呈现出与商品社会的异化生产相一致的特征即工人与其劳动产品以及与其自身的分离。具体而言，景观虽然是经由工人的具体劳动生产出来的，却并不属于他们自身，而是一种独立于他们自身的力量。这种异化产品的日益骤增，使得全部的时间和空间越来越外在于生产者。景观生产越是成功，景观产品越是丰裕，景观的生产者就越是与他们的产品、与他们所生活的世界相分离。"他们的生活越是他们自己的产物，他们就越是被排除于这一生活之外。"[②]质而言之，景观生产的成功及其产品的丰裕，实际上是"作为一种剥夺的丰裕为生产者所经历"[③]的，景观生产过程本身也并不是生产者本质力量的真正对象化，而是"生产者的虚假对象化"[④]。

虽然景观生产中的分离和异化构成了景观社会中人的异化生存方式的基础，但与以往商品社会中的物化生存相比，景观化生存的异化本质更为突出地体现在景观消费中的分离与异化。

首先，景观消费的异化体现为大众对一种被商品意象制造出来的伪需要的追逐。

在景观社会中，作为商品的物不是被分解为使用价值和交换价值，而是分解为现实（reality）与意象（image）。随着电子传媒在西方世界的兴

---

① ［法］居伊·德波：《景观社会》，王昭风译，南京大学出版社 2007 年版，第 4 页。
② ［法］居伊·德波：《景观社会》，王昭风译，南京大学出版社 2007 年版，第 10 页。
③ ［法］居伊·德波：《景观社会》，王昭风译，南京大学出版社 2007 年版，第 10 页。
④ ［法］居伊·德波：《景观社会》，王昭风译，南京大学出版社 2007 年版，第 6 页。

起,尤其是电视的普及,人们的消费日益被影像广告所牵引,广告宣传中刻意营造的商品意象成为人们消费的依据。商品是否能够被人们购买和消费,不再只是取决于它的使用价值,而是首先取决于它是否合乎广告中所宣扬的时尚潮流,是否合乎由广告引导的标示个体身份及社会地位的需要。因此,人们实质上是在消费商业化影像布展中的商品意象,而不是商品的使用价值。这样,由于商品本身的丰裕和广告影像制造的商品意象的作用,景观消费不再是为了满足人们维持基本生存条件的真实需要,而是为了追逐一种被景观意象激发起来的、被景观意识形态刻意制造出来的伪需要。人们由于对景观世界(经由商业化影像布展而形成的商品意象群落)的迷恋而丧失了对本真生活的渴望与要求,从而使真实的消费变成幻觉的消费,使被景观所引导的消费伪欲望成为由商品生产向商品消费过渡时代社会主体的特定精神气质和价值趋求。

其次,景观消费的异化体现为大众对一种景观意识形态虚设的"提高了的生存状态"的追逐。

德波曾深刻地指出,在商品充裕的景观社会中,人类生存的基本问题无疑已经解决,但是同样的问题又在更高的水平不断地重新再生。也就是说,商品生产的发展刺激出人们更多更高的消费需求与消费欲望,"商品的丰富性——也就是商品关系的丰富性,不过等于提高了的生存状态"[①],而提高了的生存状态从未得到过解决,并且根本就不存在提高了的生存状态终止其提高这样的地方。这是因为,在景观根据自己的法则精心设计制造并不断扩张的、强迫人们把欲望满足等同于本真生存的这场"永久性的鸦片战争"中,人类已经被景观制造、呈现、强化的伪需求的精神病毒所感染,在永无止境的欲望追求中泥足深陷、焦虑不已,从而使得可消费的

---

① [法]居伊·德波:《景观社会》,王昭风译,南京大学出版社2007年版,第14页。

第一章 媒介的全面殖民：媒介化生存批判的社会现实语境

商品在其生存活动中必须始终不断地增加，以满足其日益增长的需要和欲望。这样，"提高了的生存状态"只不过是一种景观意识形态虚设的、旨在不断地刺激消费的理想化的生存目标，其实质却是"镀金的贫穷"，因此只能以耀眼的光芒遮蔽其内含的穷困，而永远不可能真正消除它、超越它①。同时，由于"提高了的生存状态"这种景观"伪造的生活"需要一个诱使人们不断去追逐的"虚假的理由"，因此，在景观所展现的琳琅满目的商品世界中，使用价值被突出地加以强调和彰显，商品新奇的或强大的功能性及其快速的不断的升级和更新，成为刺激消费、引领消费潮流的炫目亮点。然而，对商品功能性的丰富幻想和无止境的追逐，并没有超出对提高了的生存状态的丰富幻想之外，这一事实表明，过去对使用价值本身进行消费的"真正的消费者"，如今已异化成了对一种关于使用价值的丰富幻想和无尽欲望进行消费的"幻想的消费者"。

最后，景观消费的异化体现为大众在一种资本主义生产方式伪造的"虚假循环时间"中被控消费。

在以游牧和农耕为主要生产方式的自然经济时代，统治着人们的是一种由四季节奏支配的纯粹自然循环的时间。在这种循环时间的模式中，人们是按照自己对自然秩序的直接体验来组织时间的。因此，无论是"没有内容的懒散自由的"游牧生活，还是依循着四季更替、日升日落的节奏进行的农耕劳动，都使人们保持着是其所是的自身同一性。②当人类历史发展到以商品生产为主要社会存在方式的商品经济时代，统治着人们的不再是纯粹自然的循环时间，而是一种建立在物的大规模生产基础之上的、不停地彻底变革社会的经济生产的时间，一种重复将世界显现为"同样一天

---

① ［法］居伊·德波：《景观社会》，王昭风译，南京大学出版社2007年版，第15—16页。
② ［法］居伊·德波：《景观社会》，王昭风译，南京大学出版社2007年版，第57—59页。

又一天"的时间。这是一种不断向前的、永无止境的、线性发展的、转瞬即逝的、没有不朽也没有轮回的不可逆时间。它以无限制的贸易自由为真实目标恣意在全球市场扩张,从而使工业社会的人们具有了一种全球一元化的不可逆的时间体验模式。在这种不可逆时间的抽象化——被粉碎成同等抽象碎片的、除了它的可互换性之外没有任何现实性的商品生产时间——的社会统治下,活生生的人的个体生命被机械地分割成以相等间隔积聚的一个个时间片段,被异化成一具具"时间的残壳"[①]。随着商品社会的高度发展,日益增多的生产过剩以及日益严重的经济危机,迫使原来仅仅作为生产时间的补充形式而存在的人类非发展的一般时间——消费时间的地位发生了根本性的变化,被提高到与生产时间平分秋色的高度。消费时间作为资本主义社会中为了刺激商品消费从而在根本上促进商品生产而被人为制造出来的闲暇时间,是以白天之后的夜晚、工作日之后的周末、周期性的休假等形式表现出来的人类生存的古老循环节奏的一种变体。它不再服从于真正的自然秩序,而是屈从于一种由异化劳动所创造的虚假自然秩序,因此只是一种虚假循环时间。虚假循环时间与正在增强着的现代经济生存的消费面向相联系,日益趋向于以"装备完善"的时间积木(其中每一块作为一种标准化的商品都结合了多种多样的其他商品)的形式被打包出售。这种可消费的虚假循环时间被德波称为景观时间。[②] 它并不真的是人们自由自在地购买、消费、休息、娱乐、享受生命的工作之外的闲暇时间,而是一段被工业生产和商品经济改造过的时间、被商品的广告影像和消费意象所统治的时间。具体来讲,人们的日常闲暇时间越来越多

[①] [法]居伊·德波:《景观社会》,王昭风译,南京大学出版社2007年版,第63—69页。

[②] [法]居伊·德波:《景观社会》,王昭风译,南京大学出版社2007年版,第69—70页。

第一章　媒介的全面殖民：媒介化生存批判的社会现实语境

地充斥着各种商业化影像（准确地说，是报纸、时尚杂志、电视剧、电视新闻、电视购物、电视广告、财经和娱乐节目中所呈现的各种商品的影像），它们作为所有商品的媒介，"不仅是景观机制充分实现自己的特定领域，而且也是景观机制展现、聚焦普遍目标的场所，是全部特殊消费的缩影"①。而五花八门的教导人们如何消费他们的假期和休闲时间的社会影像，则使人们的消费时间——虚假循环时间成为在一定距离内被扮演和描绘的瞬间。这些商品化的瞬间还被装扮成名目繁多的节日，但它们已不再是人们生存活动中真正富有欢乐意义的庆典，而是景观社会特有的商品倾销时段，是一段资本家用商品景观强迫人们消费自己并不需要的东西的专用异化消费时间②。这种庸俗化的伪节日的泛滥，使得人们无法知道自己的真实需要，也不能在一种真正属于自己的闲暇时间中自由地舒展主动性和创造性，而只能在景观的预设和景观无形的教唆下进行一种被景观意识形态隐蔽地操控着的异化消费。这些异化消费在煽动起一种过度经济消费的浪潮的同时，也导致"只能被即将到来的一些新的诺言的幻灭所补偿的幻灭"③，从而导致人们对真实生活的瞬间循环返回的期待的幻灭。因此，随着资本主义生产方式从对工人所生产的绝对剩余价值的压榨向相对剩余价值的盘剥转变，在理应美好的闲暇时间中，人的存在非但不能实现一种能动的创造性以及自由而全面的发展，反而与在生产时间中一样是被奴役的，是充斥着一种表面主动、内里消极的被动性的。由于"景观的'屈从式消费'使人远离对生活的积极参与和创造"④，并且，由于景观能在一切闲暇时间

---

① [法]居伊·德波：《景观社会》，王昭风译，南京大学出版社2007年版，第70页。
② 张一兵：《虚假存在与景观时间——德波〈景观社会〉的文本学解读》，载《江苏社会科学》，2005年第6期。
③ [法]居伊·德波：《景观社会》，王昭风译，南京大学出版社2007年版，第71页。
④ [美]道格拉斯·凯尔纳：《媒体奇观——当代美国社会文化透视》，史安斌译，清华大学出版社2004年版，第3页。

(虚假循环时间)中对人发生颠倒性欲望驱动,现代资本主义的物质生产才更加远离人的真实需要,从而更直接地服务于资本的剩余价值增值。由此,景观社会中资本对人的统治和异化在空间和时间上都大大扩展了。①

此外,从社会主体之间的关系角度看,景观化生存的异化本质主要体现于在早期商品社会中被颠倒为物与物关系的人与人的劳动关系,已经被景观进一步虚化为遮蔽存在的意象关系。换言之,原来表现为具体的"物"的人与人的关系,已变成被商品广告布展中的虚幻影像所中介。由此,"个人的姿势不再是他自己的;它们是另外一个人的,而后者又将这些姿势展示给他看"②。这一事实不仅昭示了景观与积极主动的主体的疏离,更显示了景观社会中个体的主体性沦丧。同时,由于商品影像的碎片以其自主自足的专门化发展重新将自己编组为一个新的整体,一个与现实生活相分离的、纯粹静观的、孤立的伪世界,因此,在这个仿真的景观世界,那些以人造的影像骗人者同时也被别人和自己制造的影像所欺骗和蒙蔽③。对虚幻的景观世界的入迷和疯狂追逐,成为大众普遍的"主导性的生活模式"④,人们之间的社会关系被意象所中介,实质上已异化为一种意象关系。

(三)消费社会的媒介化生存

20世纪五六十年代开始,经历了两次世界大战浩劫的西方各国先后进入快速推进都市化和工业化的社会现代化阶段。高耸入云、鳞次栉比的

---

① 张一兵:《代译序:德波和他的〈景观社会〉》,见[法]居伊·德波:《景观社会》,王昭风译,南京大学出版社2007年版,第22页。
② [法]居伊·德波:《景观社会》,王昭风译,南京大学出版社2007年版,第10页。
③ [法]居伊·德波:《景观社会》,王昭风译,南京大学出版社2007年版,第3页。
④ [法]居伊·德波:《景观社会》,王昭风译,南京大学出版社2007年版,第4页。

第一章 媒介的全面殖民：媒介化生存批判的社会现实语境

摩天大厦、四通八达、密如蛛网的高速公路，商品琳琅满目、堆积如山的百货商场，集购物、休闲、娱乐等多种功能于一体的大型购物中心，无孔不入的大众传媒和无所不在的消费品广告，人潮汹涌胜似节日狂欢的商品博览会和购物嘉年华……无不昭示着西方资本主义社会已经进入一个以商品消费为主导的新阶段，即鲍德里亚所指称的"消费社会"①。此时，消费不再仅仅是作为扩大资本主义再生产的必要手段而存在的生产性消费和生活性消费，而是一种具有独立意义和社会区分作用的符号性消费，这种全新的消费模式完全取代了过去生产在社会运行结构中的核心地位，成为当代资本主义社会生活的全部内容和唯一目的。

在商品消费取代商品生产占据了社会生活核心地位的消费社会，一方面，大批量的生产全部指向了消费、闲暇和服务；另一方面，依托于大众传媒技术（尤其是电子传播技术）的飞速发展，作为符号商品的图文、音像、信息等媒介文化产品的生产也得到急速的增长，并且凭着大众传播媒介（尤其是电子媒介）对社会生活无处不在、无孔不入的散播和渗透，对个体的日常生活和生存方式产生了巨大的影响，使人们陷入一种媒介化生存状态。正如美国当代传播学研究者罗杰·菲德勒曾经详细描述过的一个

---

① 这一新的社会形态在西方学术界有着五花八门的称谓，其命名方式主要有两种：一种是抓住这一社会在某一方面所凸现出来的异常鲜明的新特点加以命名，如"丰裕社会"（加尔布雷斯）、"消费型社会"（马克斯·韦伯）、"被控消费的官僚社会"（列斐伏尔）、"景观社会"（居伊·德波）、"消费社会"（让·鲍德里亚）、"信息社会"（马克·波斯特）、"娱讯社会"（道格拉斯·凯尔纳）以及作为当代人文社会科学领域中的一种共识被人们经常提及的"媒介（化）社会""符号（化）社会""数字（化）社会"等；另一种是从社会形态发展的历史承续与变迁角度加以命名，如"后工业社会"（丹尼尔·贝尔）、"晚期资本主义社会"（詹姆逊）、"后现代社会"等等。本书将根据行文的语境分别采用"消费社会""信息社会""媒介（化）社会""符号（化）社会""后工业社会""后现代社会"等称谓。

鲍德里亚媒介文化理论的生存论阐释

美国上班族一天的生活①所显示的，收音机、电视、报纸、图书、杂志、音乐磁带、激光唱盘、传真机、电话、电子邮件、电子会议系统、录放像机、互联网等各种各样的大众传播媒介充当了现代人日常生活和工作的基本手段，支配着人们的闲暇和工作时间，改变着人们的认知模式和行为模式，使人们对世界的感知不再必须依赖亲眼所见、亲耳所听、亲历亲为的直接经验，人与人之间的交往也不再主要依赖面对面的直接交流——各种各样的传播媒介成为人们的眼睛、耳朵、手脚等身体器官乃至神经中枢系统的延伸，人们的所见所闻、所感所思、所作所为大都被大众传播媒介所过滤、诱导、影响甚至支配。不同的传播媒介各自以其独有的传播特性和传播优势占据不同的时空方位并迅速扩张蔓延，对现代人的生活形成了全面的包围：报纸杂志占据了大部分的社会流动时空；广播对交通线路实现了全线突破；电视在私人领域从起居室向卧室、餐厅、书房甚至盥洗室扩张，而公共空间的广场、旅店、车站码头和购物娱乐场所，无处不闪烁着电视荧屏的光亮；互联网更是在极短的时间内迅速普及，从军事、商务、教育领域到家庭和个人空间，近乎无"网"不"渗"。大众媒介成了现代生存空间中一种无孔不入的弥漫性的存在。无论主动选择还是被动接受，现代人已无法置身于各种传播媒介设置的有形和无形的环境之外②。一言以蔽之，媒介技术进步在为现代人的工作、学习、休闲、娱乐带来快捷、高效和各种便利的同时，也使其陷入一个无法逾越的媒介化生存的囚牢。作为一种现代尤其是后现代社会人类异化生存的新形式，媒介化生存的异化本质在下述几个层面格外鲜明地彰显出来。

---

① 参见［美］罗杰·菲德勒：《媒介形态变化：认识新媒介》，明安香译，华夏出版社2001年版，第93页。

② 樊葵：《媒介崇拜论：现代人与大众媒介的异态关系》，中国传媒大学出版社2008年版，第13—17页。

第一章 媒介的全面殖民：媒介化生存批判的社会现实语境

首先，现代自律个体的理性和主体性在对电子媒介的过度倚赖和迷入中逐渐消解。

在20世纪迅速发展起来的各种电子传播媒介中，电视对现代人的异化尤为显著。人们将大量的时间用于收看电视上，看电视所耗费的时间比其他闲暇活动耗费的时间的总和还要多，被列为与工作和睡眠一样耗时的活动。电视融入大众的日常生活中，谈论电视节目成为人们日常社会交往中固定而当然的话题①。然而，随着人们对电视的沉迷不断加深，这一原本在现代人日常社会交往中充当普遍而有效的交流媒介的人造物，却反过来凌驾于人们的闲暇生活和社会交往活动之上，使人们沉溺于一种蜷缩在沙发上、手里拿着遥控器、嘴里吃着土豆片、全身心地投入电视节目提供的喜怒哀乐因而被形象地称为"沙发土豆"（couch potato）的生活状态。这就使得人们越来越淡漠于社会交往和面对面的人际交流，越来越疏离于社会群体而走向自我闭锁，越来越习惯于不假思索地接受电视节目的声色光影所提供的感官刺激，越来越满足于从电视娱乐节目获得一种即时启效的、肤浅而简单的、"过把瘾即忘"的快感，并最终将人异化为自身的思想、观念、行为方式完全来自对电视节目内容及其显示的价值观念的模仿的"电视人"以及一味地、被动地单向接受电视媒介所传信息、与外界隔绝、不能进行正常人际交流的"容器人"。

电视媒介对现代人生存方式和生存状态的异化及其所造成的理性自律主体的缺席，除了来自人们自身的主观因素——信息时代社会竞争的加剧、生活节奏的加快，使人们疲于奔命，内心烦躁不安、焦虑不已，无暇凝神观照，也不愿静心思考，只能像一个罐状容器一样让潮水般汹涌而来

---

① ［英］尼古拉斯·阿伯克龙比：《电视与社会》，张水喜、鲍贵等译，南京大学出版社2007年版，第2页。

的信息一股脑儿地灌注进自己的感觉世界。此外,从客观因素来看,还与电视媒介固有的特性密不可分。电视节目播放形式的"串播"化所造成的"零碎的特性"①,使得在漫长的前电子媒介时代由印刷文本句子与书页的线性排列以及页面上文字的稳定性所促成的富有逻辑性、反思性和批判性的理性自律的主体型像遭到了消解。电视能够把空间上的广延性和时间上的瞬即性彼此结合从而既使传播者与受传者相互分离又使他们彼此靠拢的特性,使其对印刷媒介所构建的对客体透明的、具有稳定和固定身份的理性主体立场进行了彻底的重新构型,以至于固定在时空之中的、能够对周围客体实施认知控制的主体自我型像难以维系②。电视媒体语言的无语境、独白式、自指性,会诱使接受者对自我构建过程抱游戏态度,在话语方式不同的"会话"中不断地重塑自己。由于电视媒体语言的言说者与接受者之间存在巨大的时空距离,电视广播之外并不存在一个明确限定的指涉世界来提供一些标准以评价意义流,使得观众作为电视媒体语言的抽象接受主体并不具有作为会话的一端这种明确的身份③。而电视影像符号表达方式上的马赛克碎片拼接造成的片断性、零碎性,以及由于强调时效性而造成的影像动态连续呈现方式的快速性、瞬即性,使得人们面对电视几乎只能不间断地紧随它的声音和画面做出即时快速的条件反射式的感官反应而无暇回味和沉醉,更无暇思索和质疑,以至于使许多人退化到只会"边看

---

① [英]尼古拉斯·阿伯克龙比:《电视与社会》,张水喜、鲍贵等译,南京大学出版社 2007 年版,第 13 页。
② 参见[美]马克·波斯特:《第二媒介时代》,范静哗译,南京大学出版社 2005 年版,第 61—63 页。
③ 参见[美]马克·波斯特:《信息方式——后结构主义与社会语境》,范静哗译,商务印书馆 2000 年版,第 66 页。

第一章　媒介的全面殖民：媒介化生存批判的社会现实语境

电视边吮手指"①的婴幼儿状态，完全丧失了作为理性自律主体应有的思维深度。

　　从媒介文化的生产内容和生产方式角度来看，电视对现代人生存方式的异化及其造成的自律个体的理性和主体性的丧失，主要来自电视广告以促销商品为最终目的对大众的虚假需求意识、符号消费欲望和幸福生活幻觉的过度生产。电视广告的生产者一方面常常利用人们普遍具有的追新求异、跟风从众的心理，大肆宣扬广告中的商品具有与众不同或异于以往的崭新、独特的功能或集多种功能于一体的异常强大的功能性，并通过流动能指的语境重建②将对此产品的使用与时尚、新潮、现代的生活方式和成功、富有、身份、地位、品位等人生意义联系起来，赋予商品及其广告形象以某种符号象征意义，同时将观众置于电视广告中缺席的男女主角的位置，使其被商品的强大功能性、富有视觉冲击力的广告图像以及具有社会区分作用的符号象征意义所引诱而把自己置换进广告之中，从而使电视广告的观看者对广告中的商品产生价值和意义认同，并将观众构建成一个"通过选取商品的不同'意义'而与自己的身份进行游戏"③的"主体"，即一个去中心化的、非稳定的"主体"。另一方面，电视广告的生产者又常常利用人们爱把自己幻想成另外一种更理想化的人物并且以消费广告中理想化人物所用之商品而自觉身价倍增，进而获得自我社会身份认同的"自

---

　　① 转引自樊葵：《媒介崇拜论：现代人与大众媒介的异态关系》，中国传媒大学出版社2008年版，第81、92页。
　　② 马克·波斯特指出："广告占据一个能指，亦即占据一个词，这个词与广告所促销的物体并不具有传统意义上的关系，却被附加到那个物体上。广告构建了一个新的语言及传播现实。在广告中，这些流动能指的语境被重建，而它们的作用正是源自这种语境重建。"参见［美］马克·波斯特：《信息方式——后结构主义与社会语境》，范静哗译，商务印书馆2000年版，第81页。
　　③ ［美］马克·波斯特：《信息方式——后结构主义与社会语境》，范静哗译，商务印书馆2000年版，第86页。

居心理",竞相以名人、明星、俊男美女为广告模特,不断激发人们对那些超出生存之必需的商品的需要,不断煽动人们对商品的符号意义所表征的理想自我以及由广告虚构出来的中产阶级美好生活图景的向往与追求,使人们不断地被电视广告所制造和唤起的虚假需要所裹挟,随波逐流地跟着电视广告所制造的时尚和消费潮流漂浮,亦步亦趋地在电视广告所勾画的"理想"生活图景的诱惑和指导下拟构自己的"幸福"生活模式。电视广告就这样"把商品交换中的工具理性蜕变成欲望这种贱金属"①,使人们在它的强力牵引下一刻不停地进行着并非生存之必需、仅为欲望之膨胀的符号性消费,从而不仅日渐失去理性判断能力和自主选择能力,而且最终丧失了按照个人意愿规划自己生活方式的自由,成为任由电视广告摆布的消费机器。在此意义上,电视广告所塑造、构建的"消费者"这一"主体"型像,实际上已根本没有"主体性"可言。"电视广告把主体构建为一个消费者,将主体当作一个依附性的旁观者而进行合并。……为了在异步独白的条件下将一条音讯传给一个接收者,电视广告便将其自身构建为语言/世界,而接收者则被置于指涉对象的位置。于是,广告音讯的接收者扮着两个角色:一个是其话语的客体,是被操纵的、被动的、消费主义的;一个是其话语的主体,是法官、验证的钢印、指涉对象。由于观众既被构建为客体又被构建为主体,既是物又是上帝,于是便面临着主体位置的不可能性,即主体根本上的无实质性。"②

其次,现代人对数字媒介营造的虚拟世界的迷恋和沉浸导致自我的异化。

---

① [美]马克·波斯特:《信息方式——后结构主义与社会语境》,范静晔译,商务印书馆2000年版,第72页。

② [美]马克·波斯特:《信息方式——后结构主义与社会语境》,范静晔译,商务印书馆2000年版,第94页。

第一章　媒介的全面殖民：媒介化生存批判的社会现实语境

如果说在马克·波斯特所谓的电影、广播和电视等播放型电子媒介（简称播放媒介或电子媒介）占据社会生活核心地位的"第一媒介时代"，媒介化生存的异化本质从根本上可归结为一种在媒介的符码逻辑和仿真逻辑操纵下的符号化生存和拟像①化生存，那么，在20世纪80年代以后大规模兴起的计算机和互联网等数字型电子媒介（简称数字媒介）占据社会生活核心地位的"第二媒介时代"，媒介化生存的异化本质则在根本上体现为一种被虚拟现实技术及其虚拟逻辑所创造的虚拟空间中的虚拟化生存。

虚拟空间（cyberspace）又称"赛博空间"，这一由美国作家威廉·吉布森（William Gibson）——"赛博朋克"（Cyberpunk）科幻小说运动的奠基人——在《神经浪游者》（*Neuromancer*，1984）中先知般地加以创造性描述的令人"销魂荡魄的""使人产生强烈欲望甚至自甘受其役使的"②地方，并非一个实存性的物理空间，而是人们在互联网上漫游时的一个想象性空间，一个仿佛通过操作鼠标和键盘、经由人机交互的界面便可以"穿越"电脑屏幕而跻身其中的虚拟性的互动空间，一个通过计算机连接起来的，供人们实现资源共享、实时交往、娱乐、学习、工作、购物等社会生活的虚拟生存空间。在此空间中，一切事物都显得栩栩如生、超实在，相形之下日常生活中的经验则似乎干瘪不实。③在此空间中，人们可以摆脱任何物理世界的限制与束缚，可以不受任何现实社会的规范与约束，更能够通过网络游戏这一超现实的虚拟生存方式体验到现实生活中无法体验的感受。这使人们越来越乐于全身心地沉浸在无限广阔的网络虚拟空间中，

---

① 拟像（simulacra，又译仿像，即一些极度真实但又并无根由、无所指涉的符号、形象或图像）便是其再生产出来的"产品"。

② ［美］迈克尔·海姆：《从界面到网络空间——虚拟实在的形而上学》，金吾伦、刘钢译，上海科技教育出版社2000年版，第88页。

③ ［美］迈克尔·海姆：《从界面到网络空间——虚拟实在的形而上学》，金吾伦、刘钢译，上海科技教育出版社2000年版，第88页。

把虚拟世界当作自己真正的生存家园，从而与现实世界越来越疏离，甚至分不清现实和幻觉。对网络虚拟世界中的虚拟逻辑和虚拟化生存的过度迷恋和沉浸，使人们常常无法面对现实世界的秩序，也常常无法面对现实世界中的自我，因而只能选择逃避，返回到虚拟世界中去寻求心理平衡和自我认同。由此，一种现代心理疾病——网络痴癖症——无法遏抑地产生并蔓延开来，使人们不可避免地陷入了自我异化的危机。

由于计算机和网络技术所构建的虚拟空间以及虚拟现实技术的成果——虚拟实在。都是现代技术高度发展的结果，因此，对虚拟空间、虚拟实在以及虚拟化生存的迷恋和沉溺造成的现代人自我异化的一个重要表现就是源于对技术和机器过度依赖的人的机械化。马克·波斯特指出互联网不仅是"技术性的"而且还是准机器性的：它构筑人类与机器之间的边界，让技术更吸引人类，把技术转化成"用剩的设备"，而把人转化为"半机械人"（cyborg，又译为"网虫"），转化为与机器唇齿相依的人。①保罗·维利里奥也精辟地指出：对机械的过度依赖会使人们产生行为惰性，从而造成其自身固有能力的隐抑。"受着惰性控制的互动存在者，将他的运动的本能和位移的自然能力转交给了一些探测器、检验器，它们即时地向他们报告一种遥远的真实性，而损害了他本身具有的对于真实事物的理解的能力……就这样，人由于自愿地限制着他的身体对于某些动作、某些冲动的影响范围，他便由可动的人，变成自动的人，并最终变为机械的人。"②这些仿佛在身上安装了键盘、显示器等互动性假器的"机械的人"与被装备的残疾人几乎完全一样，他们完全依赖传感器、感觉器和其他种

---

① [美] 马克·波斯特：《第二媒介时代》，范静哗译，南京大学出版社2005年版，第38页。
② [法] 保罗·维利里奥：《解放的速度》，陆元昶译，江苏人民出版社2004年版，第23页。转引自肖静：《新媒介环境中人的异化》，载《当代传播》，2007年第5期。

第一章 媒介的全面殖民：媒介化生存批判的社会现实语境

种远距离探测的功能，从而使自己变成被与之对话的机器所奴役的一个存在物。① 于是，"一种零度的或空洞的主体空间被结构到实践之中"②，自律的理性的现代主体在互联网的非线性时空中被分散了，其真实的稳定的身份被虚拟空间的非物质性所颠覆了。网络技术和虚拟现实技术就这样"为后现代时代的主体性建立了一座工厂，为构建非同一性的主体制造了一部机器"③，从而使具有自我同一性的现代主体日趋"消散在后现代的时／空、内／外以及心／物语义场中"④。

现代人由于对虚拟空间、虚拟实在以及虚拟化生存的迷恋和沉溺所造成的自我异化还表现在自我的丧失与人格的分裂。网络虚拟世界一个最大的问题便是身体的缺位，这既包括虚拟环境中身体本身的不在场，也包括现实身份与虚拟身份的差异。吉登斯曾经指出：在日常生活的互动中，身体的实际嵌入，是维持连贯的自我认同感的基本途径⑤，这是因为只有身体的实存才能表明我们个人的身份和个性。然而，互联网所构建的虚拟世界却将参与者的肉身在场打上了括号，肉体的直接性既可省略也可模拟。这虽然可以将人们从其物理身份强加的限制中解放出来，但从另一方面来看，第二位的或替身的身体所揭示的，仅仅是人们心里

---

① ［法］保罗·维利里奥：《解放的速度》，陆元昶译，江苏人民出版社2004年版，第28页。转引自肖静：《新媒介环境中人的异化》，载《当代传播》，2007年第5期。
② ［美］马克·波斯特：《信息方式——后结构主义与社会语境》，范静晔译，商务印书馆2000年版，第159页。
③ ［美］马克·波斯特：《信息方式——后结构主义与社会语境》，范静晔译，商务印书馆2000年版，第173页。
④ ［美］马克·波斯特：《信息方式——后结构主义与社会语境》，范静晔译，商务印书馆2000年版，第156页。
⑤ ［英］安东尼·吉登斯：《现代性与自我认同》，赵旭东、方文译，生活·读书·新知三联书店1998年版，第111页。

希望揭示出来的东西。① 也就是说，替身的自我永远也不能完全代表人们真实的完整的自我。在网络空间中身体缺位的虚拟化生存，使现代人的真实自我被掩藏、完整自我被割裂，甚至逐渐丧失了在现实世界与虚拟世界之间自由而顺利地转换自我身份的意识和能力，最终迷失了以至完全丧失了自我。同时，身体的缺席意味着进入虚拟世界的身份必然是虚拟的，无论这些身份构成的是现实中的本色自我还是现实自我未曾展现的部分，抑或是完全重构的理想自我形象，相对于肉身的"自我"而言，这些虚拟身份都是一个一个的面具。② 人们在虚拟空间的虚拟性社会交往活动中，随心所欲地为自己构建一个或多个虚拟身份，在通过计算机书写进行交流的过程中"把自己当作小说角色创作，从诸如自己的感情、需要、观念、欲望、社会立场、政治观点、经济状况、家庭境况等整个人的角度，虚构自己"③。在网络游戏中，人们更是纵情恣意地进行着各种各样的角色扮演和角色体验，以此来完成对自我现实身份的理想化、欲望化的置换和替代。这虽然可以在某种程度上满足人们自我实现的梦想和渴望，但也会使人们因为常常扮演与自己实际身份和性格特点不同甚至相反的角色而产生角色冲突，久而久之出现心理危机，导致多重人格障碍，甚至产生人格的本体性断裂和变异。此外，人们以虚拟身份在网络虚拟世界进行虚拟化的社会交往，还会造成人与人之间的实际交往越来越少，使其现实的情感体验日益贫乏，逐渐变为冷漠的"电脑人""数字人""虚拟人"，甚至对现实社会中的人际情感产生排斥、拒绝、恐惧情绪，从而导

---

① ［美］迈克尔·海姆：《从界面到网络空间——虚拟实在的形而上学》，金吾伦、刘钢译，上海科技教育出版社2000年版，第103页。

② 樊葵：《媒介崇拜论：现代人与大众媒介的异态关系》，中国传媒大学出版社2008年版，第111页。

③ ［美］马克·波斯特：《信息方式——后结构主义与社会语境》，范静晔译，商务印书馆2000年版，第158页。

第一章 媒介的全面殖民：媒介化生存批判的社会现实语境

致人格的非现实化。

再次，现代人在对大众媒介的沉溺和对海量信息的疯狂追逐中罹患了媒介依存症和信息过载综合征。

现代尤其是后现代社会人类生存环境的广阔无边、异常复杂，使得人们无法像传统社会的人那样凭借亲身体验获得的感性经验就能够清晰有效地把握和控制生存环境，"而必须依靠大型的社会信息系统即大众传播系统提供的信息环境或曰拟态环境来实现对现实世界的认知"[①]，这就使得传播媒介成为人与外部世界相沟通的最主要的中介，人们对于社会历史和现实人生的认知和经验大都来自大众传播媒介所构造的林林总总的"真实事件"的表象。媒介世界成为很多人现实生活的标准参照模板，他们不仅按照媒介的描述去感知世界，而且按照媒介的解释去理解世界。在很大程度上是媒介规定了他们如何生活、如何思考、如何看待他人、如何确立自我身份，以往由家庭、学校、教会等传统机构所承担的将人社会化的功能，已越来越多地转移到大众媒介的身上。面对大众媒介这一强大的"他人导向"[②]力量，许多人或主动或被动地放弃了理性判断、自由选择和心灵的探索，成为真正意义上的传播"受"众，并且常常是"仰视型受众"[③]，他们在"行为上把接触媒介作为必不可少的日常习惯和日常仪式，心理上将媒介作为极其可靠的经验代理，几乎完全依靠传播媒介建立与外部世界

[①] 樊葵：《媒介崇拜论：现代人与大众媒介的异态关系》，中国传媒大学出版社2008年版，第19页。

[②] 美国社会学家大卫·李斯曼根据作用于人们行为的导向力量的不同，划分了三种不同类型的性格：传统导向型、自我导向型和他人导向型。并指出塑造出这三种性格类型的社会代理机构分别是：传统社会的家庭及周围的氏族；现代工业社会的家长、教师和书本；后现代社会的同龄群体和大众传媒。参见［美］大卫·李斯曼等：《孤独的人群》，王昆、朱虹译，南京大学出版社2002年版，第8—23页。

[③] 邵培仁：《传播学》，高等教育出版社2000年版，第201页。转引自樊葵：《媒介崇拜论：现代人与大众媒介的异态关系》，中国传媒大学出版社2008年版，第26—27页。

的联系，把媒介内容看做毋庸置疑的现实再现、权威发言和真理表达，进而将媒介的价值观内化为自身的价值观"①。在这样一种媒介化的生存状态中，人们与现实世界直接接触的机会越来越少，只能仰仗媒介来建构实体生活。因而，相信媒介话语及其表象便成为一种惯性心理和集体无意识。②当环境发生巨大变动而处于非常态时，人们几乎完全依靠传播媒介发出的信息——尤其是"信息权威"③的观点——进行判断和决策，表现出极强的媒介依赖心理。这种由于对媒介的过度使用而造成的媒介崇拜心理和"媒介依存症"，使得现代人普遍缺乏起码的自律个体意识和理性批判精神。在媒介信息的汪洋中随波逐流，随着媒介的导向而不断地转移着兴奋点，遵从信息权威的观点进行着非自主的判断和选择，使得越来越多的现代人离开了大众媒介就无法思考甚至无法生活。媒介化生存的异化本质及其所造成的现代人的生存危机由此可见一斑。

在电子媒介主宰社会生活的后现代社会，人们每天被大量的、日新月异的信息所包围、淹没。相对于人脑有限的思维加工能力而言，迅速增殖的海量信息使人们无力负载和吸收，从而产生信息过载综合征，主要表现为信息饥渴症、信息恐惧症、信息焦虑症等。

信息饥渴症患者区别于一般信息获取者最明显的标志就是所获得的信

---

① 樊葵：《媒介崇拜论：现代人与大众媒介的异态关系》，中国传媒大学出版社2008年版，第10—11页。
② 樊葵：《媒介崇拜论：现代人与大众媒介的异态关系》，中国传媒大学出版社2008年版，第25页。
③ 在信息化社会中，信息权威成为一种客观存在，它由媒介组织的政治家、思想家、信息专家、艺术家、企业家等社会群体构成，通过网络和大众传媒，或直接、或间接、或自觉、或不自觉地干预大众的思想倾向、政治态度、艺术情趣和生活方式。信息权威带来这样的危险：通过个人或少数人不断影响大众，而大众等待别人替自己说话，替自己选择信息，替自己做决定，人们可能完全取消自我，接受电子传媒文化对自己的重新定型（文化强制）。参见董焱：《信息文化论：数字化生存状态冷思考》，北京图书馆出版社2003年版，第78—79页。

第一章　媒介的全面殖民：媒介化生存批判的社会现实语境

息不会给他带来任何实际的用处。对他们来说，至关重要的不在于所获得的信息内容，而在于了解信息这一行为本身。罹患信息饥渴症的人在认知方式上多具有"依存于场"①的倾向，即以外在参照标志作为其认知、思考的依据，对任何问题的求解和做出任何一个判断，都必须依赖和求助于外部信息，所以他们如饥似渴地搜集和攫取各种各样的信息，就像一台不知疲倦的信息采集器。然而，过多地依赖外在参照标志意味着内在参照标志的不健全，也就是独立思考和判断能力的欠缺，在根本上所体现的是现代人对信息价值的误解和生存的迷茫感。因此，罹患信息饥渴症的现代人很容易产生媒介信息崇拜，也很容易在这种崇拜中进一步迷失自我。②

信息恐惧症是信息过载造成的现代人媒介化生存异化的又一种表现形式。在人类的生存活动中，对抗混沌、获得意义与价值是人的存在方式的重要一面，"因此，精神生活便是对原始语义空虚恐惧（Horrorvaeui semantici）的成功反动：无意义（用非存在论者的话便是'尚未有意义'）的混沌威胁着要把自我撕成碎片，要把它淹死在自我视为虚无的异化的他者的深渊，而这种原初的湮灭恐惧则迫使自我不断将任何语义为空的空间填充上自我所能聚拢起来的任何意义"③。在信息时代和大众传媒社会，"原

---

① 美国心理学家威特金（H. A. Witkin）认为人有两种认知方式：场独立性认知方式和场依存性认知方式。具有场独立性认知方式的人即独立于场的人往往倾向于更多地利用内在参照标志，主动地对外来信息进行加工；具有场依存性认知方式的人即依存于场的人则往往倾向于更多地利用外在参照标志，很少主动地对外来信息进行加工。见朱智贤：《心理学大词典》，北京师范大学出版社1989年版，第58页；樊葵：《媒介崇拜论：现代人与大众媒介的异态关系》，中国传媒大学出版社2008年版，第179页。

② 樊葵：《媒介崇拜论：现代人与大众媒介的异态关系》，中国传媒大学出版社2008年版，第178—180页。

③ ［英］L.弗洛里迪：《什么是信息哲学？》，刘钢译，载《世界哲学》，2002年第4期。转引自樊葵：《媒介崇拜论：现代人与大众媒介的异态关系》，中国传媒大学出版社2008年版，第176页。

始语义空虚恐惧"则呈现为"信息空虚恐惧"。当媒介与信息技术成为日常生活各个方面的统治力量,人们的行为和社会运转结果被信息技术所控制,个人被传播海量信息的大众媒介所同化,不仅对信息社会的发展方向在潜意识中予以认同,而且不由自主地产生一种恐惧心理,唯恐因信息的缺失而隔绝于外界、脱离于社会、落后于他人、丧失了机遇。此外,人们常常在潜意识中有一种被报纸广告、无线电和电视广告以及大众媒介的节目"攻击"的恐慌,这些恐慌可能包括"在崇尚年轻文化中变老的恐慌,在崇尚消瘦的文化中长胖的恐慌,在尊崇财富的文化中贫穷的烦恼,在白人统治的文化中有色人种的焦虑,在男权社会中女性的恐慌"[①]。这些恐慌总是向人们宣告或指出他们正在遭受着或相对的或绝对的贫困,诸如此类,永无止境,从而使在媒介信息的狂轰滥炸中无所适从的现代人陷入深刻的心理危机。

媒介化社会的信息过载还带来了现代人媒介化生存异化的另一病症——信息焦虑症。现代媒介信息技术的飞速发展导致信息生产与传播的加速,以几何级数增长的海量信息远远超出了人脑的处理能力,使得人们对信息进行真伪优劣的分辨和条理化的整饬也变得十分困难。尤其是20世纪80年代以后计算机网络技术的发展和普及,虽然为查找和选择信息带来了便利,但网络的开放性和管理的松散性也带来了信息来源的复杂性,从而加大了信息分辨的难度。而网络作为数据库的容量无限性特点以及网页信息编码的超链接方式更是布下了一个个"信息迷魂阵",使得人们常常一踏入这个庞大的信息迷宫便迷失了方向,左奔右突找不到所来之路,甚至连最初的目的都不知不觉地忘记了。于是,面对超负荷超密度的

---

① [美]阿瑟·阿萨·伯杰:《媒介分析技巧》,李德刚、何玉译,中国人民大学出版社2005年版,第66—67页。

第一章　媒介的全面殖民：媒介化生存批判的社会现实语境

信息流量与自身有限的信息处理能力之间严重的错位，很多人不由自主地产生了"不能与生活中存在的数据量保持同步的尴尬"以及"脑袋里没有能够装上足够数目的所谓信息而引起的罪恶感"。[1]为了缓解面对信息过载而产生的精神紧张，信息焦虑症患者常常逼迫自己通过各种渠道搜集和攫取信息。一旦没有得到相应的信息刺激，他们就会感到紧张不安或情绪低落；如果获取信息的渠道因为某种原因发生了堵塞，他们就会在心理上感到极度的不适应；而当他们在短时间内接收到的大量纷繁复杂的信息超出了其神经中枢的分析与理解能力时，就会感到一种无形的压迫感。[2]总之，信息焦虑症患者面对远远超出了个人信息处理能力极限的不断增长的海量社会信息，不仅表现出精神紧张、敏感、记忆力衰退、焦躁不安、不能忍受挫折，不能理性判断事物，而且更可能产生行为错乱，并最终丧失了吸收、处理信息的能力和意愿。[3]

最后，现代大众无意识地甚至自愿地参与了媒介对自身的异化和奴役。媒介化生存作为晚期商品社会（消费社会）的一种异化生存的新形式，与早期商品社会（生产社会）的物化生存明显不同的是，被异化者与异化的实施者并非处于截然对立之势，而是有着某种程度的同化。面对媒介构建的拟态环境的重重包围，"人们一方面表现出媒介亢奋，乐此不疲地追逐着媒介世界，另一方面又表现出媒介麻痹，既深度依赖却又全然不

---

[1] ［美］理查德·沃尔曼：《信息饥渴——信息选取、表达与透析》，李银胜等译，电子工业出版社2001年版，第20—21页；樊葵：《媒介崇拜论：现代人与大众媒介的异态关系》，中国传媒大学出版社2008年版，第179页。

[2] 参见樊葵：《媒介崇拜论：现代人与大众媒介的异态关系》，中国传媒大学出版社2008年版，第180—183页。

[3] 董焱：《信息文化论：数字化生存状态冷思考》，北京图书馆出版社2003年版，第79页。

知媒介的存在"①。正如麦克卢汉所指出的："读报纸的人不是把报纸看作高度人工制造的、与现实有对应关系的东西，他们往往把报纸当作现实来接受"；"对于看电视的人来说，新闻自动成为实在的世界，而不是实在的替代物"②。这是因为一切媒介都是人的延伸，它们对人及其环境都产生了深刻而持久的影响。无论什么时候发生这样的延伸，中枢神经系统都要在受到影响的区域实行自我保护的麻醉机制，使它不知道正在发生的事情。正是凭借这种独特的自我催眠形式即自恋式麻木（Narcisusnarcosis）综合征，人们把媒介新技术对人的心理和对社会的影响维持在无意识的水平，"就像鱼对水的存在浑然不觉一样"③。而现代人面对大众媒介的影响在心理上所呈现的无抵抗的麻痹状态以及在潜意识中的温顺接受，使媒介成为囚禁他们的"无墙的监狱"④。

媒介化生存的这一异化本质随着电脑数据库技术在社会生活中的广泛运用而日益凸显，马克·波斯特曾对此做了深刻揭示。如他所言，"今天的'传播环路'以及它们产生的数据库，构成了一座超级全景监狱（superpanopticon），一套没有围墙、窗子、塔楼和狱卒的监督系统"⑤。电话电缆和电线线路作为这一超级全景监狱的极端手段，细针密缕、纵横交叉地覆盖着我们的世界，把我们的行动转化为全景监视的外延话语，把我

---

① 樊葵：《媒介崇拜论：现代人与大众媒介的异态关系》，中国传媒大学出版社 2008 年版，第 23 页。
② ［加拿大］埃里克·麦克卢汉、弗兰克·秦格龙编：《麦克卢汉精粹》，何道宽译，南京大学出版社 2000 年版，第 310—311 页。
③ ［加拿大］埃里克·麦克卢汉、弗兰克·秦格龙编：《麦克卢汉精粹》，何道宽译，南京大学出版社 2000 年版，第 277 页。
④ ［加拿大］马歇尔·麦克卢汉：《理解媒介——论人的延伸》，何道宽译，商务印书馆 2003 年版，第 49 页。
⑤ ［美］马克·波斯特：《信息方式——后结构主义与社会语境》，范静哗译，商务印书馆 2000 年版，第 127 页。

第一章 媒介的全面殖民：媒介化生存批判的社会现实语境

们的私人行为转化成公开布告，把我们的个人言行转化成一种集体语言。个人被接插到他们自己的全景监控的线路回路中①，其行为往往在无意识中处处留下数字化信息的踪迹，被各种机构有系统地不断地收集在电脑数据库中。组成数据库的各种"域"（电子列表）为每个个体都构建了多重额外的社会身份，由此构建了个人的新型存在形式——电脑空间中的数字化虚拟化的主体。数据库话语的表征构建了极度漫画式的立即可得的主体型像，然而在构建时"根本置个体的意志、意图、感情和认识于不顾"，"甚至全然不顾该个体是否意识到这种构建"②。并且，当拥有巨大信息储量的关系数据库（relational databases）以高速率在不同电脑和各种机构之间来回传输时，这些数据指代的个人对此却几乎无力控制，甚至多数情况下都意识不到这种数据库的存在。同时，在缺席状态下由数据库以"客体化"（objectification）策略构建的个体作为超级全景监狱的"囚犯居民"，因为无须被关在任何建筑物中居住而只需继续进行其刻板的日常生活即可，因此，他们对自己被拘于无形的电子媒介囚笼的异化生存状态往往毫无意识，甚至自愿参与到这一社会规训机制之中③，成为媒介化生存这一后现代

---

① ［美］马克·波斯特：《第二媒介时代》，范静晔译，南京大学出版社2005年版，第86页。

② ［美］马克·波斯特：《第二媒介时代》，范静晔译，南京大学出版社2005年版，第69页。

③ 波斯特以信用卡消费为例，令人信服地说明了大众是如何主动地自愿地将自己构建成超级全景监狱规范化监视的主体的。他深刻地指出，按照政治经济学的传统理解，消费者购买某物是出于理性选择的"私人"行为。可是，当信用卡从钱包或手袋中拿出来交给店员结账时，那种"私人"行为就已变成一种"公共"记录的一部分了。一个人的个人选择受到强加于人的监视，但借助受监视个体的自愿参与，那种监视变成了一种话语现实。由此，一种庞大而不露痕迹的操作展开了，而其中监视的政治力量却因受害人心甘情愿的参与而无法实施。参见［美］马克·波斯特：《第二媒介时代》，范静晔译，南京大学出版社2005年版，第86页。

社会生存异化新变的共谋者。

　　总之，现代人的媒介化生存作为一种人类生存异化的新形式，有着与以往的物化、景观化等异化生存形式迥然不同的新特点，那就是：造成生存异化的直接因素从以往的劳动异化、商品影像化等具体、真实事物的抽象化，转变为符号、拟像、虚拟实在等抽象、虚拟事物的全面内在殖民化。同时，被异化者也不再与实施异化行为的主体截然对立，被动地机械性地接受被异化的命运，而是在某种程度上有着一定的趋同性，并且会在无意识中，甚至主动地自愿地参与到对自身的异化进程之中，作茧自缚却不愿挣脱，迷失了自我仍乐不思蜀，即使人格已然分裂仍迷醉在电子媒介和数字媒介营造的仿真、虚拟世界中进行着饮鸩止渴般的代入式体验。正是现代人的这一异化生存状态，使鲍德里亚忧心忡忡，激励着他在几十年的学术生涯中不遗余力地对这种生存异化从表象到本质不断地进行着深刻的揭示和批判，并力图寻找到突破这种异化生存困境的策略和路径。

第二章　物品体系：媒介化生存的符号化表征

　　鲍德里亚的媒介化生存批判理论的建构是以一种广义的媒介概念——个体与外界之间的一切社会化交往中介——为基础的，这显然是受到麦克卢汉的"泛媒介观"的影响，这种"泛媒介观"主要表现在对媒介概念的内涵与外延两个方面的泛化上。

　　首先，媒介概念内涵的泛化。在1964年出版的《理解媒介——论人的延伸》一书中，麦克卢汉颠覆了以往传播学领域将媒介视为传递信息的工具和手段的"工具论媒介观"，创造性地提出了"媒介即讯息"的著名论断。人们一般认为媒介仅仅是形式，是讯息、内容、知识的载体，其本身是空洞的、消极的和静态的。然而，麦克卢汉却认为，媒介是积极的、能动的，不同的媒介在技术手段、技术水平以及讯息承载方式等方面的差异，决定了它们所承载和传递的讯息在清晰度和结构方式等方面必然有所差别，因此，媒介对讯息、内容和知识有强烈的反作用。媒介不仅充当着讯息（"内容"）的载体，而且它自身就是一种讯息，可以充当其他媒介所承载和传递的"内容"——口语词、印刷的书籍，既是独立发挥传播功能的媒介，又可以成为广播、电视等媒介所表现的内容。媒介技术的不断进步及其在现代社会的飞速发展，给人类事务引入了规模、速率或是类型的变化，对人的知觉以及人的各种感觉之间的比率关系产生了重大影响，人的知觉过程或方式因此发生改变，从而直接影响着人们对讯息的接收（吸收）和理解（消化），这也体现了媒介之于讯息水乳交融、无法离析的二位一体关系。在麦克卢汉的观念中，"媒介即讯息"，它塑造人的感知方式、控制人的行为尺度，使得所有人都要为适应新媒介及其技术建立起来的新的感受模式而进行认知方式和生活方式上的自我调整，从而对现代人的生存产生深刻的影响。

其次，媒介概念外延的泛化。在现代西方学术史上，麦克卢汉首次创造了一个广义的媒介概念，即泛指一切人工制造物和一切技术。这就使得媒介概念的外延大大地泛化了。在《理解媒介——论人的延伸》一书中，他不仅论述了口语词、书面词、印刷品、报纸、广告、电报、电话、电影、广播、电视、互联网等传播媒介，而且将道路和纸路、服装、住宅、货币、时钟、轮子、自行车和飞机、汽车、照片、滑稽漫画、数字、游戏、打字机、唱机、武器等统统囊括其中。不仅如此，麦克卢汉还创造性地提出了"媒介是人的延伸"——电子媒介是中枢神经系统的延伸，其余一切媒介（尤其是机械媒介）是人体个别器官的延伸——的观点，并着重论述了媒介对人类社会的发展和人的生存的影响，指出口传媒介—书写和印刷媒介—电子媒介的发展及其作用于人类感知和行为的过程，使人类从远古至今经历了一个部落化—非部落化—（更高层次上的）重新部落化的社会化过程，与之相对应，人也被不同时代的媒介依次塑造成了整体感知的人—被分裂切割、残缺不全的人—（更高层次上的）感知整合的人。

麦克卢汉的"泛媒介观"及其理论研究对媒介影响人的感知方式和生存方式的关注和侧重，无疑对鲍德里亚产生了重要的影响，使其对现代社会人的媒介化生存状态的关注和分析,不是仅仅着眼于大众传播媒介这种狭义的媒介范畴,而是将"个体与外界之间的一切社会化交往中介"全部纳入自己的理论视野。由此,从日常生活世界的各式物品,到媒体机构操控的大众传媒,乃至社会文化领域的各种意识形态,举凡能对人类生存产生影响的一切具体和抽象事物,均进入其媒介化生存批判的视阈。

鲍德里亚对现代社会人的媒介化生存状况的分析,首先是从日常生活世界的物品体系入手的。这与他的导师列斐伏尔的日常生活批判理论的致思路径可谓一脉相承。在列斐伏尔看来,"具有着多面性、流动性、含糊性、易变性"的日常生活,"同时又有根基性的与肥沃的一面,它是所谓高级人类生存活动包括抽象的认知与实践的对象化等得以立足的基础","是一切活动的汇聚处,是它们的纽带,它们的共同的根基。也只有在日常生活中,造成人类的和每一个人的存在的社会关系总和,才能以完整的形态与方式体现出来"[①]。因此,哲学研究应该摒弃脱离日常生活的高高在上姿态,而向日常生活转向,只有这样才能使哲学的局限——真理没有现实性——得以弥补,同时也使日常生活的局限——现实没有真理得到克服。而当人们把哲学活动的要旨从纯粹思辨转向日常生活批判,就会发现"任何存在物——任何物体都是……既具有特定的具体的自然物的一面,也有抽象的社会物的一面",所谓孤立抽象的自然物其实都是社会的产物,是社会分工所决定的专业抽象思维方式的产物。[②]由此也就不难理解:日常生活中的那些平凡事物都具有两面性。一方面是个人的、偶然的;另一方面又具有无限复杂的社会性——许多表面上十分卑微的日常小事其实都

[①] 刘怀玉:《现代性的平庸与神奇——列斐伏尔日常生活批判哲学的文本学解读》,中央编译出版社 2006 年版,第 28、27、103 页。

[②] 刘怀玉:《现代性的平庸与神奇——列斐伏尔日常生活批判哲学的文本学解读》,中央编译出版社 2006 年版,第 79—80 页。

隐藏着许多复杂的社会问题并等待着我们去发现与揭穿。①列斐伏尔对日常生活批判以及物的社会性的强调，无疑对鲍德里亚产生了深刻的影响。早在1962年，鲍德里亚在其发表于《现代》杂志上的一篇关于德国作家乌威·强生的小说《边界》的评论文章中就注意到了物品的社会功用。在他看来，乌威·强生这篇谈论社会主义及其在东欧之实现的小说，最为独特而富于启示意义的写作方式就是把他的社会主义置于物品和它们的使用之中。小说中对物品的描写，不像新小说一样追求"客观"描述，而是在谈它们的社会用途，且把它们回复到生活和功效的复杂性之中。而正是这一点，成为强生小说中社会主义成分独特而鲜明的显现。鲍德里亚的这一诠释，已经投射出了其未来的致思路向："回到人和物之间的根本关系，以便明确地了解现代人。"②在写作《物体系》一书时，鲍德里亚更加清晰地认识到：人，本来是一个具有生生不息的创造活力的生命存在，但在现代都市文明的进程中，由人所生产出来的一代又一代的产品（包括各式各样的机器和五花八门的新奇无用的小玩意儿）"层层袭来，前仆后继，相互取代的节奏不断加快；相形之下，人反而变成一个特别稳定的种属"③。这就意味着，人原初所有的熊熊烈火般的生命活力和创造能力，已经几乎被日常生活世界物的无以复加的高速生产和快速灭亡所消耗殆尽。而要将人从庞大的物体系的压抑和束缚中解放出来，就要对这个物的结构语意系统进行分析、批判，以便揭示出人们"对物的日常生活经验究竟是建立在

---

① 刘怀玉：《现代性的平庸与神奇——列斐伏尔日常生活批判哲学的文本学解读》，中央编译出版社2006年版，第134—135页。

② [法]尚·布希亚：《物体系》，林志明译，（台湾）时报文化出版企业股份有限公司1998年版，第 xxi 页。

③ [法]尚·布希亚：《物体系》，林志明译，（台湾）时报文化出版企业股份有限公司1998年版，第1页。

第二章 物品体系：媒介化生存的符号化表征

何种文化的、亚文化的或超文化的系统上"①，即让人们洞悉人类究竟透过何种程序与物产生关联，以及由此而来的人的行为与人际关系系统的特性和本质。为此，在《物体系》一书中，鲍德里亚将现代社会人与物的关系作为研究对象，通过对人与物相互关联的心理、文化、技术等内外机制的考察，深入揭示了以各种各样的物为媒介、符号进行社会交往和个体认同活动的现代人的生存异化以及生存困境。这本"以社会学形式所写的'物的小说'"②，在对物的"四大家族"（即功能物体系、非功能物体系、变态或病态功能物体系以及消费物体系③）中各主要成员的个性气质、话语风格、社会地位、"他者"关系等所做的细致而生动的描述中，借助于物的媒介功能与符号表征功能，或隐或显地呈示了人在现代社会的异化生存状况以及人与社会的结构性关系。

---

① ［法］尚·布希亚：《物体系》，林志明译，（台湾）时报文化出版企业股份有限公司 1998 年版，第 2 页。

② ［法］尚·布希亚：《物体系》，林志明译，（台湾）时报文化出版企业股份有限公司 1998 年版，第 xxi 页。

③ 在《物体系》一书中，"体系"一词有两层含义：一方面，它是一个由其中所含之项的实质所决定的集合性范畴，意义接近"类型""范畴""种类"。另一方面，它又显示为一种组织物品的特定原则。鲍德里亚在《物体系》中所分析的，究其根底，乃是物品向符号的转化，因此，这四个体系，实际上是此一转化的四种模式。（参见林志明先生的《物体系·译后记》）而前三个物品体系，都是围绕着物品的功能性组织论述的，林志明根据克莱恩的"四项组"模型，为鲍德里亚围绕现代物品的共同语义元素（功能性）所进行的论述建立了一个深层结构模型，并由此"四项组"图式又组成了四个后设项的图式。笔者受此启发，亦将鲍德里亚围绕物品功能性所建立的物体系的相互关系及其研究视角加以图示（见图 1）。由此可见，鲍德里亚是以功能性为原点，在纵横交错的两个轴向上展开论述的。在横向上，从技术和心理两个层面进行分析；在纵向上，则从本义和引申义两个层面进行论述。在本义层面，有两个对立而互补的项（次系统），即功能物体系和非功能物体系，这两个次系统结合起来，可以得出一个中立的项——既非技术亦非心理的符号体系（就其系统意义而言）；在引申义层面，也包含两个对立而互补的项，即后设功能物体系和功能错乱物体系，作为这两个次系统的两个典范性范畴，机器人和无用的小发明、小玩意（转下页）

一、功能物体系与人的功能化生存

鲍德里亚在《物体系》一书的开篇即开宗明义地指出：日常生活中的物品组合方式所反映的并不仅仅是物与物的关系，而是人与人的关系，是一个时代家庭和社会结构的忠实写照。基于此，他从揭示传统社会中物品组合关系所显示的人与人的关系入手，展开了对现代社会中功能物体系与人的异化生存关系的论述。

在传统社会典型的资产阶级的居室中，家具的摆放呈现出一种聚积、"中心化"的风格：各种功能各异的物品，分别以大餐橱和位于房中央的大床为中心环布散置，构成一个有机的整体，其联结纽带为家庭成员之间的复杂情感关系，而其结构则是建立在传统及权威之上的父权体制关系。因此，传统社会中功能单一、无机动性的物品，作为体现人与人关系的层级标签，乃是负载着道德秩序的象征形式。也正因如此，它们在空间秩序中自主性低，就好像家庭的各个成员在社会中一样。随着时代和社会生活的变迁，现代社会中家具物的风格及其组织方式也发生了转变，呈现出风格缺失、"去

（接前注）儿连合起来，则可以形成一个既是技术又是心理的复合项（如技术的想象投射）。另外，就本义层面和引申义层面各个项的关系来看，引申义层面的两个项 –S1 和 –S2 是本义层面的两个项 S1 和 S2 的否定，但它们又都带有对前者的"记忆"。（参见［法］尚·布希亚：《物体系》，林志明译，（台湾）时报文化出版企业股份有限公司1998年版。

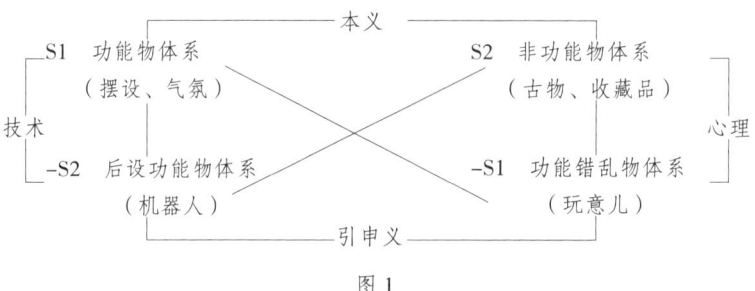

图1

第二章 物品体系：媒介化生存的符号化表征

中心化"、隐形化和多功能化的特征。尤其是现代社会由城市化进程和人口激增导致的生活空间的缺乏，使人们出于"百分之百的功能性考虑"而不得不追求物品的多功能性——更大的可变动性、互换性及适时性，从而使物品在失落了传统的道德象征意义的同时，也在使用方式上更具弹性，由此使得个人在对物品能动性和多功能用途的把握与操纵中发挥了更大的自主性、找到了更大的自由。然而，鲍德里亚指出，现代功能物的多功能性及其"功能化"演变，只是摆脱束缚即解放了物的功能，而不是真正解放了物本身。因为作为功能物而言，它们实际上仅拥有发挥功用的自由。而只要物还只是在功能中被解放，那么相对地，人的解放也只能停留在作为物的使用者的阶段①。也就是说，现代人在对功能物的使用过程中实际上并未获得真正的自主性和绝对的自由，面对功能物尤其是多功能组合物的"邀请"，他们只是不由自主地着迷于功能物所设计的功能摆设游戏而已。在这种以追求物的功能性、多功能性为核心内容的"功能化"生存中，现代人不可避免地异化成了依靠物的功能的投注来填补自身功能的空洞的"功能人"。

（一）功能物的技术、文化命令支配下的"功能人"

鲍德里亚对物体系的分析，不仅是在列斐伏尔的日常生活批判理论所开辟的现代社会的问题场域中进行的，而且还受到索绪尔的结构主义语言学和罗兰·巴特的结构主义符号学理论的直接影响。索绪尔认为，语言是由符号构成的，而符号由能指（心理上的音响形象）与所指（概念）构成，两者共同组成一种意指关系。索绪尔虽然没有直接谈到符号与外部现

---

① ［法］尚·布希亚：《物体系》，林志明译，（台湾）时报文化出版企业股份有限公司1998年版，第16—17页。

实的关系，但在他那里，语言符号与外部世界的真实事物的直接等同，是结构语言学的前提。基于此，巴特认为，物品体系也就是符号体系，有着自己的语义结构。物品——尤其是在制造已被规范化和标准化的现代，进入生产和消费的社会程序的物品——作为符号，其本义（能指）是物品的功能即使用上的目的性，而其引申义（所指）则是物品的意义剩余。物品符号必然在能指与所指、本义与引申义的结合中传递一定的信息，但物品的符号指涉功能（符号意义来自符号之间的相互指涉）则必须在物品符号之间由差异、对立和对照所构成的符号系统中才能产生。因此，物的体系可以被视为一种特殊的符号意义组成系统。① 鲍德里亚吸取了巴特这一建立在结构主义符号学基础上的"物的语义学"思想，同样认为物品体系作为符号体系由本义（功能）和引申义（意义）构成。以此为理论起点，鲍德里亚对巴特的物的符号意义体系思想进一步加以发展，不仅从制约物品功能的技术命令角度，而且从制约物品意义的文化命令角度，对物品符号体系的本义层面和引申义层面所蕴含的人与物的复杂关系及其所造成的人的生存异化进行了深入的分析。

首先，鲍德里亚在物品的技术命令层面分析了功能物的"摆设的结构"将现代人异化成了"摆设人"。

在他看来，现代社会空间的缺乏、个人与社会及家庭关系的变化，导致传统的象征物被现代的功能物所取代。而可以随时折曲、伸张、消失、出场的运用自如的现代功能物之大量出现，则是工业技术发展的必然结果。技术的发展，为元件组合家具的多功能性提供了可能，也为人们对多功能性物品的摆设整理即对物的各种功能进行"句法演算"提供

---

① 1964 年，巴特在意大利做了一个演讲，题名为《物的语义学》，其中提出了对物品符号意义组成系统的想法。参见［法］尚·布希亚：《物体系》，林志明译，（台湾）时报文化出版企业股份有限公司 1998 年版，"译后记"，第 229 页。

了可能。同时，广告对特权阶层在其"模范性的室内"创造的家具摆设的"风格"典范所进行的大肆宣传，也大大激发了人们进行物的功能组合游戏的兴趣，并为人们提供了家具摆设的典范性结构模式。由此，在人们的功能摆设游戏中，传统社会物本身的使用价值及其深层次的象征价值，都被一种全新的、出于实用考虑的现代物品的功能组织价值所掩盖。人们不再赋予功能物以"灵魂"，功能物也不再给人们象征性的临在感，人与功能物的关系成为只具有客观性的排列布置和组合游戏的关系，并且只具有技术策略层面的价值，而不再具有本能或心理层面的价值。人们只是循着功能物无限的排列组合可能，透过事物去进行其对于客观的物体系的功能性论述和结构性论述。过去环绕于主体身边的物的道德象征秩序如今已被物的空间秩序和功能组合秩序所代替，而人在物的秩序中的存在方式也由在场转变为缺席。当人的存在被物的功能化所操作而使得主体性隐退时，人就会在日常生活物品的摆设游戏中不自觉地、无意识地投射其主体性要求，以寻求与社会系统保持策略性平衡。这样一来，"现代居屋者"便成了一种新型的"模范"，即"功能化"的"摆设人"。"摆设人"既非物主亦非单纯的物品使用者，因为他既不在作为奴仆般的物品身上投射其主体价值，也不"消耗"他的物品。"摆设人"的全部要义就在于其对物品功能的组织、摆置和操弄。"对他而言，空间像是一个分配布局的结构，透过他对这个空间的操控，他掌控了所有可能的相互关系，同时，也掌握了各物品可以担任的全部角色。（他自己因此也必须是'功能化'的，与这个空间同质，如此，摆设布置的讯息才能由他身上出发，又再朝他回返。）"[1]在"摆设人"强烈的摆设整理的

---

[1]［法］尚·布希亚：《物体系》，林志明译，（台湾）时报文化出版企业股份有限公司1998年版，第27页。

意志背后，起支配作用的并不是其真正的自觉的主体性意识，而是一种"任何东西都要功能化"的强迫性心态。鲍德里亚进一步指出，从精神分析学的角度来看，这种强迫性心态，与处于肛门期的要求内脏通道绝对畅通的"疑病幻想症"患者的强迫性忧虑是同质的，即在对富有"侵略性"的、具有功能组合的潜在可能性的功能物（相当于被控制排放的粪便）的摆置中，必然要求一切都是功能畅通的。按照鲍德里亚的思路，我们可以把功能性的物体系中被功能物所操控、执着于物的功能摆设游戏的现代"摆设人"称为"功能疑病幻想症"患者：在他心中纠缠不休的执念，正是功能的绝对流通。①

其次，鲍德里亚在物品的文化命令层面分析了功能物的"气氛的结构"将现代人异化成了"关系人"和"气氛人"。

鲍德里亚指出，现代室内的物品体系建立于一个摆设/气氛的对立关系之上。也就是说，在技术命令层面的"摆设"之上，还有一个文化命令层面的"气氛"，两者"实是同一个功能化体系中的两个面向"，"都发挥着游戏和计算的价值"②：就物品作为元件在室内结构系统中的摆设而言，是物的功能的演算；就物品符号化元素的结构关系在社会文化和人的心理层面所形成的气氛而言，则是色彩、材质、形式和空间的演算。以色彩为例，在传统社会，色彩具有心理和道德上的暗示意味，这种被编码的文化意义，要么来自某一材质的专有属性，要么来自事件、仪式、社会角色的由外强加，总之不是一个自由自在的价值。在这样的文化语境中，为了消

---

① 参见［法］尚·布希亚：《物体系》，林志明译，（台湾）时报文化出版企业股份有限公司1998年版，第31页。原文为："如果说，疑病幻想症是对体内物质流通和初等器官功能状况的强迫性忧虑，那我们可以把现代人，这位资讯控制专家，称为脑力疑病幻想症患者，在他心中纠缠不休的执念，正是讯息的绝对流通。"

② ［法］尚·布希亚：《物体系》，林志明译，（台湾）时报文化出版企业股份有限公司1998年版，第33页。

第二章　物品体系：媒介化生存的符号化表征

除鲜艳夺目的色彩对物品自身内在属性所构成的威胁，这些色彩本身的存在遭到道德性排拒和否定，常常被化约为不引人注目的色调或细微变化的浓淡程度，而黑、白、灰、零程度的颜色则成为尊严、压抑、道德地位的典范。随着现代社会物品摆脱道德象征意义而获得实用功能上的解放，物的色彩也获得了解放。在大众化的系列产品的层次，鲜艳的色彩，被当作摆脱束缚的符号大量运用。然而，鲍德里亚指出：这些鲜艳的色彩，事实上却是用来补偿最基要品质上的缺陷（尤其是空间的匮乏）。它们在成为解放的代表后，"又一个一个变成陷阱式的记号、为人脱罪的不在场证明（alibis）"①，因为这种色彩的解放，使大众获得的仅仅是一种拿给人看的形式上的自由，并不是真正的生活上的自由。因此，"这些坦白的、'自然'的颜色，其实名实不符：它们只不过是对于天然率真的状态一个永远不可能成功的回唤"②，很快便逃避到一种和自然具有清教徒意味的妥协中，即逃避到粉彩色系中。但是与过去建立在黑/白对立的道德价值和反自然价值基础上的色彩系统不同，这一在更广大的区域里形成的色彩系统，是建立于自然性之上的。当然，这种自然性不是来自于真正的自然，而是来自于一种历史的、文化的自然，"作为自然之拟像和日常生活的反面，它其实不在自然状态中生活，而是依存自然的理念而存在"③，所以只是自然的引申义。然而，这些"自然"色彩的抽象化过程，使得它们终于可以自由地参与游戏：在现代社会物品的模范层次，色彩成为一种气氛价值的构成元素，摆脱了外在拘束、道德考虑或是自然命令，只遵从自己的游戏逻

---

① ［法］尚·布希亚：《物体系》，林志明译，（台湾）时报文化出版企业股份有限公司1998年版，第35页。

② ［法］尚·布希亚：《物体系》，林志明译，（台湾）时报文化出版企业股份有限公司1998年版，第35页。

③ ［法］尚·布希亚：《物体系》，林志明译，（台湾）时报文化出版企业股份有限公司1998年版，第37页。

辑，只回应一个气氛演算的文化命令。在气氛这一超越了物的功能性、由物的符号化元素结构而成的文化性表征系统中，色彩讲究的是不同颜色的搭配、调和，讲究的是寒暖色调的对比及其计算过的平衡，这就使得单个的色彩失去了其内在价值，变成色彩之间的相互指涉，形成色彩的"函数"，并被化约为计算中的一个抽象概念，从而使得某种借由符号表达的文化意义（如通过冷暖色调的对比而被制造出来的函数性的温暖感）可以通过计划、演算得到精确的表现。由此可见，色彩的解放也只是作为功能被解放出来，其最终旨归是使色彩也进入物的功能性系统之中。鲍德里亚还指出：与色彩的演化相一致，合成材料的制造，也代表材质摆脱了以自然为基础的象征主义束缚，迈向多样的造型可能和一个更高程度的抽象性，从而使得一个普遍的材质结合游戏成为可能。①也就是说，色彩和材质（其他元素也相同）之所以能以气氛构成元素的身份进入物品符号体系中，就在于它们都是抽象的存在、思维操纵的对象。抽象整合，这便是气氛的逻辑，也是整个物品体系的逻辑。在这一逻辑的支配下，物体系的气氛价值是一种被整合到功能性体系中的、与抽象性有关的游戏和计算价值。生活于"气氛"性室内的人们，不仅与物品的色彩、材质、形式、空间等元素处于一种系统化的抽象性关系之中，更通过物品气氛价值的中介彼此维持着一种既有亲密感又有距离感的特定关系，而这一关系必须是机动的、"功能化"的，即它必须在任何时刻都可以实现，而且能够自由交换，但在其中，主体性却被解除了角色，从而使人们异化为被整合于气氛元素的组合游戏和抽象计算关系之中的"关系人"和"气氛人"。

---

① [法]尚·布希亚：《物体系》，林志明译，（台湾）时报文化出版企业股份有限公司1998年版，第42页。

在进行了上述两个层面的精细分析之后，鲍德里亚精辟地指出：透过元件组合，现代人进行他的组织性论述；坐在代表着对话者的相关位置的座椅的深处，现代人静静观赏他周围的气氛，进行他的关系性论述。"如此，'摆设人'总要再加上'关系人和气氛人'——而他们的整体组合便是'功能人'。"① 功能人试图通过对物的元件组合功能的投注、摆弄、操控以及对物的气氛结构元素的游戏和计算，来确立自身的"主体"身份，找到自己的社会地位，但"这种确立的过程，实际上是物的意义体系在人身上的配置过程"②，也就是说，人的主体性消隐在了物的功能性之中。正因如此，现代人丧失了自己的本真性存在，而陷入一种被功能性的物体系所异化了的生存状态。

（二）功能性形式的发展与人的功能化生存异化的加剧

鲍德里亚进而指出，从技术层面来看，物的功能化以及生存于其中的人的功能化，与能量来源以及手势动作的抽象化密不可分。较之传统社会作用于物的能源和手势动作主要是具体可感的、显而易见的人力，在现代社会，由于能源革命带来了能量的解放，人们只需通过对抽象化的能量进行遥控操作、储存、计算等功能化手势，便可使物的多样功能性得以实现。不仅如此，作为人与物之间的中介者，现代人操控抽象能量的功能性手势还促进了功能性形式的产生和发展。因为，相对于操控按钮、手柄、踏板等的手势动作而言，现代物品在形式上必须是方便顺手的。这就使得

---

① ［法］尚·布希亚：《物体系》，林志明译，（台湾）时报文化出版企业股份有限公司1998年版，第49页。
② 仰海峰：《走向后马克思：从生产之镜到符号之镜——早期鲍德里亚思想的文本学解读》，中央编译出版社2004年版，第80页。

功能物的形式不再仅仅是包裹功能性内容的"封套",而是本身就具有了"功能性"。不过,功能物形式的"功能性",实际上并非真正的实用功能性,而是失落了象征关系的拟像,是功能物为了调控人们的心理状态尝试以符号的力量来重新发明的一个目的功能性。如广告大肆渲染卵石状的打火机:长而椭圆、简略的、不对称的形状,"非常具有功能性"。这里的功能性不在于打火,而在于方便顺手。而它的完美形式仿佛由自然(海洋)注定,正好给人操纵。[1] 可见,功能性形式的存在乃是为了满足人的功能化生存的需要。然而,问题也正在于此:功能性形式的发展,必定使人们在功能化生存的路上越走越远,使人们的功能化生存异化越来越深。因为功能性形式的风格化发展,处处与功能化世界和延展的最佳组织中日益成长的自主性相伴随;而功能性形式本身也变得更为自主,日益与人体和劳力的形态学相远离——但同时,它们和人的初等功能间失落的关系,又总是在符号的抽象化程序中持续存在。比如,功能性形式强调和追求物的"顺手性",但这里的"手"根本不是传统劳动力用来拿物品的具体的身体器官,而只是"顺手性"的抽象符号。"人体只是把他存在的记号委派至物体身上,而后者的运作仍保持自主。……这里出现的是一个形式间的勾结串连体系,而人在其中,只是被暗示。"或者说,"今天,人的身体之所以会在物体上出现,似乎只是作为功能物品形式完整的抽象理由"[2]。

由此可见,在现代功能性的物品世界,人的主体性已经丧失,只是一个被物的功能化形式暗示出来的抽象化、形式化的存在。即便是他还拥有对物加以操控的功能化手势,但与传统社会的劳动力手势需要使用人的全

---

[1] [法]尚·布希亚:《物体系》,林志明译,(台湾)时报文化出版企业股份有限公司1998年版,第63页。

[2] [法]尚·布希亚:《物体系》,林志明译,(台湾)时报文化出版企业股份有限公司1998年版,第57页。

身能量相比，现代社会被技术进步解放了的功能化手势只需要人体最低限度的能量和参与，有时只是手或眼的简单调控，一点也不需要技艺的熟练和高超，最多只要求反射性动作。因此，技术越发展，人的身体能量的释放就越受到限制，人作用于物的手势动作的功能就越薄弱化，人的内在主体能力（脑力—感官的监控系统的作用）在劳动中的显现就越受到压抑。而随着技术的进步，人对功能物的世界施行机械化操控的手势有一天甚至都可以被机器自身取代，这就意味着人的主体性将彻底沦丧，人会变得失去自身的本质性功能，变成一个空洞的形式，甚至丧失作为人的存在价值。毫无疑问，这将是功能化形式的发展所带来的现代人功能化生存异化日益严重的必然结果。

二、非功能物体系与人的抽象化生存

在鲍德里亚所描述分析的物品体系的整体结构中，与功能性的物品体系对立而又互补的是一个非功能性的物品体系，它包含的是一些"独一无二的、巴洛克的、民俗的、异国情调的、古老的物品"[①]。这些物品与功能性物品体系的功能计算要求相抵触，回应的是另一种价值诉求，即在文化—心理层面满足人们"见证、回忆、怀旧、逃避"的需求。因此，这一非功能性的物品体系，尽管在实用功能的层面不具有任何价值，但在文化—心理层面具有重大的意义。作为"传统和象征体系的劫余"，同时作为"现代性中的一部分"，非功能性体系中的物品拥有双重意义，即指向

---

① [法]尚·布希亚：《物体系》，林志明译，（台湾）时报文化出版企业股份有限公司1998年版，第81页。

传统的象征性和指向现代的符号性。现代人正是在这些具有双重意义指向的物品（尤其是古物和收藏品）中投射、贯注着自己的心理退化需求、超越现实的幻想、主体性幻觉以及变态性欲，从而使感性化的、真实自由的本真性生存异化为一种以物品的抽象化意义作为自身的表征以及与世界沟通的中介的抽象化生存。

（一）边缘物（古物）与人的心理退化和幻想投射

鲍德里亚发现，在现代社会中，有一种看似矛盾的文化吸收现象，即在那些"发展落后"的社会中的人，热衷于追求工业文明社会的产品和符号；而工业文明社会中的人则相反，热衷于去寻找处在自己的文化系统的时空边缘的符号，尤其是热衷于寻找"永远更先前的符号"——古物（还可延伸到有异国风味的物品[①]）。那么，现代"文明人"朝向寻求古物的韧性顽强的心理动机究竟出自何处？鲍德里亚认为，古物的神话学中有两个面向：一是对起源的怀念；一是对真确性的执迷。现代人对古物的追寻，正是为了满足自身在这两个面向上的心理需要。作为一种现时的存在，人们在现代功能物的包围下充满了一种对自我及其源起无法认知和确证的焦虑，古物则以其"在现在里指涉时间的虚空向度"引领人们由现时深潜时间之流，向着代表出生的"母亲"进行心理退化，从而对自我的源起进行一个神话式的回唤。同时，对自身的历史真确性的执迷，又使人在对古物的来源、年代、作者、签名的追索中向着代表创生能力、价值的源头和崇

[①] 鲍德里亚指出：对于现代人而言，有异国情调的物品，它们的蛊惑力不是来自于多姿多彩的风貌，而是在于它们古老的形式和制作方式，在于它们影射着一个先前的世界。参见［法］尚·布希亚：《物体系》，林志明译，（台湾）时报文化出版企业股份有限公司1998年版，第83页。

高的传承关系的"父亲"进行心理退化。正是因为古物在环境中"拥有一个胚胎般的价值，一个作为母体细胞般的价值。透过它，离散分裂的人的存有，可以和胎儿的原初理想状态认同"①，因此，现代人便在古物中贯注其"作为终结性之存有、作为完美的存有"的要求。而回应这一要求的古物——那些具有偶像和护符效果的物品，也就不只是配件，也不是一般的文化符号，而是一种象征着内在的超越、投射着现实中的幻想、使所有的神话意识和个人意识都在其中存活、使世界其余部分都围绕着它组织起来的"我"的对等物。通过对古物的自恋式心理投射，现代人在幻觉中重拾纯粹的主体性，完成了对自身存在的完美论述，并试图以此来反抗功能化的世界对自身的异化。然而，古物作为一种象征性符号和神话学物品，并不能使功能化世界真正消隐，而只能以对立互补关系中的一个项，成为功能化世界的不在场无罪证明。当人们置身于古物中的时候，现时的功能化世界仿佛消隐了，但这只是一个幻觉，事实上人们已更深地隐身于功能化的世界中了。

（二）激情—对象物（收藏品）与人的主体性幻觉和变态性欲

鲍德里亚认为，从与主体的关系角度来看，物品具有两大功能：或是为人所使用，或是为人所拥有。前者体现了主体对外在世界所进行的实践性总体化，后者则体现了主体对自身所进行的抽象性的总体化。② 在极端的情况下，只有实用功能的物品是一种社会性的、客观的存在物；而被剥

---

① ［法］尚·布希亚：《物体系》，林志明译，（台湾）时报文化出版企业股份有限公司1998年版，第87页。
② ［法］尚·布希亚：《物体系》，林志明译，（台湾）时报文化出版企业股份有限公司1998年版，第96页。

除了功能或是从它的用途中被抽象出来、作为主体激情和热情的投注对象而被拥有的"激情—对象物"(收藏品),则完全只具有个人性的"主观上的身份"。由于"拥有"这项情感本身作为一种"生存经验的抽象化"来自于人性深处和私有制社会中对私人财产所具有的热情和激情,因此,被人所拥有的物品已在实用范围之外成为一种和主体深深勾连、别有意义的事物,成为一个"我"可以在其中发号施令的心之城堡、一件以"我"为意义指向的事物。而对这种"对象物"的收藏,则成为一种"激情的游戏",其中对于收藏品的摆设、分类、操弄,是儿童时代宰制外在世界的最初步的模式,更成为人的主体性幻觉的投射,"因为拥有的心理机制,一方面,决定于每一个元素的绝对独特性,而这一点使得它等同于一个有生命的存有,其实也就是主体自身。另一方面,又决定于组成一个系列的可能,因此也就是取决于无限定的取代关系和玩弄的可能"①。收藏品所构成的世界,颇有点土耳其后宫的味道,当人被他所拥有的物品环绕时,特别能达成"想做密藏后宫三千佳丽的主宰"这个心愿——而在现实的人际关系中,这一心愿则永远无法达成。因此,收藏品可以说是"一个完美的家庭宠物",它们的品质不但不会限制"我"的人格,还会颂扬"我"。它们之间的差异,不会使它们像有生命的存在一样彼此抗衡,而会温驯一致地朝向"我"集中,且可以在"我"的意识中毫无困难地相加。同时,"我"可以看着它们,却不必反过来被看。"这便是为何所有人在人际关系中的无法投注的心理能量都被投注到物品身上。"② 正是由于人际关系的失败,人们才要乞援于一个自恋的收藏品的世界,在其中,主体性可以在一

---

① [法]尚·布希亚:《物体系》,林志明译,(台湾)时报文化出版企业股份有限公司1998年版,第98—99页。

② [法]尚·布希亚:《物体系》,林志明译,(台湾)时报文化出版企业股份有限公司1998年版,第100页。

第二章 物品体系：媒介化生存的符号化表征

种毫无纷扰的状况下自我完成。因此，作为激情—对象物的收藏品是一面完美的镜子，不反射主体的真实形象，而反射出主体所求的自我形象。当这个自恋的投射程序增衍到数目无限的物品上，便呈现出自我形象的整体化，而这，便正是收藏的奇迹——当然，这里要付出的代价则是"不真实的狡计、抽象化和心理退化"。鲍德里亚进一步指出，心理退化机制在收藏行为中发挥作用所达到的极致，便是使人们对物品的激情变成单纯的嫉妒，此时，收藏品就成了"禁闭物"。从精神分析学来看，"这是一种肛门期虐待狂的有力图式，将美的事物禁闭起来，以便一个人独自享用"①。表面看来这是对他人的施虐，但由于这种施虐是害怕自己所拥有的东西丧失或毁坏，因而变成了一种深层的自恋。鲍德里亚认为，在人和物品（尤其是收藏品）的关系中，大量地散布着这种变态性欲。"被嫉妒者禁闭的、保持在面前的、在物品的肖像表面下的，其实是他自己的原欲，他想要利用一个与世隔离的体系来驱逐它所产生的威胁"，或者说，他是"用象征的自我阉割——禁闭——来预防真实的阉割"②。而被禁闭的物品，在嫉妒的心态中，和自恋模式中的自我等同。作为"激情—对象物"，它们构成了一个符号化的系列，由欲望去登录不同的个别项目（符征，即能指），而其符旨（即所指）便是在自恋状态下的主体自身——"他收藏/爱欲自己，并且将爱恋关系化为一种针对他自己发出的论述"③。鲍德里亚深刻地指出，这种由禁闭物而来的快感，是以对主宰着人的、真实的、功能性的物品世界绝对的失望为背景的。收藏者正是因为觉得在不受他控制的社会

---

① ［法］尚·布希亚：《物体系》，林志明译，（台湾）时报文化出版企业股份有限公司1998年版，第112页。

② ［法］尚·布希亚：《物体系》，林志明译，（台湾）时报文化出版企业股份有限公司1998年版，第112页。

③ ［法］尚·布希亚：《物体系》，林志明译，（台湾）时报文化出版企业股份有限公司1998年版，第114页。

论述中，他的自我遭到异化且挥发无踪，所以才要以其所拥有的所有对象物来重组一个指涉自我的透明的个人化论述。但是，这种透过物品进行的主体对自身抽象性的总体化程序，只是纯粹和简单地把一个客观而开放的功能物世界转化为一个主观而封闭的对象物世界，且总是带着自恋化的主体孤独的印记，因此，现代人以其拥有的激情——对象物与功能化世界进行沟通的企图注定失败。

三、病态或变态功能物体系与人的自动化主义迷思

在本义层面分析了作为符号的物品走向体系化的客观过程（摆设及气氛）和主观过程（收藏）之后，鲍德里亚又将质询的目光投向物品符号体系的引申义场域，并在技术和文化—心理相互交融的层面上，深入剖析了由自动化主义这一强迫性顽念所造成的、将功能化推演到了极致的病态或变态功能物体系，深刻揭示了其中所蕴含的意识形态意涵以及陷入自动化主义迷思的现代人的生存异化。

（一）功能错乱物（小发明、小玩意儿）与人的功能化幻想

在功能物所主宰的现代社会，人们的功能化生存是建立在一种自动化主义的技术信仰之上的。在鲍德里亚看来，自动化主义乃是由物品的特殊功能提炼出一种有绝对意涵的引申义，因此，自动化所实现的是一种功能上的定型化、封闭化和意义重复；而在自动化的机器面前，人不过是无责任的旁观者。自动化显示了现代人"在技术的纯形式完满中使得世界成为其仆从的梦想，其服务的对象其实是一个有惰性而又好梦想

的人性"①。如果说在科技领域对自动化的追求是由技术理性所引导的，那么，在日常实用的层次上，自动化主义之所以会有强大的蛊惑力，则是因为它表征着人们的一个基本的欲望，是现代人固置在物品身上的自我形象。而且，"人投射在自动化物品身上的，不再是人的手势、能量、需要和身体形象，而是人意识上的自主性、人的操控力、人的个体性、人的人格意念"②。虽然自动化本身只是技术的衍生物，但它导致对功能的种种错觉，让我们窥见了一个充斥着不合理的复杂性、着了魔的细节性、怪异的技术性和无意义的形式主义的功能错乱的世界。在这个功能的精神分裂世界中，主宰着人们意识的，便是自动化主义那纯粹而简单的强迫性顽念。正是这样一种片面追求物的功能性的强迫性顽念，催生了许多功能非常的特别，但实际上毫无用途的物品（无意义的小发明）以及功能过度的特定化，因而无法回应社会要求的物品（伪功能性的、新奇的小玩意儿）。它们是空洞的功能主义的表现，由于把人沉浸在功能化的梦想中而使人困于迷思。"喂养存在于所有机器背后的'玩意儿'的，正是人的非理性和他的幻想，换句话说，它们使得在所有功能具体的实践背后，又再倏然出现功能化幻想。"③因此，各种新奇而又无用的小发明、小玩意儿作为功能错乱物，虽然并不真正实用，却能够满足人们的功能化幻想和对机械技术的信仰，从而使得整个世界在人们的意识中仿佛早就被操作过一般。这样一来，功能错乱物真正的功能性便在于人们在潜意识之中把对自身的功能化幻想投射于其中，从而在想象中依

---

① ［法］尚·布希亚：《物体系》，林志明译，（台湾）时报文化出版企业股份有限公司1998年版，第124页。

② ［法］尚·布希亚：《物体系》，林志明译，（台湾）时报文化出版企业股份有限公司1998年版，第126页。

③ ［法］尚·布希亚：《物体系》，林志明译，（台湾）时报文化出版企业股份有限公司1998年版，第132页。

靠纯粹的技术形式的完满对世界进行全面的操作。虽然对自动化的投射，也表征着人的自主性梦想——由于自动化物体"不靠外力、自己行为"，因而会强烈地让人觉得它和独立自主的个人有相似之处——但实际上，物体的自动化正体现了主体的缺位。因此，自动化只是颠倒地表现了人的自主性梦想。作为物的功能化时代人的自我形象的外在投射，自动化主义及其所催生的功能失调物（功能错乱物），更多地体现的是现代人对于自身全面功能化的要求和幻想，是现代人以物体系为媒介的功能化生存异化的一个表征。

（二）后设功能物（机器人）与人的主体性拟像

在鲍德里亚围绕物品的功能性所建立的物体系的"四项组"关系结构中，引申义层面的功能错乱物是对本义层面的功能物的否定，而后设功能物则是对非功能物的否定，其代表的是功能（技术）的超越性。在这里，功能性运作不仅是事物的功能，而且是事物的神话，机器人——它们自己发动，自己停止，完全地自动化了——便是这种神话的典型例证，因而特别能说明自动化主义这一"现代物品最深沉的，也是最不合理性的预设"[①]。在机器人身上，有着"绝对的功能性和绝对的拟人主义间的综合"，它同时是"人和世界的象征小宇宙"[②]。然而，鲍德里亚认为，机器人不过是完成了人的形象投射过程中一个天真的阶段，即一种持续且可见的功能性的投射。在机器人身上之所以明白地彰显出其机械性特点，乃是

[①] ［法］尚·布希亚：《物体系》，林志明译，（台湾）时报文化出版企业股份有限公司1998年版，第134页。

[②] ［法］尚·布希亚：《物体系》，林志明译，（台湾）时报文化出版企业股份有限公司1998年版，第135页。

第二章　物品体系：媒介化生存的符号化表征

为了使其既"可以极端地体现人的抽象力量，又不会陷入（和人）完全的等同之中"，①从而可以消除人作为主体被取代的焦虑，给人以安全感。因此，如果机器人会成为人们潜意识中终结所有物品的理想物体，那不只是因为它是人（主体）的作用效能的拟像，更是因为，它既是人（主体）的拟像，同时又不够完美到足以成为人（主体）的化身。从根本上说，机器人明显地仍是物，是技术和人的功能性幻想滋养的工具物，因此，在人借以君临世界的阳具帝国中，它是一个被控制、被宰制、受支配而又无性的奴隶，代表着已被驯服、不会带来焦虑的性欲。这样，在机器人身上，便聚集了人和物品世界的深层关系中所有的幻想。一方面，机器人作为人的主体性的完美投射和超卓拟像，体现了人对自身的绝对功能性的幻想和需要，因此成为主体潜意识中渴望支配一切的深沉原欲的符号化表征，成为人自傲于世的资本。另一方面，机器人作为物的本质属性又使其成为人的奴隶，仅仅在主体性的拟像中发挥着一个唯命是从的功能性，因此又使得人对于自身的绝对主体性和绝对功能性产生了焦虑。（正是在这一意义上，鲍德里亚援引美国作家孟弗尔德的话说："在我们的文明中，机器常常远远不是人类力量和秩序的标志，反而经常是社会无能和瘫痪的指标。"②）为了解决机器人在人自身的主体性意识方面所引起的内在冲突，人们往往在科幻小说（即"日常生活的非理性倾向，拜自由虚构之赐所进行的极致推演"③）中，通过观看机器人的自我毁灭而获取一种异样的满足。在此，"机

---

①［法］尚·布希亚：《物体系》，林志明译，（台湾）时报文化出版企业股份有限公司1998年版，第135页。

②［法］尚·布希亚：《物体系》，林志明译，（台湾）时报文化出版企业股份有限公司1998年版，第141页。

③［法］尚·布希亚：《物体系》，林志明译，（台湾）时报文化出版企业股份有限公司1998年版，第134页。

器人的解体对人来说是一场他自身性欲解体的象征剧"①,也就是说,当人们对自身的主体性、功能性以及内在的原欲能量感到焦虑时,便会以主体死亡的拟像作为这一焦虑的想象性解决手段。

四、消费物体系与人的差异化生存

在鲍德里亚看来,现代社会中人与物品之间的关系除了使用、拥有之外,还有购买。与此相应,物品体系除了满足人们实用需求的功能物体系、满足人们心理需求的非功能物体系以及与人们的实用需求或心理需求发生否定性关联的病态或变态功能物体系之外,还有一个满足人们社会交往需求的、处于消费社会意识形态系统制约下的消费物体系。②这一物品体系中的"模范/系列"性物品和"个性化"物品作为社会身份、地位差异和个性差异的符号化表征,构建了现代人以社会区隔(即差异化)为主要特征和人生目标的异化生存方式。

---

① [法]尚·布希亚:《物体系》,林志明译,(台湾)时报文化出版企业股份有限公司1998年版,第137页。
② 鲍德里亚对物品体系的划分与他的老师列斐伏尔的社会现实层次理论有着内在的一致性。列氏在他的日常生活批判理论中提出,社会现实由三个层次组成:最底层,是实践—感性的层次;再往上,是社会想象投射的世界;最顶层,则是再现和意识形态的层次。与此相参照,鲍德里亚所分析的功能物体系和非功能物体系是在实践—感知(操控)的层次运作的;病态或变态功能物体系是作用于形象投射(心理投注)的层次的;而消费物体系则是在意识形态(制约)层次运作的。(参见[法]尚·布希亚:《物体系》,林志明译,(台湾)时报文化出版企业股份有限公司1998年版,"译后记",第225—226、238页。)

（一）"模范／系列"性物品与阶级差异的凝固化

在物品的层次，鲍德里亚所说的"模范"有两层意义：一是作为大量生产依凭的"原型"；二是作为价值标杆的"模范"。①而作为"模范"的相对项的"系列"，则是指大量机械化生产，因此每一单件都同一模样的现代产品。②鲍德里亚指出，"模范／系列"性物品是工业文明的产物。在前工业社会，由于种姓制度的存在，社会上层阶级和下层阶级之间有着无法逾越的鸿沟，他们各自所拥有的风格化物品和功能化物品也同样有着根本不同的存在方式，且没有任何文化体系来整合它们，因此，前工业时代的物品谈不上有"模范"和"系列"的关系。只有在种姓消失的现代工业社会，当上层阶级中物的存在方式与下层阶级中物的存在方式之间具有可通约性③，并且由于大众传媒及其资讯对上层社会中物品"风格"的散播在社会各个阶层之间不仅形成了物品的通路，而且也形成了心理上的通路，只是由于下层阶级财力匮乏而发生通约性障碍之时，"模范"与"系列"之间的关系才得以形成。此时，"模范"物与过去的"风格"物一样被少数上层社会即特权阶级的人们所享有，而"系列"物则被广大的下层社会的人们所拥有。

显而易见的是，"模范／系列"性物品由于所服务的对象不同，因

---

① 参见［法］尚・布希亚：《物体系》，林志明译，（台湾）时报文化出版企业股份有限公司1998年版，第151页。

② 参见［法］尚・布希亚：《物体系》，林志明译，（台湾）时报文化出版企业股份有限公司1998年版，第16页。

③ "模范"性物品不再固守于种姓式的存在，而是被整合于工业生产之中，朝向系列性物品流通开放。同时，它们也宣称自己是功能化的，并且理论上人人都有得到它的权利。参见［法］尚・布希亚：《物体系》，林志明译，（台湾）时报文化出版企业股份有限公司1998年版，第153页。

而在自身的品质、形式、语义结构方式、延伸义等方面有着诸多的对立：（1）服务于经济优渥的上层阶级的"模范"物，讲究材质的天然性或超卓性、色彩和色调的和谐搭配以及形式的简洁，所追求的是物品的深度品质；而服务于经济困窘的下层阶级的"系列"物，则以价格低廉的合成材质、鲜艳"粗俗"的色彩、无关紧要的功能性形式、刻意而烦琐的细节性装饰来吸引大众，其实质是以表面视觉性的次等特征的繁衍来补偿物品基本品质的缺失。（2）服务于上层阶级的"模范"物，拥有和谐、统一、同质性和空间、形式、实质、功能上的合理一致；而服务于下层阶级的"系列"产品，只是缺乏整体性的细节上的偶然并置、组合以及系列物之间机械式的搭配。（3）服务于上层阶级的"模范"物，由于总是处于时尚的前沿、总是在追求新颖的创意和风格的变化，因而拥有无限的韵味；服务于下层阶级的"系列"产品，由于只能在保持基要品质不变的基础上，在一个选项结构中非本质必要的部分进行系列性的变化和细节上的花样翻新，因而只具有有限的可选择性。（4）服务于上层阶级的"模范"物，几乎都是在一个地位逻辑的隐性操控下以一次性全额付清的方式被购买的，这已经成为一个约定俗成的惯例，并且被当成是"模范"物的特权之一，同时也被看作资产阶级的美德之一；而服务于下层阶级的"系列"物，则大多由于财力原因以分期付款的方式被购买，这虽然可以使大众提前"享有"对物品的使用权，但同时也制造了焦虑——分期买的东西只有在"完全付清"的那一天才会完全真正地属于我，从而在系列性产品的心理缺失上又增加了一笔。由此可见，"模范"物和"系列"物鲜明地体现着各自所属的阶级的特性及其社会地位的差异，而此一差异的形成，则源自于不同阶级和社会阶层的人们在经济收入和文化素

第二章 物品体系：媒介化生存的符号化表征

养上的差异。①

应当看到，鲍德里亚的深刻之处绝不在于仅仅描述了一种有目共睹的"模范/系列"性物品的相互对立现象，而在于对这种表面对立之下的一种深层的复杂的勾连关系的揭示。他指出，在现代日常生活世界，虽然社会上大部分阶层生活由于机械化生产大批量复制而成的系列性产品之中，但这些系列产品的形式与心理价值则指向社会少数人生活中的模范产品，从而使得人们在使用系列产品时，总会或隐或显地预设其模范的存在。同时，被整合于工业生产之中、朝向系列性流通开放的模范，也不再固守高贵的、具有独特风格的种姓式的存在方式，它们也宣称自己是功能化的，并且在理论上人人都有得到它的权利。这样，社会下层的每一个人，都可以透过最卑微的系列性物品，由应然面参与到对模范性物品的追求之中，而模范物在逻辑上也具有了持续地扩散于系列物之中的可能。这种永不间断的物品的动态流动模式，正是一种社会地位的动态流动模式，它反映的是"我们这个社会的意识形态"②。然而，模范与系列之间的流动，并非如此理想的一种对等关系，而是呈现出由系列向着模范单向流动的特点——这正与下层社会的人们普遍具有的提升其社会地位的心理需求（通俗地讲即"向上爬"的期望）合拍。事实上，每当作为时尚的引领者且具有稀缺性的模范物被大众化的系列性产品所模仿并广为流行之时，便是这一模范

---

① 鲍德里亚以一段"简短的古物社会学"对此进行了揭示：古物市场和工业制品一样，根底上也是透过模范/系列的系统来组织的。在此，根据不同的财力，一个人可以购买一件真正的希腊古瓶或是它的仿制品，一件古罗马双耳瓮或是西班牙水壶。从优渥的阶层到有文化素养的中等阶层再到第三产业的从业者，每一个阶级都有其各自的旧货博物馆。这一切表明，物品身上的历史性或是异国情调其实是有社会向度的：它们代表着其拥有者的文化和收入。参见［法］尚·布希亚：《物体系》，林志明译，（台湾）时报文化出版企业股份有限公司1998年版，第165页。

② ［法］尚·布希亚：《物体系》，林志明译，（台湾）时报文化出版企业股份有限公司1998年版，第152—153页。

物死亡并被新的模范物取代之际。① 模范物的更新换代总是比系列物更快，这就决定了模范永远是现时性的，而系列只是由模范的过时来机械地填充，因而永远只是漂浮于过去和现在之间的某处，为了追赶模范的背影而气喘吁吁。鲍德里亚深刻地指出，模范性的物品体系中所固置的"民主"的意识形态，只是为处于社会下层的人们制造了一个可以借由对模范物的消费向社会上层流动的幻象。因为，我们所拥有的物品，只是把我们解放为拥有者，由此，我们实际上只是在一个物品的梯级上前进。这种晋升终归是没有出路的，"因为它本身就是在供养模范无法接近的抽象性"②。正因如此，在现代工业社会，"模范／系列"性物品所表明的阶级地位的梯级成为固定，而在对社会流动的期望和幻觉中被普遍内化到人们的社会想象中的，只是一种地位游戏的规则而已。

（二）"个性化"物品与个人差异的虚假建构

鲍德里亚还指出，模范和系列的心理动态关系，并不在物品的初等功能（即实用功能）上作用，而是在一个二次度功能（即社会—心理功能）上作用。广告所宣扬的"个性化"系列产品，正是在满足消费者个性化、差异化的心理需求的幌子下对社会个体进行着伪个性化建构和社会整合的。在广告的论述中，没有一件物品宣称自己是系列性的产品，所有的物品都把自己当作模范，所有的物品都试图以一个差异——颜色、配件或细

---

① 西美尔也指出："社会上层和中下层的时尚绝不一样。实际上，当中下层准备占用上层社会的时尚时，上层社会已将它们抛弃了。……时尚……是阶级差别的产物。"转引自［芬兰］尤卡·格罗瑙：《趣味社会学》，向建华译，南京大学出版社2002年版，第113页。

② ［法］尚·布希亚：《物体系》，林志明译，（台湾）时报文化出版企业股份有限公司1998年版，第168页。

节——来使自己和他者区别开来。然而，在系列性产品中，物品的"个性化"并非来自模范物所具有的独一无二性，而是来自一个边缘性差异，即一个无关紧要的差异。因为，就工业产品和其技术合理性的层次而言，个性化的要求只能在非本质必要的部分获得满足。而且，当物品越是需要满足个性化的要求时，它的基要部分就越会被一些外在的奴役性所拖累。因此，系列产品的"个性化"只具有两个方面的二次度功能：其一，是生产体制用以促进消费的伎俩。也就是说，生产体制在满足人们个性化要求的旗号下，依靠毫无节制地玩弄边缘性差异——为人们提供多种"选择"的可能——来促进消费。其二，是意识形态对个体进行社会整合的隐蔽手段。生产体制通过制造一系列具有边缘性差异的物品，仿佛赋予人们自由选择的权利，为人们提供了彰显个性的空间。但实际上，这种选择只是一种形式上的自由，而且是整个社会强加在人们身上的"选择的自由"。当我们选择这一件物品，而不选择另一件，表面看来好像是我们自身的个性在起着主导和支配作用，但做出选择这个事实本身，却已经使我们进入整体的经济体制之中。因为，在系列性产品中可供我们选择的"特定的差异"，是以机械化大工业的方式生产出来的，这就是说，"活的选择"只能在早已被给定的"死的差异"中进行。也就是说，我们的个性化要求、我们试图通过消费物品的差异来建构自身个性的计划，早就为社会经济体制所过滤和拆解，因此，我们所能做的选择早就被僵化、被限定了，"所剩下的，只是一个凸出个人的幻象"[1]，即一种伪个性化建构。不仅如此，随着现代资本主义生产体制通过玩弄边缘性差异使系列性物品的数量大增，"社会把人的选择能力转移到物品身上，如此便消除了个人要求这一项潜

---

[1] [法]尚·布希亚：《物体系》，林志明译，（台湾）时报文化出版企业股份有限公司1998年版，第167页。

在的威胁对它具有的危险性。我们由此可以明白看出,'个性化'的意念不只是一个广告诉求:这是一个透过物品和信念的'个性化',想要更佳地整合个人的社会的一项基本意识形态概念"①。当消费社会中的普通大众在系列性物品的差异中寻求自己的独特性时,他们不仅没有实现真正的"个性化"以及与他人有所差异的生存方式,反而落入社会意识形态操控的隐蔽陷阱。

---

① [法]尚·布希亚:《物体系》,林志明译,(台湾)时报文化出版企业股份有限公司1998年版,第155页。

第三章　消费社会：媒介化生存的体制化情境

在现代社会，人们以物为媒介——通过对物的使用、占有（拥有）和消费——建构着自己与世界、他人之关系以及自我的身份、地位和个性。对于这样一种媒介化生存方式及其异化，鲍德里亚不仅在日常生活世界的物品体系层面进行了深入细致的分析和批判，而且更进一步扩展到消费社会这一体制化情境层面。通过对"消费本位"这一新的伦理观念由以产生的社会机制以及"符号消费"这一新的社会驯化机制得以运行的内在逻辑的揭示，鲍德里亚不仅深入剖析了现代人以"符号—物"的意义性消费来实现社会认同的异化生存现实及其社会历史与思想意识根源，而且深刻揭露和批判了通过隐蔽的意识形态操控对社会大众进行新型统治和奴役的当代资本主义社会体制。

一、以消费为交流媒介：消费社会媒介化生存的内涵

消费社会是在西方资本主义发展过程中伴随着消费在社会生活结构中

地位的变化而逐步形成的。

在资本积累的早期，资本主义生产的重心放在生产资料的生产上，生产性消费是剩余价值实现的主要途径，生活性消费一直处于次要的位置。18世纪中期以后，从英国发端并迅速向欧美各国蔓延的工业革命使资本主义生产方式完成了从工场手工业向机器大工业的转变，这不仅造成了物品的极大丰富和商品市场的急剧扩大，为社会的大规模消费创造了条件，而且导致对大规模劳动力及其再生产的迫切需要。社会消费形态因此出现了一些革命性的变化，不仅社会上层拥有消费能力，社会中层和社会下层都参与到消费的大军中，食品、日用杂货等的消费大幅度增长，生活性消费的比重大大增加。到了19世纪，随着资本向社会生活各个方面的不断渗透，生活资料的商品化生产成为资本积累的主要来源，社会对生活资料商品的有效需求成为资本主义再生产的关键性条件。但是，长期的低工资和大量失业的状况严重地影响到生产与消费之间的平衡关系，由此所引起的社会冲突也接连不断。20世纪初期，福特主义生产方式的兴起极大地缓解了上述危机，不仅造就了资本主义规模化大生产，而且有力地降低了生产成本，促进了工人工资的增长，提升了社会的消费潜力。"从前被视为奢侈品的东西在工薪阶层中得到扩散，普通人过去无缘享用的物品则不断升级为必需品，大众带着前所未有的梦想去花费不断增长的工资和劳动外的时间，去充分享受属于个人的愉悦。"① 于是，一种史无前例的大众消费模式出现了，它把西方资本主义社会推向一个新的阶段——消费社会阶段。

在鲍德里亚看来，消费社会作为资本主义发展的当代形态，与传统的生产社会相比，有着根本性的差别。具体表现在两个方面。

---

① 莫少群：《20世纪西方消费社会理论研究》，社会科学文献出版社2006年版，第4页。

第一，物质产品的结构性过剩取代了财富的绝对匮乏。

鲍德里亚在《消费社会》一书的开篇就指出："今天，在我们的周围，存在着一种由不断增长的物、服务和物质财富所构成的惊人的消费和丰盛现象。它构成了人类自然环境中的一种根本变化。"[①] 也就是说，与历史上物质财富绝对匮乏的生产型社会不同，当代的消费社会是一个物质财富极大丰盛的社会。富裕的人们不再像过去那样受到人的包围，而是受到动物一般大量繁衍、热带丛林一样繁茂的物的包围。人们根据物品的节奏和不断替代的现实而生活着，不再是经久不衰的工具物或建筑物见证着一代又一代的人世沧桑，而是人们在白驹过隙般的日常生活中目睹着一代又一代物品的产生、完善与消亡。在物品的大量堆积和迅速更新之中，人们强烈感受到的不是物品的稀有、短缺而是显而易见的过剩。然而，在鲍德里亚看来，消费社会的物质过剩只是一种结构性过剩，即一种表象的丰盛，实际上，在丰盛和过剩的背后掩藏着巨大的匮乏。因为，消费领域是一个富有结构的社会领域，各个阶级、阶层的社会成员通过对不同档次、品质的物品的消费来认同、证明或显示自己的身份和地位。而由社会区分和地位要求所激活的需求和向往，在物质增长的社会里，上升的速度总是比可使用的财富快一些。需求与提供的财富相比较带有永恒的过量特征，而且这种不平衡本身随着需求与财富的不平衡性增长而增长，由此产生了"心理的贫困化"。可见，在我们这个贯彻竞争和区分原则的消费社会中，每个社会关系都增添着个体的不足，因为每个个体拥有的东西都在与他人比较的时候被相对化了。因此，消费社会并不是真正"富裕"的社会，而是一个匮乏的社会。这种匮乏与初级匮乏（财富稀少）不再是一回事，后者可

[①] [法] 让·波德里亚：《消费社会》，刘成富、全志钢译，南京大学出版社 2006 年版，第 1 页。

视为暂时性的，而前者作为一种相对的结构性匮乏却是决定性的。财富与贫困、丰盛与匮乏的矛盾构成了消费社会最大的悖论。

第二，作为浪费和交流体系的消费取代了作为物质消耗和需求满足的消费。

在消费社会形成的过程中，消费的含义和地位不断地发生着变化。最初对消费的内涵进行界定的是经济学，这是因为消费首先是经济活动过程中与生产、分配、交换相并列的一个重要环节。在经济学的研究中，消费的基本内涵是为了满足人们的需要和欲望而对物质产品和服务进行消耗和使用的活动。随着生产力的发展，作为消耗的消费在社会生活中的地位发生了变化。在社会生产力水平相对较低、绝对稀缺制约着整个社会发展的前工业社会以及工业社会初期，资本的原始积累成为社会生产的主要目的，此时，消费被看作是一种无意义的、否定性的消耗，应当尽可能地予以抑制。在工业社会的发展与成熟时期，由于资本主义生产方式逐渐全面代替了封建社会的生产方式，社会生产力获得了巨大的发展，社会财富逐渐从绝对性稀缺转变为一种相对性过剩，从而使得如何真正促进社会财富的总体增长、有效抑制由消费不足和生产相对过剩的矛盾所导致的经济危机成为社会发展的核心问题。此时，作为物质消耗和需求满足的消费对生产的反作用被纳入政治经济学家们的理论视野[1]，并从一个阻碍社会发展的否定性因素转变为一个具有促进社会生产发展潜能的肯定性因素——尽管这种肯定性是通过经济危机的否定性形式来展现自身的。而在高生产、高消费的福特主义经济模式被一种以资本的"灵活性积累"为特征的后福特

---

[1] 如西斯蒙第认为："绝对的消费决定着相等的或扩大的再生产。再生产的范围是否可以扩大，或是成螺旋形变化就取决于这一点。"参见［瑞士］西斯蒙第：《政治经济学新原理》，何钦译，商务印书馆1964年版，第83页。转引自夏莹：《消费社会理论及其方法论导论》，中国社会科学出版社2007年版，第96页。

主义经济模式所取代的后工业社会，社会生产主要是一种针对"目标消费群体"所进行的小规模、个性化、多样化的生产，这种生产方式得以存在的前提在于快速而多样的消费需求。同时由于灵活性积累中所导致的劳动力资本投入的增大，使得劳动者面对新的需求有了相当的购买力，从而使这一需求所引发的消费可以实现。此时，消耗性的消费、满足人们需求的消费直接作为正值加入社会发展的计算中，成为社会经济持续发展的肯定性主导力量。"消费已不仅是影响着经济的增长，在其现实性上，它本身就表征着一种增长。"① 对此，鲍德里亚犀利地指出：内部结构所必需的设施过剩，额外的汽油开支和为事故受害者所花费的医疗费用等，都可以作为消费来计算，"也就是说，在国内生产总值和统计的名义下竟可以作为增长和财富的指数！"② 同时，"损坏、废弃等不足的方面并没有得到表现……如果得到表现的话，所用的方法也是积极的！""因此，上下班的交通费竟作为消费支出来入账！"③ "甚至在会计们的眼中，巴黎五十年之中空气的亮度下降30%是剩余的、不存在的。如果说一笔更大的电力、灯泡、眼镜等开支由此得以产生，那么，它一下子就会作为生产的增加与社会财富而存在！"④ 可见，在鲍德里亚眼中，当代资本主义社会的"消费"已不再具有任何否定性，即使是具有消极性的消费，也都被生产和增长的神话赋予了积极意义。

而对于消费社会中消费的含义，鲍德里亚也有着自己的独特见解。

---

① 夏莹：《消费社会理论及其方法论导论》，中国社会科学出版社2007年版，第111页。
② ［法］让·波德里亚：《消费社会》，刘成富、全志钢译，南京大学出版社2006年版，第14页。
③ ［法］让·波德里亚：《消费社会》，刘成富、全志钢译，南京大学出版社2006年版，第16页。
④ ［法］让·波德里亚：《消费社会》，刘成富、全志钢译，南京大学出版社2006年版，第17页。

首先，鲍德里亚认为，在消费社会中对生产力的发展产生巨大作用的，不是作为消耗的消费，而是作为浪费的消费。他指出，如果我们只是简单地将消费视为一个建立在财产必然用途之上的道德概念，而从浪费的概念中只看到本来应该用于消费但实际上没有用于消费的多余废物的话，那么我们就不会真正理解浪费的含义以及浪费的功能。当我们认为浪费指的是一种"焚毁储备物资，并通过非理性之举殃及生存条件"的行为，因而将浪费视为"一种疯狂、精神错乱、本能的官能障碍"①的时候，我们并没有进入实际丰盛的社会。这是因为，任何社会与个人一样，都是在消费出现盈余情况时，"才会感到不仅是生存而且是生活"。也就是说，人们只有在浪费式消费中才会获得优越感，从而体验到生存尊严。因此，浪费在当代资本主义社会成为理性生存方式的体现，不仅具有积极的作用，"甚至能作为核心功能——支出的增加，以及仪式中多余的'白花钱'竟成了表现价值、差别和意义的地方——不仅出现在个人方面，而且出现在社会方面"②。此外，由于浪费式消费加速了物品的死亡，引起价格上涨速度和产品更新换代的加快，从而保证了生产秩序的再生产，因此，在消费社会中，"浪费式消费已变成一种日常义务""一种对经济秩序束缚的不自觉的参与"，甚至具有了"大众消费的经济振兴"的积极作用。③

其次，鲍德里亚认为，消费社会中的消费不是以物品的实用功能满足人的需求，而是以商品符号构成的交流体系进行社会关系和意义的创造。在他看来，物质性的产品只是需要和满足的对象而不是消费的对象。消费

---

① [法]让·波德里亚：《消费社会》，刘成富、全志钢译，南京大学出版社2006年版，第18页。
② [法]让·波德里亚：《消费社会》，刘成富、全志钢译，南京大学出版社2006年版，第18页。
③ [法]让·波德里亚：《消费社会》，刘成富、全志钢译，南京大学出版社2006年版，第21页。

第三章 消费社会：媒介化生存的体制化情境

的定义，"不在于我们所消化的食物、不在于我们身上穿的衣服、不在于我们使用的汽车、也不在于影象和讯息的口腔或视觉实质，而是在于，把所有以上这些〔元素〕组织为有表达意义功能的实质……如果消费这个字眼要有意义，那么它便是一种记号的系统化操控活动"①。这就意味着，物品要成为消费的对象，前提条件就是先成为符号，也就是外在于一个它只作意义指涉的关系——它和这个具体关系之间，存在着一种任意、偶然和不一致的关系，而它的合理一致性，也就是它的意义，则来自于与所有其他的符号—物之间抽象而系统性的关系。②因此，消费并非被动地吸收和占有物品以满足生存需要的活动，而是一种建立关系的主动模式——而且不只是人和物品之间的关系，也是人和集体、人和世界之间的关系。③被消费的永远不是实体性的物品，而是符号化的物品体系中的抽象关系和意义差异。正是在这一认识的基础上，鲍德里亚指出：传统的理性主义者将消费看作是理性的自由个体通过寻求物品的最大功用来满足自身的物质需求，"就像用传统医学来诊治精神生理歇斯底里症状一样，都是天真无助的"④。无论是在符号逻辑里还是象征逻辑里，"物品都彻底地与某种明确的需求或功能失去了联系"，而只对应着另外一种完全不同的东西——社会逻辑或欲望逻辑。⑤鲍德里亚认为，如果根据一种符号和差别的社会客观

---

① ［法］尚·布希亚：《物体系》，林志明译，（台湾）时报文化出版企业股份有限公司1998年版，第211—212页。

② ［法］尚·布希亚：《物体系》，林志明译，（台湾）时报文化出版企业股份有限公司1998年版，第212页。

③ ［法］尚·布希亚：《物体系》，林志明译，（台湾）时报文化出版企业股份有限公司1998年版，第211页。

④ ［法］让·波德里亚：《消费社会》，刘成富、全志钢译，南京大学出版社2006年版，第47页。

⑤ ［法］让·波德里亚：《消费社会》，刘成富、全志钢译，南京大学出版社2006年版，第48页。

要求来对所谓的需求进行重新组织,即"承认需求从来都不是对某一物品的需求而是对差异的'需求'(对社会意义的欲望)"①,那么,我们就会发现消费的真相:表面上看以物品的功用和享受为轴心和导向的消费行为,实际上指向的是其他完全不同的目标,"即对欲望进行曲折隐喻式表达的目标、通过区别符号来生产价值社会编码的目标"②。因此,消费并非建立在对需求和满足、享受的迫切要求之上,而是建立在某种符号和区分的编码之上。"它既是一种道德(一种理想价值体系),也是一种沟通体系、一种交换结构。""一旦人们进行消费,那就决不是孤立的行为了……人们就进入了一个全面的编码价值生产交换系统中,在那里,所有的消费者都不由自主地互相牵连。"③可见,在鲍德里亚这里,"消费"已经超越了一般经济学意义上的对产品和服务的消耗与使用的含义,具有了社会学、文化学、心理学、政治学层面的丰富蕴含。而以符号—物及其消费为交流媒介建构人与人、人与社会、人与世界之关系并寻求自我价值和意义,则成为消费社会中媒介化生存的核心内涵。

二、消费本位:消费社会媒介化生存的伦理机制

在消费社会,人们以符号—物的消费为沟通体系的媒介化生存,是在"消费本位"这一新的伦理精神及其构建机制的指导和作用下进行的。

---

① [法]让·波德里亚:《消费社会》,刘成富、全志钢译,南京大学出版社2006年版,第49页。
② [法]让·波德里亚:《消费社会》,刘成富、全志钢译,南京大学出版社2006年版,第49页。
③ [法]让·波德里亚:《消费社会》,刘成富、全志钢译,南京大学出版社2006年版,第49—50页。

第三章 消费社会：媒介化生存的体制化情境

（一）走向消费本位的历史之路

在机器大工业生产时代，由于生产力水平相对较低，整个社会尚处于物质财富极为稀缺的发展阶段。此时，制约资本主义发展的主要问题是如何扩大生产规模、如何增加资本积累，因此，生产在整个经济活动中乃至整个社会生活中起着决定性的作用。一方面，生产决定着消费：生产创造出消费的材料，决定消费的方式，通过它起初当作对象生产出来的产品在消费者身上引起需要。一言以蔽之，生产创造着消费的对象、消费的方式、消费的动力，而消费只是整个经济过程（生产、分配、交换、消费）中的一个环节，是为了生产和生活需求而消耗物质的一种行为。另一方面，消费本身的最终目的仅仅是为了生产：工人对生产资料和生活资料的消耗，不仅使产品潜在的使用价值和交换价值得以实现、使生产得以最终完成，而且又创造出再生产的动机。总之，在生产社会，生产是目的，消费只不过是生产的"附庸"。正如马克思指出的："无论我们把生产和消费看作一个主体的活动或者许多个人的活动，它们总是表现为一个过程的两个要素，在这个过程中，生产是实际的起点，因而也是起支配作用的要素。消费，作为必需，作为需要，本身就是生产活动的一个内在要素。……个人生产出一个对象和通过消费这个对象返回自身，然而，他是作为生产的个人和自我再生产的个人。所以，消费表现为生产的要素。"①

在这样一个生产本位的时代，资本家以追求利润最大化和资本积累为目的，整个社会奉行的是入世苦行、尽职禁欲的新教伦理，人们把为上帝劳作和积累财富视为应尽的天职和义务，把压抑个人的肉体享乐和需求满足的欲望当作救赎灵魂的必要手段，把不懒惰、不享乐、不奢侈、不浪

---

① 《马克思恩格斯选集》第30卷，人民出版社1995年版，第35页。

费、默默地劳动奉为美德。在清教徒心目中,"人只是受托管理着上帝恩赐给他的财产,他必须像寓言中的仆人那样,对托付给他的每一个便士都有所交代。因此,仅仅为了个人自己的享受而不是为了上帝的荣耀而花费这笔财产的任何一部分,至少也是非常危险的"①。正是在这样一种新教伦理的规范下,人们普遍认为消费是一种无意义的消耗,应当竭尽全力地加以抑制。在清教徒们看来,消费只能是满足日常生活需要、生产和再生产劳动力自身的必要手段;节俭消费是高尚的生活方式,过度消费则是可耻的甚至是一种罪孽。

促使新教伦理制约下的消费观念发生革命性转变的是 1929 年的经济大萧条。这次经济危机对西方资本主义发展产生了巨大的冲击,但许多西方学者并未从中体认到资本主义的根本性矛盾乃是获得最大利润与生产的理性化之间的矛盾,而是认为当代资本主义的危机在于潜在的无限生产力与有限的产品销路之间的矛盾,如凯恩斯就将产生资本主义经济危机的根源归结为有效需求不足。②于是,消费就被凸显为当代资本主义社会的内在逻辑,如何张扬消费,如何供给、引导、刺激甚至创造消费越来越成为社会生活中的重要问题。禁欲主义的新教伦理开始受到摒弃,一些传统的伦理学关键词如"奢侈"等被逐渐驱逐出道德判断的领域而放逐到纯经济学的领地。凯恩斯主义者们甚至认为,只要能够增进社会需求从而推动财富增长,即使浪费也无不可。正是在这一意义上,奢侈不再被看作一种恶,而是被视为"善"。于是,消费取代生产成为社会生活的核心内容

---

① [德] 马克斯·韦伯:《新教伦理与资本主义精神》,于晓等译,生活·读书·新知三联书店 1987 年版,第 133 页。

② 凯恩斯认为,亚当·斯密的"节俭使资本增长"的理论"往往会摧毁生产动机"。参见 [英] 约翰·梅纳德·凯恩斯:《就业、利息和货币通论》,宋韵声译,华夏出版社 2005 年版,第 278 页。

第三章 消费社会：媒介化生存的体制化情境

和终极目的，消费本位主义取代禁欲主义成为资本主义的一种新的伦理，"消费的民主化"变成了资本主义经济政策不言而喻的目标。

在消费本位时代，出于个人享乐目的的消费行为不再受到贬斥和抑制，而是受到国家政策和信贷消费、分期付款等金融制度的鼓励和支持。"今天把个体当作不可替代的需要的领域，就是个体作为消费者的领域。""个体为工业系统服务的方式不是给它带来自己的积蓄也不是向它提供投资，而是消费它的产品。"①消费成为国民经济快速增长的保证，并被视为公民应尽的义务，甚至被渲染成为一种爱国责任，而节约则成为"恶德"②"反美"。在这样一种新型伦理观念的影响下，"先行购买"的消费模式诞生了："消费先行于累积之前，不断地向前逃逸，强迫的投资、加速的消费、周期性通货膨胀（节约变得荒谬）：整个体系亦由此而来，人们先购买，再用工作来偿还。"③这就使得人们的生活方式发生了根本的变化，即由过去以生产劳动为重心的"工作—赚钱—消费"演变为以消费为首要内容的"消费—赚钱—偿还"。消费不再是维持生存和扩大再生产的手段，消费本身即是目的，不仅体现为生产的目的，而且体现为人的全部生活的目的。社会生活中的一切——不仅是物品，而且包括人的身体、心理、观念、自然性欲、社会关系、服务——都成了消费品，以至于凡是不能成为消费对象的东西，都会被人们认为没有存在的价值。消费成为人们感觉生

---

① ［法］让·波德里亚：《消费社会》，刘成富、全志钢译，南京大学出版社2006年版，第54页。

② 著名历史学家汤因比指出："在产业革命以后，勤俭朴素使得生产者缺乏推销市场，而结果又反过来使工人们失业。因此，消费者方面的节俭，从生产者和被雇佣者的角度来看，就不再是美德，而成了恶德。"参见［英］A. J. 汤因比、［日］池田大作：《展望二十一世纪——汤因比与池田大作对话录》，荀春生等译，国际文化出版公司1985年版，第56页。

③ ［法］尚·布希亚：《物体系》，林志明译，（台湾）时报文化出版企业股份有限公司1998年版，第174页。

命、刺激欲望并再生产欲望的人生道德主宰,成为无神时代新的神祇,为所有秉持无神论和个人主义的大众所皈依和膜拜,人们只有在消费欲望之流的激荡中才能感到自己的存在意义。由此,过去始终被视为非理性、精神错乱、本能的官能障碍的浪费,竟被看作超越了基本的生存需求而进入理性"生活"层次的标志,具有了特别的"价值表现"的社会功能以及"大众消费的经济振兴"作用。①

总之,消费社会的消费本位主义使得"我们处在'消费'控制着整个生活的境地。……'环境'是总体的,被整个装上了气温调节装置,安排有序,而且具有文化氛围。这种对生活、资料、商品、服务、行为和社会关系总体的空气调节,代表着完善的'消费'阶段"②。

(二)构建消费本位的社会机制

在消费社会,"消费本位"这一促使人们以对物品的消费为媒介寻求社会认同的新型伦理的建构,是以一整套社会机制的协同运作为根本保证的。这些社会机制主要包括如下几种。

1. 丰盛与全套商品的诱惑

鲍德里亚指出,消费社会最基本、最显著的一个特征即物质产品的极大丰盛,而这种丰盛是以堆积和系列的形式表现出来的。大商店里堆积着琳琅满目的罐头食品、服装和烹饪材料等,呈现出丰盛的基本风景;在所

---

① [法]让·波德里亚:《消费社会》,刘成富、全志钢译,南京大学出版社2006年版,第21页。
② [法]让·波德里亚:《消费社会》,刘成富、全志钢译,南京大学出版社2006年版,第4页。

有的街道上，堆积着商品的橱窗光芒四射；还有肉店的货架以及举办整个食品与服装的节日，无不令人垂涎欲滴。到处充满了戏剧性的、用之不竭的挥霍形象——节日形象。商品的这种堆积，使人们强烈感受到自身所处的时代不是物品稀有、短缺而是物品明显过剩的时代，从而产生一种对物质奢华的狂妄自负。同时，如此琳琅满目、堆积如山的商品，也激起了人们心理上的匮乏感："对于所有的人来说，不是不够而是太多的强烈愿望就在于此：看起来你带走了一堆摇摇欲坠的盒装牡蛎、肉、梨子或芦笋，其实你只是购买了其中的一小部分。你只是买走了所有中的部分罢了。"①于是，这种心理上的匮乏感，便不断地激发出人们更多更强烈的消费欲望。而在物品的堆积——丰盛最基本的而意义最为深刻的形式——之外，物品又是以全套或整套的形式组成的。几乎所有的服装、电器等都提供一系列能够相互称呼、相互对应和相互否定的不同商品以供消费者选择、选用以及"作连锁心理反应"②。商品以一种全套或系列的形式出现的意义在于，它们仿佛一个连环套，"相互暗示着更复杂的高档商品，并使消费者产生一系列更为复杂的动机"，从而"诱导商品网中的购物冲动"，使消费者"陷入了盘算商品的境地"，"逻辑性地从一个商品走向另一个商品"。③这样，通过商品在市场上的大量堆积，通过对样式、功能上相互区别、相互对应、相互否定的系列性产品的不断开发和更新换代，消费社会持续不断地以丰盛的物质产品诱惑着消费者，持续不断地激起人们的购物冲动和消费欲望，从而保证了消费本位这一新型伦理的建构。

---

① ［法］让·波德里亚：《消费社会》，刘成富、全志钢译，南京大学出版社2006年版，第2页。
② ［法］让·波德里亚：《消费社会》，刘成富、全志钢译，南京大学出版社2006年版，第2页。
③ ［法］让·波德里亚：《消费社会》，刘成富、全志钢译，南京大学出版社2006年版，第3页。

2. 杂货店的总体化氛围

消费社会不仅在消费对象上以丰盛的、系列性的产品诱导消费者的消费欲望，而且在消费方式上以一种具有总体化氛围的杂货店（或新的商业中心）"实现了消费的综合活动"。这种现代的杂货店（或新的商业中心）与传统的大商店相比在现代消费方面更为特别："它不把同类的商品并置在一起，而是采取符号混放，把各种资料都视为全部消费符号的部分领域。"① 在这里，文化中心和文化产品也成了商业中心和大众化消费品的组成部分。咖啡馆、电影院、书店、音乐厅、妇女的小饰物、服装，还有商业中心的其他许多东西，都能够被杂货店以万花筒式的方式重新捕获。"如果说大商店展现了商品的市集场面，那么杂货店则提供了消费的独唱音乐会。"② 在这里，人们处于一个与日常生活整个组织完全一致的消费场所，可以在具有无限的商业活力和美学感觉的消费环境中惬意地闲逛，也可以愉快地购物，一次性买到各种各样的商品，还可以就餐、娱乐、休闲。扩大到商业中心和未来城市规模的杂货店，是一种普及了的新文化，是每一种现实生活或社会客观生活的升华物。它将"一门新的生活艺术，一种新的生活方式"展现在人们面前，使艺术、娱乐与日常生活交融在一起，使所有的活动都被概括、被系统地组合并集中在消费"氛围"的基本概念周围。"工作、娱乐、自然和文化，所有这些过去零零散散，在现实生活中，在古老的无政府城市里，滋生出复杂和焦虑的东西，所有这些被分裂、相互之间无法缩减的活动——所有这一切最终被混杂、搅拌、调节

---

① [法]让·波德里亚：《消费社会》，刘成富、全志钢译，南京大学出版社2006年版，第3页。
② [法]让·波德里亚：《消费社会》，刘成富、全志钢译，南京大学出版社2006年版，第3页。

并一致地展现在同一次连续的购物和消闲之中。"① 通过鲍德里亚的这些论述，我们看到：正是杂货店或大型购物中心所提供的总体化消费氛围，使消费本位作为消费社会一种新的伦理得以被大众消费者广为接受。

3. 大众传媒的价值导向

在消费社会中，消费本位这一新的伦理的建构，不仅依赖于消费活动中丰盛而系列化的消费对象的诱惑以及总体化的消费氛围、消费方式的熏陶和促进，而且得益于大众传媒的价值导向。鲍德里亚指出，在当代资本主义社会，生产主人公的传奇已到处让位于消费主人公。"自我奋斗者"、创始人、先驱者、探险家和垦荒者，"所有这些伟大的恐龙类之所以成为杂志和电视专栏的中心人物，是因为他们身上值得夸耀的总是花天酒地、纸醉金迷的生活"②。大众传媒对这些"大浪费者"奢侈的、无益的、无度的消费活动的大肆渲染，客观上形成了一种以奢侈性消费、享乐性消费为人生理想和幸福目标的消费价值导向。这一价值导向潜移默化地发生作用，其结果必然导致大众消费者对消费本位这一资本主义新的伦理精神的认同和内化。此外，大众传媒通过形形色色的广告，紧锣密鼓地向人们灌输着时尚循环的价值观念。这种价值观念声称：每个人都应该做到"跟上潮流""跟上时代步伐"，为此，每个人每年、每季度、每个月都应该对自己的服装、物品、汽车等进行再循环。"假如不这么做，就不是消费社会真正的成员。"③ 正是在这样一种价值观念的引导

---

① ［法］让·波德里亚：《消费社会》，刘成富、全志钢译，南京大学出版社2006年版，第5页。
② ［法］让·波德里亚：《消费社会》，刘成富、全志钢译，南京大学出版社2006年版，第20页。
③ ［法］让·波德里亚：《消费社会》，刘成富、全志钢译，南京大学出版社2006年版，第71页。

和浸染下，为了不被时代和社会所抛弃、淘汰，人们不得不紧跟着时尚循环的风向标，在不断涌现的名目繁多的消费品浪潮中随波逐流。可见，大众传媒的价值导向作用，是消费本位这一消费社会新的伦理得以建构的一个重要社会机制。

4. 物品功能的人为性缺失

在消费社会，消费本位的伦理建构还有赖于生产技术方面的保证。为了刺激消费并持续性地扩大消费，物品往往在时尚与流行的幌子下，从好几个层面被人为地加速了死亡与更新：在功能上，用更为先进的科技来使它失去领导地位但同时又显示出一种进步；在品质上，以技术手段让它在短暂的时间内自动地出现故障或是耗损；在外形上，以时尚循环的逻辑故意使它不再流行，虽然它的功能仍然完好；而当流行在消费者的心里所引起的波动不足以更新其消费需求时，便求助于人为的功能落后，即"有意地制造缺陷"。物品就是这样受制于一种有组织的脆弱性，难逃朝生暮死的命运，并且被人用强制的方式保持在一种简短的共时状态和一种可能衰亡的世界中。[1] 这种极力维持物品死亡率的生产领域的"沮丧策略"，与销售领域的"欲望策略"互相补足，目的便在于确保资本主义生产体制作为唯一的目的性而存在。鲍德里亚指出，通过人为地对物品的死亡和更新进行技术性加速，消费社会为自己提供了物质过于丰盛的证明。在这场最为壮美的机遇剧中，浪费式消费已变成大众的一种日常义务，从而昭示出：消费社会的人们已不自觉地参与到对于消费本位这一旨在促进"大众消费经济振兴"的伦理秩序的建构之中。

---

[1] [法]尚·布希亚：《物体系》，林志明译，（台湾）时报文化出版企业股份有限公司1998年版，第159—160页。

5. 信贷消费的制度性保障

在消费本位这一新型伦理的构建过程中，信贷制度是一个有力的保障。这一在第二次世界大战后由美国最先开发、随即辐射到许多西方资本主义国家的"社会学上的创新"[①]，为人们提供了一种预先获取物品利益的可能——人们只需付出一部分资金，便可以将某一物品全部据为己有，提前享用其全部的价值和功能。在此，信用贷款被宣称为消费者的一项权利，而且在根底上是公民的经济权利之一。这种绕开"债方"而直接强调购买者的"信用"的制度性策略，消除了消费者害怕负债的心理以及传统道德领域的某种羞耻心理，改变了人们建立在继承、储蓄和祖产等概念上的"积蓄—购物—积蓄"的传统消费模式，代之以建立在"先行消费""提前享受"等观念上的"信用贷款—购物—积累还贷"的新型消费模式。这种信贷消费制度和"先享用，以后再偿付"的新的消费观，在客观上起到了促进消费、刺激经济增长的作用，并为消费本位这一新的伦理观念的形成提供了制度保证。

正是通过上述社会机制的协同作用，消费本位的伦理观念得以形成。而以符号—物的消费为交流媒介进行社会区分与自我认同的媒介化生存，也正是在这一伦理规范的制约下展现出其独特性质的。

[①] 贝尔指出：在20世纪"汽车、电影和无线电是技术上的发明。而广告术、一次性丢弃商品和信用赊买才是社会学上的创新"。参见［美］丹尼尔·贝尔：《资本主义文化矛盾》，赵一凡等译，生活·读书·新知三联书店1992年版，第115页。

三、符号消费：消费社会媒介化生存的驯化机制

鲍德里亚在《消费社会》一书中明确指出：消费社会是"进行面向消费的社会驯化的社会"①。而消费作为一种符号的系统化操控活动，是人们表征自我以及相互区别或相互认同的媒介。由此，我们可以说，消费社会是面向以消费为交流体系的媒介化生存进行社会驯化的社会，而驯化的机制正是符号消费的个性化逻辑和社会区分逻辑。这种驯化，不可避免地带来消费的异化，从而使消费社会的媒介化生存成为一种异化的生存。

（一）符号消费的内涵

所谓"符号消费"，就是对物品的符号价值和象征意义的消费。这一理论的渊源最早可以追溯到19世纪末美国社会学家凡勃伦提出的"炫耀性消费"概念。在《有闲阶级论》一书中，凡勃伦指出：社会上层阶级成员在消费活动中致力于追求物品所代表的身份、名望、荣誉、地位等非实用价值即符号象征意义，以使自己与低等阶层区别开来。他们对大多数人力所能及的日常生活必需的消费品不屑一顾，认为"对这类物品进行消费是不含有荣誉成分的，因为它不能适应同别的消费者作有利的歧视性对比的目的"②。相应地，有闲阶级把对精美贵重物品的占有、使用以及奢侈性消费甚至浪费当作财富、尊荣、地位、身份的象征，"炫耀性消费"于是成为上层社会成员合乎礼仪标准的金钱竞赛、显示和维持其社会地位的必要手段，具有了建构社会身份、区分社会等级的符号意义。20世纪60年

---

① ［法］让·波德里亚：《消费社会》，刘成富、全志钢译，南京大学出版社2006年版，第52页。
② ［美］凡勃伦：《有闲阶级论》，蔡受百译，商务印书馆2005年版，第125页。

代，法国哲学家列斐伏尔在其日常生活批判中引入符号学理论，开辟了一条日常生活物品的语意分析路径，并提出了"符号消费"的概念。列斐伏尔认为，现代世界是"符号"冒名顶替"物"之存在的"超现实"世界，即一个巨大的彻头彻尾的"假装的世界"。其意识形态化表现就是符号的消费或符号的编码化：在这里，"每种物体和产品都获得了双重性的存在，即可见的和假装的存在；凡能够被消费的都变成了消费的符号，消费者靠符号，靠灵巧和财富的符号、幸福和爱的符号为生；符号和意谓取代了现实"①。在此基础上，鲍德里亚进一步从符号学角度对消费社会和商品的符号价值进行了前所未有的深入思考，明确指出并深刻阐述了消费社会的符号消费本质。

鲍德里亚认为，在现代消费社会，消费品不仅具有马克思所说的使用价值、交换价值，而且具有符号价值。虽然他没有对"符号价值"进行明确的、完整的界定，但从其具体的论述中可以看出，所谓符号价值就是物品所具有的表现消费者个性、品位、身份、社会地位等差异的功能，它"由物品作为符号在符号体系中的地位以及与其他符号的相异性程度来决定，而不是根据物品本身的有用性大小来界定"②。在《物体系》一书中，鲍德里亚通过对一系列物品（能指）的符号/象征意义（所指）的分析，得出了关于符号消费的结论："消费并不是一种物质性的实践，也不是'丰产'的现象学，……如果消费这个字眼要有意义，那么它便是一种符号的系统化操控活动。"③ 鲍德里亚将现代社会消费的本质归结为符号操控活动，

---

① 刘怀玉：《现代性的平庸与神奇：列斐伏尔日常生活批判哲学的文本学解读》，中央编译出版社2006年版，第262页。
② 张天勇：《社会符号化：马克思主义视阈中的鲍德里亚后期思想研究》，人民出版社2008年版，第140页。
③ ［法］尚·布希亚：《物体系》，林志明译，（台湾）时报文化出版企业股份有限公司1998年版，第211—212页。

认为消费并非被动地吸收和占有物品以满足生存需要的活动,因此,"要成为消费的对象,物品必须成为符号"①,而物品作为消费对象的意义就在于其作为符号—物与所有其他的符号—物之间抽象而系统性的关系:它或者作为与众不同的、能够体现"个性化"的产品被消费,或者作为系列性产品中具有某种区分功能的物品被消费。总之,被消费的不是产品的物质性(使用价值),而是它在与其他物品的差异中显示出的符号性(象征价值)。

(二)符号消费的个性化逻辑

在消费社会,人们以符号消费为交流体系的媒介化生存,首先受到一种个性化逻辑的驯化。

鲍德里亚援引里斯曼的话指出:"今天最需求的,既不是机器,也不是财富,更不是作品:而是一种个性。"② 因此,社会的引导主题不再是选择性的竞争,而是每一个人都可拥有的个性化。个人不再以拥有财产和功用意义上的物品来竞争,而是在其消费中,为了自己去做自我个性的实现。于是,"满足自己个性的欲望和品位!""找到自己的个性并肯定它,这便发现了真正成为自己的乐趣。"诸如此类的广告以"过分自我指向"的修辞格式结撰着令人心驰神往的"个性化神奇祷文",从而把消费中的"个人"价值模式推到了极致。在大众传媒和广告的引导下,人们在对不同的品牌—物、模范—物以及系列—物的选择性消费中塑造着、确立着自我形象,表达着自己的个性。正如马丁诺所言:"保守人士在选择汽车时,

---

① [法]尚·布希亚:《物体系》,林志明译,(台湾)时报文化出版企业股份有限公司1998年版,第212页。

② [法]让·波德里亚:《消费社会》,刘成富、全志钢译,南京大学出版社2006年版,第58页。

想要给人尊严、成熟、严肃的印象……另一种个性类型明确的汽车，则为一些既不花俏也不严峻的人士所选择，他们时髦而不前卫……可能的个性选择里也包括创新者和超级摩登人士，等等。"[1]每一个品牌都以一个形象或个性作为其象征物，而每一个品牌都帮助消费者回答"我是谁"的问题。"购物选择成了社会单子不断进行的自恋式公民表决。"[2]然而，鲍德里亚认为，这种选择的自由其实只是一种形式上的自由，因为，可供人们选择的只是一些被生产体制预先制造好的系列物品的边缘性差异，人们自认为是自主的、体现了自己个性的选择，实际上却是整个社会经济体制让我们做出的选择。生产体制正是打着个性化和自由选择的幌子，通过玩弄无关紧要的边缘性差异来促进消费的。因此，"自由选择"和"个性化"是"想要更佳地整合个人的社会的一项基本意识形态概念"，其深层的社会意识形态功能在于，通过把人的选择能力转移到物品身上来消除个人要求对社会具有的潜在威胁。[3]

此外，鲍德里亚还指出，由广告所激发的符号消费从来都不是真正个性化的，它只是形成了一组社会区分标准的选择，而这些标准多多少少是被随意地附着在一组典型化的个性上的。因此，个性化只是消费社会对个体进行社会驯化的一种符码逻辑。消费者在个性化逻辑的操控下对物品／符号所表征的个性差异的追求，实际上是建立在真实差别和个人独特性丧失的基础上的。"个性化"的结果却是同一性的出现——符号消费的个性化逻辑对消费者的异化正在于此。而这一切，正是当代资本主义对个人进

---

[1] [法]尚·布希亚：《物体系》，林志明译，(台湾)时报文化出版企业股份有限公司1998年版，第204页。

[2] [法]尚·布希亚：《物体系》，林志明译，(台湾)时报文化出版企业股份有限公司1998年版，"译后记"，第246页。

[3] [法]尚·布希亚：《物体系》，林志明译，(台湾)时报文化出版企业股份有限公司1998年版，第155页。

行社会驯化、将个体整合进社会总体之中的新方式。鲍德里亚强调指出，消费社会中的大众尽管并未真正实现个性化——"最小的边缘差异"（P. P. D. M.），却因为社会以丰盛的物品源源不断地向自己提供着个性化选择的机会并以充满关切的广告孜孜不倦地向自己进行着差异化消费的指导而心满意足，从而丧失了反思和抵抗的能力。由此可见，消费社会以符号消费的个性化逻辑对大众进行的社会驯化更具隐蔽性和欺骗性。

（三）符号消费的社会区分逻辑

在消费社会，人们以符号消费为交流体系的媒介化生存，在受到个性化逻辑驯化的同时，还受到一种社会区分逻辑的驯化。

鲍德里亚指出，消费在产生之初就主要不是来源于满足个体的生存需要或"自然规律"，而是来源于散播声望和彰显等级的社会功能，即来源于一种文化限制。这使得物品在过去一直都构成一种身份和地位的识别体系，只不过这种识别体系是和手势、仪式、礼仪、语言、出身、道德价值符码等其他体系平行的一种配件。而在现代消费社会，物品构成了一个完全社会化和俗世化的社会地位识别的符号体系——所有其他的定位体系都被逐步吸收，只有这一"地位"符码一枝独秀。这个符码不仅是普遍化的，而且是极权的，没有人能够逃脱它，即使反抗这个符码的行为，也是以一个遵守它的社会来作凭准的。于是，所有的人都以他们拥有的物品的差异来决定其地位的差异，对符号—物的消费因此"迈向一个没有句法的层级目录"，即"迈向一个分级体制"[1]。换句话说，对物品的消费不过是遵守着差异或区分逻辑对标志着社会地位的符号的操纵。消费不再只是经济行

---

[1] [法]尚·布希亚：《物体系》，林志明译，（台湾）时报文化出版企业股份有限公司1998年版，第205页。

为，而是转化为在种种符码下以差异化的符号—物为交流媒介的文化行为。

鲍德里亚特别强调，现代社会的消费本质上是一种符号区分的过程。他认为，区分的逻辑制约着整个社会，这就是消费社会的"语法"。符号—物不仅区分不同的意义，而且具有区分社会等级的法定价值。这种法定的差异和区分逻辑是一种基本的社会逻辑，每个人都是通过它注册于社会的。消费纵然与人的需求有着无法割裂的密切关系，但人的需求不仅是一种自然的生理和心理本能，而且更具有社会活力，"采用了那些来源于集团背景的共形和竞争的模式……或与整个社会或历史相关的较大的'文化模式'"[1]。消费者基本的、无意识的需求实际上是"接受了一个特殊社会的生活风尚"[2]。消费瞄准的不是物品本身，而是物品的符号价值编码。它因此主要不是对物品的客观功能的消费，而是对物品的符号/象征价值的消费，其所满足的再也不是与物品的合理目的性联系在一起的需求，而是对差异的需求、对社会意义的欲望。"表面上以物品和享受为轴心和导向的消费行为实际上指向的是其他完全不同的目标：即对欲望进行曲折隐喻式表达的目标、通过区别符号来生产价值社会编码的目标。"[3]这就使得"消费系统并非建立在对需求和享受的迫切要求之上，而是建立在某种符号（物品/符号）和区分的编码之上"[4]。人们借助不同品牌的物品和"模范"表达自己的个性，以他们拥有的物品来定义自己同时进行自我与群体

---

[1] ［法］让·波德里亚：《消费社会》，刘成富、全志钢译，南京大学出版社2006年版，第41页。

[2] ［法］让·波德里亚：《消费社会》，刘成富、全志钢译，南京大学出版社2006年版，第42页。

[3] ［法］让·波德里亚：《消费社会》，刘成富、全志钢译，南京大学出版社2006年版，第49页。

[4] ［法］让·波德里亚：《消费社会》，刘成富、全志钢译，南京大学出版社2006年版，第50页。

的认同或区分。一个显而易见的现象是，人们在消费物品时，总是在有意或无意地显示着自己与那些消费着同样物品的人是类似的，而与那些消费着其他物品的人之间是不同的。这种符号消费越来越成为人们进行个性化"自我表达"和"身份认同"的主要形式。在鲍德里亚看来，符号价值的消费已经成为一种普遍社会编码，构成了社会所有成员之间相互关系的基础和纽带。人们不仅通过一个人所消费的物品以及他的消费方式来辨识、判断他的个性、情趣、价值取向以及身份、地位，以此作为交往的基础，而且还试图通过对特定阶层所消费的物品的消费来实现其社会地位或阶层的转换，以融入理想的团体、更高的社会阶层，或参考一个地位更高的团体来摆脱本团体。然而，鲍德里亚认为，在这种符号消费的过程中，存在着一种双重的幻觉：一方面是消费的"动力学"幻觉，它使所有消费者产生可以享受相同特权的幻觉；另一方面则是消费的"民主性"幻觉，它使所有消费者产生可以享受相同物品的幻觉。而实际上，在符号消费的社会区分逻辑下，特权（上层）消费者与非特权（中下层）消费者所享受的物品和服务从来就不是真正等同的。特权阶层的消费者往往以模范—物引领着时尚的潮流，并通过对物的壮丽陈设和奢侈消费来表现自己，肯定自己在消费社会存在的合法性地位，彰显自己与非特权阶层消费者的根本区别。而非特权阶层的消费者对模范—物的追求和消费总是滞后于特权阶层，形成时间上的差距和文化上的差距。当一个模范—物被大批量地仿制、进入大众消费领域时，特权阶层的消费者就会以新的模范—物取而代之。如此，"系统以整体向前进，可是模范由一个取代另一个，从未以模范的身份被超越，而连续而来的系列也无法超越自己的系列身份"[①]。社会

---

① ［法］尚·布希亚：《物体系》，林志明译，（台湾）时报文化出版企业股份有限公司1998年版，第155页。

地位的梯级其实已经固定，被消费社会的意识形态神话化、幻觉化的，只是在物品／符号层面进行的平等、民主以及身份认同与地位晋升的符号编码游戏。消费者在这一游戏过程中，总是努力地要在符号—物的差异秩序中占据一席之地：每个人以及每个群体都在某种物品序列中找寻他／她的位置，同时根据个人的发展轨迹努力地挤入这一序列之中。通过物品／符号及其区分逻辑①，一个分层的社会在言说着，并且就像大众媒介那样，物品似乎在对每个人言说，但那是为了让每个人都保持在特定的位置上。而在身份、地位的符码游戏中生存着的每一个人，都无意识地参与到维系这一社会秩序结构的过程中。这正是消费社会对个体的一种隐性操控和驯化。

四、消费异化：消费社会媒介化生存的异化表征

符号消费不可避免地带来了消费的异化。所谓消费异化，是与消费的本真化、正常化相对而言的。消费的本义是对物和财富的使用、消耗，正常的消费是指人为了满足生存需要而对物的使用价值所进行的消耗活动。因此，总体来讲，消费的异化就是在消费的目的、对象、方式等方面背离了消费的原初意义，脱离了消费活动之正轨。在鲍德里亚看来，消费异化及其所表征的消费社会，人们以消费为交流媒介的媒介化生存方式的异化主要体现在以下几个方面。

---

① 在此似乎有一种恶性循环：一定的物已经被置于社会区分逻辑之中，而社会区分逻辑又正是通过物表现出来。

(一)消费目的由需要的满足异化为欲望的满足

"需要"(needs)是所有人作为同一物种的成员所共同具有的生理和心理的必然要求,它和人类的生存与发展是紧密联系在一起的,是人类内在的、自然的、真实的需求。"欲望"(wants)则是潜藏在个人无意识深处、因不同的个体趣味、癖性以及社会环境的影响而产生的多种多样的强烈心理需求,它和人类的生存之间不存在必然的逻辑联系,是一种完全建立在享乐主义基础上的外在的、强制的需求,是人们自己制造的一个永远无法满足的需求的"黑洞"、需求的幻影。在传统的匮乏或物资短缺社会,消费的目的是为了满足人的日常生活需要,维持人自身的生存和发展,从而使资本主义生产和扩大再生产成为可能。在这种生产性消费过程中,人们所追求的主要是生理需要的满足和生理机能的延续,与此同时,不可否认的是人们也会因消费品使用价值的实现、人的生存需要的最大化满足而得到心理的愉悦感和满足感。进入物质极大丰盛的消费社会后,消费的直接目的不再是为了个人的生存需要(尽管其终极目的仍然是为了社会生产),在一种强大的符号区分/编码逻辑的操控下,消费的目的转变为追求一种不断地被制造、被刺激起来的欲望的满足。这种欲望表面看来是对消费品的无止境的追求,实际上人们所追求的并不是对物品本身的占有、使用,而是对物品所附着的个性、身份、地位等符号/象征价值的拥有。对物的需要是有限的,"因为用热能平衡或使用价值来计算,饱和的界限肯定马上会达到"[①]。然而由于物的文化系统是不确定的,"作为社会存在(也就是说,能产生感觉,在价值上相对于其他人),人的'需求'是

---

① [法]让·波德里亚:《消费社会》,刘成富、全志钢译,南京大学出版社2006年版,第34页。

没有限制的","需求将根据一条垂直的渐近线而增长——它并不是出于喜好,而是出于竞争"。[1] 正是因为出于生存目的的物品消费的需要是有限度的、能够满足的,而出于身份、地位的显示和竞争目的的符号消费的欲望是无止境的、永远无法满足的,消费社会的人们不断地膨胀着自己的欲望,将更多地占有、更多地消费、更多地享受作为人生指南,从而陷入永不满足、永无止境的"欲求消费"这一丹尼尔·贝尔所说的异化消费的泥潭之中。

(二)消费对象由物品异化为符号

在生产型社会,对于大多数人来说,消费的对象主要是具有使用价值、具有一定功能的物品,那些超出日常必需品之外的、更多地具有显示拥有者的财富、地位或权力等符号价值的奢侈品,只是"有闲阶级"有权享用的专利品。而在消费社会,由于产品的极大丰盛和中低阶层收入的提高,原来以实用性和功能性为价值核心的日常消费品的社会地位愈来愈低,人们从不同的个性、身份地位和价值追求出发,越来越重视产品的符号差异性,消费的对象已经不是物品的使用价值,而是它所标示的财富、身份、地位等符号意义。"对许多物品,我们根本没有使用它们的要求。我们获得物品就是为了占有它们。我们满足于无使用价值的占有。因为怕摔坏贵重的餐具和水晶玻璃的花瓶,我们就从来不使用它们。人们买下一栋房子而占据着许多无用的房间,并且给房子配有多余的汽车和仆人,这

---

[1] [法]让·波德里亚:《消费社会》,刘成富、全志钢译,南京大学出版社2006年版,第37页。

栋房子就像小中产阶级家庭里摆设的老古董一样。"①之所以如此，乃是因为消费的社会逻辑根本不是那种把财富和服务的使用价值占为己有的逻辑，而是"生产与驾驭社会符号的逻辑"。在这种社会逻辑的制约下，在每个人内心向往的深处，都有一种获得完美地位的思想目的。于是，在无法通过继承、天赋价值和无法逆转的恩赐获得拯救的情况下，人们便萌生了通过自身的努力——对具有等级区分价值的符号—物的消费来自我拯救的要求。但令人悲哀的是，这种意欲通过符号价值的消费获得理想社会地位拯救的努力却是徒劳的，"不管怎样，这种地位仍旧是属于上层阶级的"②。鲍德里亚通过消费活动中体现人与人之间等级关系的"模范"与"系列"物品的动态关系对此进行了独到而深刻的阐释。在他看来，"社会上大部分阶层生活于系列性产品之中，而其形式与心理价值则指向社会少数人生活中的模范产品"③。人们在使用系列产品时，总会隐然或明显地预设其模范的存在，将模范当作一种与众不同的卓越价值和绝对差异来膜拜和追随。但是，如果把模范当作一个系列可以追上的理想目标，那我们就上当了。因为我们所拥有的物品，只是把我们解放为拥有者，它们把我们抛向去拥有其他物品的不明确的自由。因此剩下的唯一可能，只是在一个物品的梯级上前进。然而这种晋升没有出路，因为模范在根底上只是一个有关绝对差异的理念，作为所有相对的差异在形象投射中的总结合，其"蛊惑力的来源，便在于〔它能〕推动系列中的各个项，由一个差异进到另一个差异的自我否认运动，亦在于一种强烈的流动、杂多的指涉、无尽

---

① [美]弗洛姆：《健全的社会》，欧阳谦译，中国文联出版公司1988年版，第133—134页。

② [法]让·波德里亚：《消费社会》，刘成富、全志钢译，南京大学出版社2006年版，第33页。

③ [法]尚·布希亚：《物体系》，林志明译，（台湾）时报文化出版企业股份有限公司1998年版，第152页。

的代替——将超越作纯形式的理念化"①。这种理念层面的模范,其流动变化的速度比系列更快,以致系列"只是由模范的过时来机械地填充"②。生活于系列性产品中的社会大众,带着对社会地位上升的永恒期望拼命地追赶着一个又一个不断向前消逝的模范物品,结果却只能气喘吁吁地遥望着模范的背影陷入永恒的失望。"模范由一个取代另一个,从未以模范的身份被超越,而连续而来的系列也无法超越自己的系列身份。……这好像是一种命定。……此时地位的梯级成为固定,而地位游戏的规则成为普遍。"③

（三）消费方式由储蓄消费异化为信贷消费

在传统的生产型社会,消费主要是满足个人基本生活需要的活动,人们往往从自身的经济条件和实际需要出发,理性地有计划地选择、购买商品并进行有效的使用和高效的利用。而在现代消费社会,人们的消费价值取向发生了变化,由对物品使用价值的追求转向对物品符号价值的膜拜,与此相适应,消费方式也从对物品的实际使用转向对物品的符号性占有,出现了从众性的、非理性的跟风式消费、攀比性消费、炫耀式消费、浪费式消费。消费者的行为已经与自身的需要无关,也不考虑自身的具体实际（包括自己的经济承受能力、创收能力等）,只是为了同他人攀比、满足"人有我也有,人无我却有"的虚荣心和自我身份认同的需要,或者只

---

① ［法］尚·布希亚：《物体系》,林志明译,（台湾）时报文化出版企业股份有限公司1998年版,第158页。
② ［法］尚·布希亚：《物体系》,林志明译,（台湾）时报文化出版企业股份有限公司1998年版,第166页。
③ ［法］尚·布希亚：《物体系》,林志明译,（台湾）时报文化出版企业股份有限公司1998年版,第169页。

是为了显示自己的社会地位而不断地购买、消费着。甚至在从众心理支配下，人们常常不假思索地争购新奇的产品，根本不是出于使用的需要，只是为了占有它们以显示自己的经济实力或消费品位。人们满足于购买过程本身的乐趣，对于很多消费者来说，他们的幸福感和满足感就在结账台前付款和从售货员手中接过商品的刹那间达到最高峰，而根本不在意所购商品使用价值的大小、使用寿命的长短以及实际利用率的高低。很多人甚至在所购物品从未使用过的情况下，只因其不再新潮时尚了便将它们丢进垃圾箱。人们不再信守清教伦理的财产观和消费观，而是奉行一种"先行消费"的新的消费伦理观。由此，人们的消费方式由过去"攒今天的钱圆明天的梦"的储蓄消费，转变为"花明天的钱圆今天的梦"的信贷消费。鲍德里亚深刻地揭示了这种现代消费方式的异化性质。他指出：在过去很长的世代，人们一直把后天获得的物品视为财产，视为自己已完成的工作的物质化身和一个长期节约的成果。"人们一面工作，一面梦想着有一天能得到心目中的物品：生命的模式是清教徒式的，由努力和〔对它的〕报偿构成，但有一天东西买到手了，它们便是稳稳赚在手上，不会溜走，它们便是过去的收据和未来的保障。一个资本。"[①] 而今天，分期付款、提前消费的信贷消费制度使人们在还没有赚到物品之前就已经在使用它们了。虽然人们面对这些物品不再有面对祖产般的责任，但这些被提前消费的物品施与人们的却是另一种强制：它们好像悬在人的头上方，时刻提醒着人们必须为它们而努力工作、赚钱、清偿。如此，现代社会的人们"透过信用制度，回到了一个严格意义下的封建制度，也就是说有一段时间在事先已欠给庄主，欠给了服侍性的工作。然而，不同于封建制度，我们的体系

---

① [法] 尚·布希亚：《物体系》，林志明译，（台湾）时报文化出版企业股份有限公司1998年版，第173页。

第三章 消费社会：媒介化生存的体制化情境

操弄一个共谋关系。现代消费者自发地吸收及负担了这个无止尽的强制性要求：购买以便社会可以继续生产，如此他才能继续工作，以便可以为他所购买的物品付钱"①。于是，"收入、购买奢侈品和超工作量形成了疯狂的恶性循环"②。信贷消费制度给人们制造了一个"购买的奇迹"，使人们感到"以信贷来购买，相当于只是付出一部分的真实价值便占有了物品的全部。一点点的投资，却有很大的收获。期款在未来中变得模糊，物品就像是由一个象征性手势的代价获得的"③。然而，鲍德里亚提醒人们，这是一种"值得注意的幻觉：社会给您信用贷款，而以此形式自由为代价，实际上是您在贷款给它，因为您正在异化您的未来"④。付款期限造成的焦虑每天重压在人们的心头，即使这种客观关系不会在意识里出现，它也会在潜意识里萦绕着人们对未来的计划。而就像谎言癖者在谎言被揭穿后不得不再撒一个谎来挽救局面一样，当信贷购物者遇上款项到期的问题时，他很有可能为了寻求心理上的安慰，又用分期付款去买另一件物品，"向前逃逸，越陷越深"。鲍德里亚一针见血地指出："信贷体系在此，把人对自己的不负责任态度，推到极致：购物者异化了付款人，而他们〔其实〕是同一个人，但是体系利用时间上的差距，使他无法在意识上觉察到这一点"⑤。在信贷消费制度的刺激下，以往依靠节俭积累财富、通过精打细算进行消

---

① ［法］尚·布希亚：《物体系》，林志明译，（台湾）时报文化出版企业股份有限公司1998年版，第174—175页。
② ［法］让·波德里亚：《消费社会》，刘成富、全志钢译，南京大学出版社2006年版，第43页。
③ ［法］尚·布希亚：《物体系》，林志明译，（台湾）时报文化出版企业股份有限公司1998年版，第175页。
④ ［法］尚·布希亚：《物体系》，林志明译，（台湾）时报文化出版企业股份有限公司1998年版，第175页。
⑤ ［法］尚·布希亚：《物体系》，林志明译，（台湾）时报文化出版企业股份有限公司1998年版，第176页。

费的理性的"付款人",被异化成为依靠信用贷款进行超前消费、过度消费的疯狂的"购物者",但他们对此却浑然不觉,反而把信贷消费当作生产体制的额外奖赏而感恩戴德,甚至把信用的取消当作一种自由的取消来经验。

值得强调的是,现代社会消费活动从目的、对象到方式的全面异化,归根结底体现为人的异化——人的主体性的丧失。人们被时尚广告与大众媒体制造出来的"虚假的需要"和无尽的欲望控制着,消费不再是一种自主的选择活动,自我迷失在铺天盖地的时尚消费信息中。而在符号/区分逻辑的支配下,人们"面对无限的符号包围逐渐丧失了自己的理性观察力和判断力,拜倒在符号化的商品面前,执着于对符号的追求而丧失了主体的独立性,最终成为消费的机器"①。符号消费不再是劳动和超越的过程,而是吸收符号和被符号吸收的过程。"在消费的普遍化过程中,再也没有灵魂、影子、复制品、镜像。……只有符号的发送和接受,而个体的存在在符号的这种组合和计算之中被取消了……"② 同时,由于编码符号的功能是从类别特征来规定个体,个体只有在和其他类别的区分中才见出差异,因此,消费者在商品中寻觅的自我"个性"并不是真实的个体个性,而是符号类别中的类型化个性。其所追求的个性化消费事实上却是范例消费:"无论怎么进行自我区分,实际上都是向某种范例趋同"③。而信贷消费方式

---

① 黄波:《符号之镜中的消费异化——鲍德里亚〈消费社会〉解读》,载《西华师范大学学报》(哲学社会科学版),2007年第6期。

② [法]让·波德里亚:《消费社会》,刘成富、全志钢译,南京大学出版社2006年版,第161页。

③ [法]让·波德里亚:《消费社会》,刘成富、全志钢译,南京大学出版社2006年版,第58页。

将消费者开发为消费力,使他们"成为生产体制的共犯"①,即通过他们的快速消费、过度消费刺激生产,使资本主义积累和再投资得以继续并无限扩张下去。在此,消费者彻底丧失了以往可以自由选择消费品、自由决定是否进行消费的主体权利。

源于资本主义体系发展的社会历史逻辑的消费异化②,是资本主义社会新的控制形式。资本主义通过提供高标准的物质消费生活,不断产生和满足人们的"虚假需求",消除了那些因为得不到物质满足而产生的对现存制度的抗议,麻痹了工人阶级的批判意识和政治革命意识,发展了使人们与现存制度"一体化"的更有效的控制新手段,成功地使本来属于社会的政治需要变成人们自己的本能需要。资本主义这种新的统治形式不再是血淋淋的,而是让人"不知不觉地、顺顺从从地、舒舒服服地"③,因而更具隐蔽性和欺骗性。

五、意识形态操控:消费社会媒介化生存的异化根源

"意识形态"这一概念在马克思和恩格斯那里是指国家为自己的权力而雇佣的统治工具,扮演的是一种虚假或欺骗的角色。到了20世纪70年代,法国结构主义马克思主义思想家阿尔都塞将这一概念引入文化研究领

---

① [法]尚·布希亚:《物体系》,林志明译,(台湾)时报文化出版企业股份有限公司1998年版,第175页。

② 鲍德里亚指出:"消费世纪既然是资本符号下整个加速了的生产力进程的历史结果,那么它也是彻底异化的世纪。商品的逻辑得到了普及,如今不仅支配着劳动进程和物质产品,而且支配着整个文化、性欲、人际关系,以至个体的幻象和冲动。"参见[法]让·波德里亚:《消费社会》,刘成富、全志钢译,南京大学出版社2006年版,第161页。

③ 刘京:《法兰克福学派的消费异化论和生态危机论》,载《学术界》,2006年第2期。

域，认为意识形态是一种思想构架，通过它人们阐释、感知、经验和生活在他们置身其中的物质条件里面。因此，意识形态可以定义为个人同他所存在于其中的现实环境的想象性关系的再现，它不仅是一种思想体系，而且还是通过各种意识形态国家及其实践和生产活动再生产出来的物质实践，其范围包括宗教、教育、家庭、政治、法律、贸易联盟、传媒、文化等领域。阿尔都塞的"意识形态国家机器"理论勾勒出了当代意识形态的基本特征。"在一个成熟的社会公共空间中，任何人都成为意识形态的参与者……意识形态已经通过社会机制的方方面面渗透到人们的日常意识中，使人们在不自觉的状态下也操持着意识形态观念和话语。意识形态成为消费社会乃至日常生活中有效的引导和规训的机制。"① 鲍德里亚继承了阿尔都塞意识形态理论的基本精神，将现代消费社会意识形态的全面渗透和隐蔽操控看作是导致现代人以消费为交流媒介的媒介化生存走向异化的根源，并对此进行了深刻的揭示和批判。

（一）平等、自由与幸福的虚假神话

鲍德里亚指出：消费社会的人们给消费赋予了能够使人获得幸福生活的神奇地位。他们把物品看作"具有幸福特征的标志"，在对代表着富裕、富有的物品无止境地追逐中进行着"幸福的符号的积累"，而对幸福的强烈期盼使得日常生活的平庸得以延续。不过，鲍德里亚进一步指出：这种对消费的神奇地位的信仰以及与之相关的对幸福生活的企盼、期待，实际上是一种原始人的奇迹心态，它所结构出的只是消费社会的神话、寓言而

---

① 戴阿宝：《终结的力量——鲍德里亚前期思想研究》，中国社会科学出版社2006年版，第53页。

已。①由于衡量幸福的首要条件是人与人之间的平等以及与之相伴的民主，因此，幸福的神话自然就需要将平等、民主的神话收藏并转化到现代社会之中，而作为幸福、平等、民主神话之标志的可测之物——能够被物、符号、"舒适"测得出来的"福利革命"，便成为"任何一场原则上主张人人平等，但未能（或未愿意）从根本上加以实现的革命的遗嘱继承者或执行者"②。从根本上说，福利意识在财富和符号中表达了"世俗化的"形式平等的神话。因为，在需求和满足原则面前人人平等，在物与财富的使用价值面前人人平等，但在交换价值面前并非人人平等，而且被分化。"空间和时间、纯净空气、绿色、水、宁静……在生产资料和服务大量提供的时候，一些过去无须花钱唾手可得的财富，如今却变成了唯有特权者才能享用的奢侈品。"③原因就在于，在消费社会中，任何消费活动都是由符号编码逻辑组织起来的身份区分过程，符号之所以能成为消费品就在于具有社会区分的意义。这样，消费不但没有使整个社会更加趋于一致，反而使社会重新产生出等级和阶级特权。具有强大购买力的消费者，通过符号消费的方式，从炫耀到审慎（过分炫耀），从量的炫耀到高雅出众，从金钱到文化，绝对地维系着特权。因此，鲍德里亚认为，在消费社会中，"无论财富的绝对量多少，都含有一种系统的不平等"④，这种不平等和特权是消费社会的内在机制。然而，那些坚持"平等的神秘主义"的人们，却

---

① ［法］让·波德里亚：《消费社会》，刘成富、全志钢译，南京大学出版社2006年版，第8页。

② ［法］让·波德里亚：《消费社会》，刘成富、全志钢译，南京大学出版社2006年版，第24页。

③ ［法］让·波德里亚：《消费社会》，刘成富、全志钢译，南京大学出版社2006年版，第30页。

④ ［法］让·波德里亚：《消费社会》，刘成富、全志钢译，南京大学出版社2006年版，第26页。

将"需求"概念与福利紧密地联系起来。"福利国家和消费社会里的所有政治游戏,就在于通过增加财富的总量,从量上达到自动平等和最终平衡的水平,即所有人的福利的一般水平,以此来消除他们之间的矛盾。"① 换言之,消费社会意识形态的一个重要方面,就是通过福利与需求的互补神话,吸收与消除人们的不平等意识,而将民主的缺席以及平等的不可求的真相掩藏了起来。因此,消费社会的民主原则实际上"由真实的平等如能力、责任、社会机遇、幸福(该术语的全部意义)转变成了在物以及社会成就和幸福的其他明显标志面前的平等"②,即通过电视、汽车和音响等物品表现出来的社会地位的民主,一种表面上具体而实际上十分形式化的民主。这正是消费社会统治阶级所玩的政治游戏:通过增加财富的总量,使人们在福利上平等,以物面前的平等来平息内心的矛盾,以免重蹈被压迫阶级因极端贫困而反抗的覆辙。也就是说,在使消费满足纯粹的"自然需要"的背后,隐藏的是资产阶级的意识形态,运行的是资产阶级的政治权利系统。同时,从表面上看,在消费社会,人人都可以在消费中享受经济发展的成果,人人都可以自由地选择、购买自己的消费品。然而,由于生产企业控制着市场行为,引导并培育着社会态度和需求,使消费者的选择受到大众传媒不停地制造出来的知名度、安全感、荣誉感、幸福感等消费法则和消费时尚的强烈控制,因此,消费者实际上是盲目的或被操纵的,消费者的个性,或者说消费者的自由选择和主权实际上不过是一个骗局。资本主义的特权阶级放量发行"平等"不仅仅是出于主动防御的考虑,更是出于化解资本主义发展的新阶段出现的主要矛盾——"潜在的无限生产

---

① [法]让·波德里亚:《消费社会》,刘成富、全志钢译,南京大学出版社2006年版,第24页。

② [法]让·波德里亚:《消费社会》,刘成富、全志钢译,南京大学出版社2006年版,第24页。

力与销售产品的必要性之间的矛盾"的策略。然而,实际上,上述被人们当作幸福标志的民主只是一种抽象的"总体民主意识"而已,它与人们在消费、享用相同的物质和精神财富以及相同的产品时所渗透的平等意识一道,共同编织了消费社会中虚幻的幸福神话。

(二)个人主义、享乐主义的人生指南

鲍德里亚还深刻分析了在消费社会中作为消费者的人生指南对其进行隐蔽社会控制、使其媒介化生存陷入异化困境的个人主义、享乐主义意识形态。

个人主义作为一种价值体系,是以生产资料私有制为基础的资本主义社会固有的一种意识形态。在鲍德里亚看来,在资本主义由生产社会进入消费社会的当代,由于过剩的产品与有限的购买力之间的矛盾成为社会的显在矛盾,作为消费者的个人越来越受到体系的重视,个人主义意识形态越发具有重要地位:"这个系统需要有人作为劳动者(有偿劳动)、作为储蓄者(赋税、借贷等),但越来越需要有人作为消费者。……因此我们可以预见到个人主义价值体系将会有一部美好的未来史诗。"[①] 同时,这一意识形态也表现出与过去不同的特点,即由利他主义的个人主义转变为利己主义的个人主义。鲍德里亚指出,在竞争资本主义阶段,某种承自整个传统精神性的利他主义社会道德的假想曾"揩去"了社会关系的对立,人们对"个体在一切基督信徒社团中得到救赎,个体的权利受到他人权利的限制"笃信不疑,被折中为利他主义的个人主义价值体系成为早期资本主

[①] [法]让·波德里亚:《消费社会》,刘成富、全志钢译,南京大学出版社2006年版,第54页。

社会的强有力支撑。而如今，人们越来越深地陷入利己主义的个人主义，利他主义再也不足以重建即使是最小的社会团结。究其原因，正是资本主义体系推行的消费意识形态造成了这一后果。在社会体系对"消费水平正代表了社会优越度""不消费就衰退"等消费神话和消费理念的反复重申及对另一种类型的社会责任感的不断呼唤中，消费者在个体的消费努力中完全承担了消费社会公民的消费义务和社会责任。由此，消费再一次地成了社会劳动，消费者也在这一层次被动员成为劳动者。不过，亿万消费者在社会潜意识的某处对这一异化劳动者的新身份有一种实践中的自觉，因此他们自发地把对公共团结的呼唤解释为骗局，并以政治防守的姿态对此进行顽固的抵抗。鲍德里亚总结说："消费者虽然享受着当今时代的种种丰盛和舒适，但在潜意识中却隐约发觉自己成了新的被剥削者，因此他们便表现出一种'疯狂的自私自利'。"①

在消费社会，个人主义意识形态对大众的控制是以大众传媒和广告所制造的"个性化"和"差异化"需求为手段来进行的。在生产型社会，由于对劳动力进行的剥削触及的是一个集体的社会劳动领域，所以它具有团体性。而在消费社会，对消费财富和物品的拥有则表现为个人性、非团体性、非历史性。作为消费者的人重归孤独或隔离，至多也只是聚生的（如一起看电视的家庭成员、体育场或电影院中的观众等）。于是，消费越发被广告编排成一种过分自我指向的话语了。"满足自己个性的欲望和品位！""找到自己的个性并肯定它"，发现"真正成为自己的乐趣"。诸如此类的广告把个人主义意识形态和消费中的"个人"价值模式鼓吹到了极点。然而，鲍德里亚指出，事实上，广告所唤起的消费者的行为方式从

---

① [法] 让·波德里亚：《消费社会》，刘成富、全志钢译，南京大学出版社2006年版，第55页。

第三章　消费社会：媒介化生存的体制化情境

来都不是个性的，因为广告是以范例引导消费者进行模仿性消费的，人们"无论怎么进行自我区分，实际上都是向某种范例趋同，都是通过对某种抽象范例、某种时尚组合形象的参照来确认自己的身份，并因而放弃了那只会偶尔出现在与他人及世界的具体对立关系中的一切真实的差别和独特性"①。换言之，消费并不是围绕着某个个体组织起来的，因为"个体的个人需求是以集体语境为索引的。其中首先有一种区分的结构逻辑，它将个体生产为'个性化的'，也就是生产为相互区别的，但是根据某些普遍范例及它们的编码，他们就在寻找自我独特性的行为本身中相互类同了"②。消费者在个人主义意识形态下对物品／符号所表征的社会差异的追求，实际上是建立在真实差别和个人独特性丧失的基础上的。"个性化"的结果却是同一性的出现——"区分鉴别的奇迹和悲剧就在于此"③，个人主义意识形态对消费者的异化也正在于此。而这一切，正是当代资本主义进行社会控制的新方式。鲍德里亚一针见血地指出："和民主制度歌颂人民是为了让它待在原地（就是说让它不要参与社会政治舞台）一样，人们承认消费者的至高无上，是为了叫它不要像这样在社会舞台上进行表演。人民，就这样受到了诅咒，成为了无组织的劳动者。公众和公众观点，就这样受到了诅咒，成为了仅仅满足于消费的消费者。"④消费社会中的大众尽管并未真正实现个性化，却为社会所提供的个性化消费的机会和差异化消费的

---

① ［法］让·波德里亚：《消费社会》，刘成富、全志钢译，南京大学出版社2006年版，第58—59页。
② ［法］让·波德里亚：《消费社会》，刘成富、全志钢译，南京大学出版社2006年版，第62页。
③ ［法］让·波德里亚：《消费社会》，刘成富、全志钢译，南京大学出版社2006年版，第59页。
④ ［法］让·波德里亚：《消费社会》，刘成富、全志钢译，南京大学出版社2006年版，第56—57页。

指导而心满意足，从而丧失了反思和抵抗的能力。可见，当代资本主义社会借个人主义意识形态对大众进行的统治和剥削更具隐蔽性。

享乐主义是消费社会中指导甚至支配着消费大众的人生价值取向与日常生活方式的又一种意识形态。鲍德里亚指出，如今"享受不再是权利或乐趣的约束机制，而是公民义务约束机制"①。在这种与生产劳动的传统约束等价的新约束机制的作用下，当代人越来越少地将自己的生命用于劳动中的生产，而越来越多地用于对自身需求及福利进行生产和持续的革新。他们被要求细心地不断调动自己的一切潜能、一切消费能力。假如他们忘了这样做，就立即会有人好心地提醒他们没有权利不幸福。于是，为了避免"陷入安于现状并与社会不相适应的危险"，享乐主义的生活方式就成为当代人所表现的、所应该表现的持续主动性。与资本主义早期清教徒压抑个人感性欲望、把自己的整个人生用于为了上帝最伟大的光荣——财富的积累而奋斗不同，当代的消费者把自己看作"处于娱乐之前的人"，把自己的人生看作"一种享受和满足的事业"。在总是怕"错过"任何一种享受、因此"一切都要尝试一下"的消费心理支配下，他们努力"通过联络、关系的增加，通过对符号、物品的着重使用，通过对一切潜在的享受进行系统开发来实现存在之最大化"②。关于开支、享乐、非计算、超前消费的主题，取代了从前那些关于储蓄、劳动、遗产的"清教式"主题。鲍德里亚强调指出："这里起作用的不再是欲望，甚至也不是'品位'或特殊爱好，而是被一种扩散了的牵挂挑动起来的普遍好奇——这便是'娱乐道德'，其中充满了自娱的绝对命令，即深入开发能使自我兴奋、享受、

---

① [法] 让·波德里亚：《消费社会》，刘成富、全志钢译，南京大学出版社 2006 年版，第 51 页。

② [法] 让·波德里亚：《消费社会》，刘成富、全志钢译，南京大学出版社 2006 年版，第 51 页。

满意的一切可能性。"①

享乐主义意识形态发挥作用的方式，主要是通过物质丰盛和增长以及大众传媒和广告制造的时尚潮流，来不断刺激人们的物质占有欲望和肉体享受欲望。超级市场、新型商业中心（鲍德里亚称之为"杂货店"）以及各种名目的购物节、商品交易会、博览会、"嘉年华"所展示的琳琅满目、堆积如山的商品和娱乐服务，总是使看起来带走了一堆摇摇欲坠的商品而其实只是购买了其中一小部分的人们不由得产生"不是不够而是太多的强烈愿望"：不遗余力、尽可能地占有更多的商品和服务，尽可能地满足自己的物质欲望和心理需求。人们受到越来越多的物品的包围。"在过去，是人在物品身上强加上他的节奏，今天，则是物品在人身上强加上它们不连续的节奏。"②层出不穷、花样不断翻新的物品和时尚的潮流，冲决了人们理性的堤坝，裹挟着人们在物欲的汪洋中随波逐流。而在享乐主义意识形态的浸润中，在经历了一千年的清教传统之后，肉体享受获得了存在的合法性，身体成为"最美的消费品"。人们在当代广告完全的"拜物崇拜逻辑"指导下对身体进行了"自恋式投入"与"重新占有"，给它套上了卫生保健学、营养学、医疗学的光环。今天，时时萦绕在人们心头的对青春、美貌、阳刚/阴柔之气的追求，以及附带的护理、饮食制度、健身实践和包裹着它的快感神话，都在证明身体变成了被救赎的物品。然而，鲍德里亚指出：对身体的重新发现和占有，"依据的并不是主体的自主目标，而是一种娱乐及享乐主义效益的标准化原则、一种直接与一个生产及指导

---

① ［法］让·波德里亚：《消费社会》，刘成富、全志钢译，南京大学出版社2006年版，第51页。

② ［法］尚·布希亚：《物体系》，林志明译，（台湾）时报文化出版企业股份有限公司1998年版，第174页。

性消费的社会编码规则及标准相联系的工具约束"①。由于色情和身体的当代美学浸泡在一个处于全面掺假符号之下的、盛产产品、摆设、附件的环境之中,从卫生保健到化妆,其间还包括晒黑皮肤、运动和多种对时尚的"解放",身体的重新发现首先都要经过物品,因此,对身体的解放毋宁说是对"购物的冲动"的解放(在美国,广告大力宣传的"低卡路里食品"、人造糖、脱脂黄油、饮食节制让它们的投资者或生产者发了财)。当代关于身体消费的意识形态强调"必须使个体把自己当成物品,当成最美的物品,当成最珍贵的交换材料,以便使一种效益经济程式得以在与被解构了的身体、被解构了的性欲相适应的基础上建立起来"②。这是身体与物品的同质进入指导性消费的深层机制的表现。这一意识形态"主要保护的是个人主义价值体系及相关的社会结构。它甚至还强化了它们,给予它们一种几乎是决定性的根据"③。身体成为消费伦理的指导性神话。充满身体幻象与象征的广告色情以及与之形影相随的广告"讽刺"、游戏、距离、"反广告"的逐步升级,都不过是一种诱导消费的圈套。具体而言,"这一切内容都只是些并列的信号,它们堆积在一起构成商标这一超级符号,而只有商标,才是唯一真实的信息"④。鲍德里亚对身体消费的经济和意识形态意义的分析,深刻显示了"身体是如何作为(经济)支柱、作为个体的指导性(心理)一体化原则和作为社会控制的(政治)策略而紧密地渗透于生

---

① [法]让·波德里亚:《消费社会》,刘成富、全志钢译,南京大学出版社2006年版,第101页。

② [法]让·波德里亚:《消费社会》,刘成富、全志钢译,南京大学出版社2006年版,第104页。

③ [法]让·波德里亚:《消费社会》,刘成富、全志钢译,南京大学出版社2006年版,第105页。

④ [法]让·波德里亚:《消费社会》,刘成富、全志钢译,南京大学出版社2006年版,第116页。

产目的之中的"①。

享乐主义作为消费社会的意识形态之一，在某种意义上可以说已经成为消费者的精神鸦片。"因为它在教导人们消费至上，挑动人们的消费狂热的同时也麻痹了人们的意志，使人们沉浸在物质享乐中而忘记了资本主义所带来的种种问题。"②消费享乐主义掩盖了在背后操纵消费者欲望和热情的资本和权力的作用，使消费者觉得消费仿佛是自己的"自由"和"幸福"，沉迷其中不能自拔。因此，享乐主义实质上是服务于当代资本主义的需要并有助于维护资本主义秩序的一种意识形态。

---

① [法]让·波德里亚：《消费社会》，刘成富、全志钢译，南京大学出版社2006年版，第106页。

② 王宁：《消费社会学》，社会科学文献出版社2001年版，第109页。

第四章　大众传媒：媒介化生存的操控性系统

　　从传播学的视角来看，大众传媒是指面向大规模不确定的受众群体生产并传播信息、文化、价值观、生活方式的组织机构以及相应的技术设备和手段。也就是说，大众传媒是一个具有双重内涵的概念，既指称生产媒介文化内容及其符号价值的大众传播媒体，同时又指称承载、传递、散播这些内容与价值的大众传播媒介。自20世纪以来，科技进步催生的大众传媒的蓬勃发展，对人们的生活产生了重大的影响，不仅作为现代人日常生活中难以回避和摆脱的弥漫性存在构成了一种媒介化生存的宏大背景，而且以其对广告、新闻、电影、电视剧、互动游戏节目、娱乐节目等媒介文化产品及其符号意义体系的拟真化生产，源源不断地向大众消费者传送着可供消费的媒介文化符码，从而成为现代人媒介化生存的坚实基础和直接现实。而在鲍德里亚看来，大众传媒对现代人的生存活动最为重要的影响在于一种无意识的、深层次的、隐蔽性的操控，这一操控主要是通过广告的消费意识形态幻象和一般大众媒介在大众消费文化和媒介文化产品的生产过程中所遵循的媚俗和仿真逻辑来实现的。

第四章　大众传媒：媒介化生存的操控性系统

一、广告与消费意识形态幻象的操控

消费社会不仅是盛产物品的社会，更是盛产广告的社会。按照鲍德里亚的说法，人们生命中的工作轨道、闲暇轨道、交通轨道等，都被封闭在绝对广告的轨道内，从而陷入一种空洞的、不可避免的诱惑形式。对于大多数人来说，已经"不只把广告过量本身视为丰产富饶的直接记号，还把它视为自由的直接记号，也就是一项基本价值的记号"[①]。广告不再只是某种传播资讯的手段了，而是成为人们赖以生存的不可或缺之物。一方面，它通过对物品进行符号化包装和赋值（这一生产技术模式渗入其他一切之中）影响着消费者对商品的认知和选择，决定着消费行为的发生和走向——今天，如果一个产品不在广告论述和广告形象这两个向度中出现，而且也不呈现于一组可供选择的模范中，它在人们的心理层面上就会不存在，而在现实中也确确实实难以在琳琅满目的物品中被人们所认知和选择，更谈不上被实际购买和消费。另一方面，通过一系列的消费意识形态幻象的制造，将消费者整合到以符号消费逻辑结构而成的社会系统中——在此，广告被社会的需求运作成某个生意、一堆服务、某种生活或生存的方式，从而使个人和社会之间产生了深刻的感情勾连关系，以至于如果物品和产品不再在广告和选择的双重向度里被提供给他们，他们将会不再能够感觉到自由。同时，在广告驾驭的社会中，虽然每一个个体（或者说每一个微型宇宙）都是在自动性的导航系统中被孤立着的，但广告却伪造了一种消费总体性，按照麦克卢汉的说法，就是使消费者们重新部落化，也就是通过一种与商品信息（但更主要的是与媒介自身及其编码规则）相适应的内在、即时的勾结关系，将每一个消费者与所有其他消费者勾连在一起，并强加给人一种通过对信息的解码而自动依附于

[①] [法] 尚·布希亚：《物体系》，林志明译，（台湾）时报文化出版企业股份有限公司1998年版，第188页。

鲍德里亚媒介文化理论的生存论阐释

那种编码规则的一致性。正是在这一意义上，鲍德里亚将广告视为"我们时代最出色的大众媒介"①。

众所周知，广告的原始基本功能是告知某一产品的特性并为它促销，但在鲍德里亚看来，在当代资本主义社会，广告的目标已经由引导消费向"一整套模糊不明的整合过程"持续地运作转变。与此相应的是，广告的"客观"告知功能已经退化，一种隐蔽的意识形态功能——对消费者的驾驭、整合——占据了主导地位。同时，广告的作用方式也由具有极权性的命令式（说服）逐渐发展为具有意识形态欺骗性的直陈式（"匿名的说服"）。这样，即使人们对广告的命令式越来越有抵抗力，但人们对广告的直陈式却越来越有感应力，"也就是对它作为一个二次度消费品和它的文化自明性越来越敏感"②。正是在这个范围内，人们才对广告有所"信仰"，而他们在广告中所消费的，实际上是一个自我呈现为"具善意的施与体制"并"在文化中自我'超越'"的社会幻象。③ 由此，人们同时受到当代资本主义体制及其消费意识形态幻象④的心理贯注，落入了广告的意识形

---

① ［法］让·波德里亚:《消费社会》，刘成富、全志钢译，南京大学出版社 2006 年版，第 95 页。
② ［法］尚·布希亚:《物体系》，林志明译，（台湾）时报文化出版企业股份有限公司 1998 年版，第 181 页。
③ ［法］尚·布希亚:《物体系》，林志明译，（台湾）时报文化出版企业股份有限公司 1998 年版，第 181 页。
④ 如果说，意识形态是一套具有独特逻辑的"表征体系"（a system of representation），那么，所谓消费意识形态，就是消费逻辑（用鲍德里亚的话说，即"盲目拜物的逻辑"）所主导的生活方式的"表征体系"。消费意识形态在引导和控制人们的消费观念和行为方面表现为一种话语权力，它提供给人们的不仅仅是生产和消费某种特定类型消费品的正当性，而且还有人们据以知觉和思考的意义与概念体系，而这种意义和概念体系为人们所接受和认同，大众传媒在其中功不可没。大众传媒作为消费意识形态自我合理化和权力再现的场域和工具，在形成消费意识形态合理化机制和再现其权力关系的过程中扮演着重要的共谋的角色。在鲍德里亚看来，消费意识形态是当代资本主义社会一种隐蔽的操控力量，以一系列社会意识幻象的构建实现着对现代人的奴役。

态操控却不自知。

在鲍德里亚的理论分析中,广告媒介及其建构的消费意识形态幻象对现代人生存的操控主要是在以下三个方面展开的。

(一)操控策略:关切的神话

在鲍德里亚看来,消费社会的一个重要特征在于:"被用来消费的东西决不是作为单纯的产品,而是作为个性服务,作为额外赠品被提供的。"① 一种美妙的热心服务、一种奉献和善意的组合包围着每一个人,从而使人们感觉到自己沐浴在关切的阳光中。而作为一种杰出的大众传媒对大众消费活动发挥着重要的指导和制约作用的广告,正是通过生产"关切的神话"来实现消费意识形态对现代人媒介化生存方式的隐蔽控制的。具体而言,这一"关切的神话"通过"母性作用元"的方式对人们进行着表面的关怀与深层的剥削,并指导人们对自己的身体进行自恋式关切和自恋式投入,从而使身体成为"最美的消费品",使身体消费成为消费伦理的指导性神话。

1. 母性作用元

鲍德里亚指出,在到处都充满制度化微笑和额外赠品的消费社会,广告是关切神话的重要生产者。它通过一套母性的、充满保护色彩的词汇,通过对亲密的、个人的交流方式的模拟,在没有亲近的地方,在人们之间或者人们与产品之间,营造出一种亲近的氛围。比如:"您可以由这一点

---

① [法]让·波德里亚:《消费社会》,刘成富、全志钢译,南京大学出版社2006年版,第127页。

来认出艾尔朋座椅:当您坐上它时……您会舒适地感觉到这是一张专门为您量身定制的座椅。"① "我们的职责就是要让您坐好。我们从人体解剖学、社会学,甚至哲学角度进行了研究。我们所有的座椅都是出自对您身体的细致观察……扶手椅外壳之所以用聚酯塑成,那是为了更好地配合您优雅的曲线,等等。"② 鲍德里亚认为,这样的广告论述,旨在使消费者完全意识到:如今,物品再不只是物品了,而完全是为了消费者利益着想的一种社会性供给,而所有的集体结构也都完全朝向使消费者满足这一"崇高的目的性"。广告正是通过这样一套"关于吻合适切的后设社会学",使消费者透过物品对他个人的忠诚奉献、臣服和暗地的亲近关系,相信工业社会和其技术服务对他个人的忠诚奉献的。因此,在广告中,人们并不是被其主题、词语、形象所"异化",也不是在"相信神话",而是被它的关怀所攻陷,被它赋予物品的"热情"品质所攻陷。也就是这样,个人慢慢地被制约。鲍德里亚强调指出:表面上看,广告对人的这种制约是"透过对整体社会没有间断的、令人满足的(又是令人挫折的)、给人荣耀的(又是给人罪恶感的)消费"③ 实现的,而在更深的层面上,这种制约却是透过个人对广告中巨大关怀机制的回应,即对那个"照顾"我们的体制无意识的内化而完成的。

为了让人们能够深刻认识到并走出广告意识形态的"母性作用元"幻象,鲍德里亚进一步揭示了制约着消费行为的"民主""赠予"等广告意识形态的欺骗性:在一个所有事物都臣服于贩售和利润法则的社会里,广

---

① [法]尚·布希亚:《物体系》,林志明译,(台湾)时报文化出版企业股份有限公司1998年版,第183页。

② [法]让·波德里亚:《消费社会》,刘成富、全志钢译,南京大学出版社2006年版,第127页。

③ [法]尚·布希亚:《物体系》,林志明译,(台湾)时报文化出版企业股份有限公司1998年版,第185页。

第四章 大众传媒:媒介化生存的操控性系统

告似乎是一项最民主的产品,因为它是唯一"免费赠送"和唯一提供给所有人的产品。但实际上,为了要使广告可以"免费赠送"给消费者,就要有更多的资金投入广告的传播而不是投入基础技术的研究中。这样,"以心理意义'赠送'给您的东西,回头在卖给您的物品的技术品质上被消减掉"①。这就是隐藏在消费社会广告的巨大关怀、赠予表象下的新型制约和剥削的真相。

更进一步来看,"在广告的心理引导术背后,是一套群众煽动术和一套政治论述,而这个论述的策略仍建立于一项分裂之上:那便是把社会现实分裂为真实和形象两种作用元——前者消隐于后者身后,成为不可见之物,而它留下的空位,则由一个母性氛围的吸收图式所占领。当广告的要旨在说:'社会完全配合您,将您完全地融于其中吧。'很清楚地,这个相互性中有个骗局:前来配合您的是一个与形象有关的作用,而您却是要以配合一个真实的作用体制来作交换"②。可见,"社会以母性的姿态出现,其目的是为了更佳地保留一个强制性的体制"③。广告在此扮演了一个巨大的政治角色,即以一种消费意识形态接替了此前的政治意识形态和道德意识形态。尽管这种消费意识形态对个人的整合不再像以往的政治性和道德性的整合那样以公开的镇压对个体施加痛苦,而是在消费者轻松愉快的购物和消费过程本身中就"内化了社会作用和它的规范"④,但它仍然通过广告

---

① [法]尚·布希亚:《物体系》,林志明译,(台湾)时报文化出版企业股份有限公司1998年版,第186页。
② [法]尚·布希亚:《物体系》,林志明译,(台湾)时报文化出版企业股份有限公司1998年版,第189—190页。
③ [法]尚·布希亚:《物体系》,林志明译,(台湾)时报文化出版企业股份有限公司1998年版,第190页。
④ [法]尚·布希亚:《物体系》,林志明译,(台湾)时报文化出版企业股份有限公司1998年版,第190页。

符号"传递"了当代资本主义社会体制的双重决定机制：恩赏和压制。鲍德里亚精辟地指出："这是社会整合无法分离的一体两面。"① "透过广告中的形象和论述，我们同时接收了这两者，并使得压制性的现实原则甚至在快乐原则的核心里运作。"② 这就意味着，被广告中巨大的母性关怀所"恩宠"着的大众消费者，退化到了一种满足于获得一个个欲望对象物的幼儿状态，盲目地追求着即刻满足的快乐，而忘记了消费物体系对自身生存现实的压制。

此外，鲍德里亚还分析了广告的关切式修辞——作为消费意识形态幻象的关切神话——得以产生的心理机制与社会机制。他指出，广告（以及一般的大众媒体）产生效力的特殊逻辑不在于发言内容和证据的逻辑，而是"寓言和跟从的逻辑"。人们虽然不相信它，却还是很在乎它。这恰似儿童对圣诞老人的信仰：儿童经由圣诞老人这个形象、虚构，"所消费的是父母神奇的关心和他们为了想要成为他的寓言的同谋所付出的心血"③。因此，广告无论作为对产品的修辞性论述还是告知性论述，其对购物者都没有决定性的效力。人们特别敏感的是其中"保护和恩赏的隐藏主题"。尽管一个人不会比儿童相信圣诞老人更相信广告，"但这不会阻止他去跟从一个内化的幼儿情境，并且以此作行为的基准"。广告真实的效力即产生于这样一个"信仰和心理退化的逻辑"④。

---

① [法]尚·布希亚：《物体系》，林志明译，（台湾）时报文化出版企业股份有限公司1998年版，第192页。
② [法]尚·布希亚：《物体系》，林志明译，（台湾）时报文化出版企业股份有限公司1998年版，第192—193页。
③ [法]尚·布希亚：《物体系》，林志明译，（台湾）时报文化出版企业股份有限公司1998年版，第181页。
④ [法]尚·布希亚：《物体系》，林志明译，（台湾）时报文化出版企业股份有限公司1998年版，第182页。

不仅如此,广告的关切式修辞的生产还受制于一种霸权性逻辑。针对广告商们宣称"人们没有理解自己的能力,没有知道自己是什么、想要什么的能力,而我们就是为此而存在的。我们对您的了解要比您对您自己的了解来得更加长久",鲍德里亚一针见血地指出:"这是一种家长式分析的压制立场",而这种"更高明的理解"有着明显的促销产品的目标。在他看来,以一种关切的恐怖主义将产品(广告商所宣称的消费者"秘密喜爱的东西")强加给消费者的广告,"时时刻刻都在开动着一台慈善式压制式控制机器"。① 由此,人们可以清楚地认识到消费社会中广告的赠予意识形态的欺骗性以及广告商所许诺的消费者自由选择的虚假性。

2. 自恋式关切

在消费社会,广告等大众传媒对人们的身体给予了巨大的且无微不至的关怀,从而使身体在经历了一千年的清教传统后,作为身体的符号和性解放的符号被"重新发现",并在被广告等大众传媒套上的卫生保健学、营养学、医疗学等光环中彻底取代灵魂变成救赎物品。广告等大众传媒随时随地都在教导着人们要"学会阅读自己的身体",因为,假如人们不了解自己的身体,就会造成身体的压抑,就像在心理上造成压抑一样。换句话说,假如人们不进行身体护理,就会受到惩罚。甚至可以说,人们的一切痛苦,都是由对自己的身体不负责任的罪过造成的。正是在广告等大众传媒充满关切和热情的劝导下以及所营造的时尚氛围的影响下,人们与自己的身体形成了一种自恋的然而是指导性自恋的关系。这使得人们(尤其是女性)持续不断地对自己的身体进行各种各样的自恋式投入,"把身体

---

① [法]让·波德里亚:《消费社会》,刘成富、全志钢译,南京大学出版社2006年版,第136页。

当作一座有待开发的矿藏一样进行'温柔地'开发以使它在时尚市场上表现出幸福、健康、美丽、得意动物性的可见符号"①。

然而，鲍德里亚批判性地指出，大众传媒所提出的"要内转到自己身体中去并'从内部'对它进行自恋式投入"的建议，根本不是为了让人深刻地了解身体，而是"根据一种完全拜物崇拜和耸人听闻的逻辑，为了使它向外延伸，变成更加光滑、更加完美、更具功能的物品"②。也就是说，消费社会中人们的身体得到极大的关切并不意味着人自身的价值受到了重视，因为"在这一情感转向的程序中，无论其他何种物品都能依据同样的拜物崇拜逻辑来扮演这一角色"，而身体只是"最美的关切之物"，"只是心理所拥有的、操纵的、消费的那些物品中最美丽的一个"。③更进一步地看，消费社会中的人们在广告等大众传媒的指导下对身体的重新发现和占有，"依据的并不是主体的自主目标，而是一种娱乐及享乐主义效益的标准原则、一种直接与一个生产及指导性消费的社会编码规则及标准相联系的工具约束"④。个体在快感原则的支配下重新发现自己的身体并对它进行自恋式投入，乃是为了使作为劳动力的身体"被解放、获得自由"，"以便它能够因为生产性目的而被合理地开发"，同时"使一种效益经济程式得以在与被解构了的身体、被解构了的性欲相适应的基础上建立起来"。⑤

---

① [法]让·波德里亚：《消费社会》，刘成富、全志钢译，南京大学出版社2006年版，第101页。

② [法]让·波德里亚：《消费社会》，刘成富、全志钢译，南京大学出版社2006年版，第100—101页。

③ [法]让·波德里亚：《消费社会》，刘成富、全志钢译，南京大学出版社2006年版，第101页。

④ [法]让·波德里亚：《消费社会》，刘成富、全志钢译，南京大学出版社2006年版，第101页。

⑤ [法]让·波德里亚：《消费社会》，刘成富、全志钢译，南京大学出版社2006年版，第104页。

这就是广告中的身体／物品范例在经济层面的现实意义。而其在意识形态层面的意义更为重要。在漫长的西方文明史上，那些与身体相关的意识形态一直具有对以灵魂或其他某种非物质原则为中心的唯灵论、清教、说教性类型的意识形态进行攻击批判的价值。然而，今天似乎取得了胜利的身体"只是很简单地接过了时代的接力棒，成了神话要求、教条和救赎模式"，"落到了重新圣化的符号之下"①，变成消费伦理的指导性神话。从营养保健到卫生医疗，从服饰装扮到美容美体，从运动健身到旅游度假，从日常起居到娱乐休闲……有关身体的拜物崇拜进入了指导性消费的深层机制，从而使得对身体的关切和指导性自恋都要伴随着物品功能之最大发挥而进行，以至于广告等大众传媒宣扬的身体的"解放"看起来（并且在实际上）成了购物冲动的解放，而社会也通过整个以身体为中心的神话和心理部署建立起它的一体化及控制的目标。总之，在广告等大众传媒的文化生产中被神话式地建构起来的身体，正是这样作为经济支柱、作为个体的指导性心理一体化原则、作为社会控制的政治策略而紧密地渗透于生产和消费目的之中，并发挥着其经济和意识形态作用。

（二）操控手段：功用性色情与个性化幻象

1. 功用性色情

鲍德里亚敏锐地发现，当代广告中充斥着旨在诱导消费的色情象征和性欲幻象，这是消费意识形态对现代人的媒介化生存进行操控的一个重要手段。具体而言，在消费社会，广告等大众传媒通过对"关切的神话"的

---

① ［法］让·波德里亚：《消费社会》，刘成富、全志钢译，南京大学出版社2006年版，第105页。

生产，指导人们对自己的身体进行"自恋式投入"与"重新占有"，从而使得身体被重新圣化，而身体被圣化的结果便是"功用性身体指数价值"（即不再是从宗教视角中的"肉身"，也不再是工业逻辑中的劳动力，而是从其物质性或其"有形的"理想性出发被看作自恋式崇拜对象或策略及社会礼仪要素①）的形成。其中，美丽和色情是两个主导主题，它们相互关联，密不可分，共同创立了身体关系新伦理。尽管这种新的伦理对男女都适用，并通过广告对男性范例和女性范例的生产和散播发挥着作用，但女性范例仍然掌握了一种优先权，成为这种新伦理的指导性模式。于是，一方面，作为资本的一种形式、同时作为价值/符号运作着的美丽之于女性，变成了宗教式绝对命令；另一方面，由于美丽的命令是"通过自恋式重新投入的转向对身体进行赋值"（包含性赋值）的命令，因此，在这种作为欲望交换符号载体的"色情化"的身体中，占主导地位的是交换的社会功能。在此意义中，色情的命令"是功用性命令的一种变体或隐喻"。而最典型的功用性色情身体就是时装模特堪称"绝对范例"的身体，它们"不是欲望的客体，而是功用性客体，是混杂着时尚符号和色情符号的论坛"。在那些因为时尚而不是因为快感而发黑的惊艳了的眼睛中，它们呈现出了身体本来的意义，并且构成了与其他功用性无性物品同质的、作为广告载体的物品。正是由于身体和物品构成了一个同质符号网，使得它们可以在抽象化的基础上交换它们的含义（这便是它们的"交换价值"所在）并相互赋值。由此色情全面渗入"消费"的整个领域。②

鲍德里亚进而对当代广告文化生产中普遍存在的色情机制进行了深入

---

① ［法］让·波德里亚：《消费社会》，刘成富、全志钢译，南京大学出版社2006年版，第101页。

② ［法］让·波德里亚：《消费社会》，刘成富、全志钢译，南京大学出版社2006年版，第101—104页。

的分析和批判。他以一则香槟酒广告和一则阀门广告为例①，说明在消费社会中，广告商们为了促进销售，常常玩弄性欲的把戏，以期用充满色情意味的象征与幻象激起消费者的想象，操纵人们的冲动和幻觉。他们相信，在广告符号体系的意义与效用的机械化进程中存在着个体的无意识以及与之相联系的幻象，而二者奇妙的结合促进了销售。他们因此也想方设法地让人们相信所谓个体无意识的神话及其在广告的"色情"象征与幻象之中的投射，并竭力使人们愿意通过对由这些"象征"所指定的并承载着这些"幻象"的物质财富的占有来接受它，以促使他们对其做出投资而完成消费功能。鲍德里亚认为，应该对这种"天真的幻象机制"（以及广告对销售的直接影响力）提出彻底的质疑：它也许只是广告商和精神分析学家们的借口。事实上，在广告话语的整个色情会演当中，既没有象征也没有幻象，有的只是广告商所玩弄的"欲望战略"。因此，可以说，"所有的广告、当代色情都只是符号，而不是意义"。鲍德里亚由此告诫人们"不要落进广告色情逐步升级的圈套（同样也不要落进与之形影相随的广告'讽刺'、游戏、距离、'反广告'的逐步升级的圈套）：这一切内容都只是些并列的信号，它们堆积在一起构成商标这一超级符号，而只有商标，才是唯一真实的信息"。②也就是说，充满身体幻象与性欲象征的广告色情以及与之形影相随的广告"讽刺"、游戏、距离、"反广告"等，都不过是一种促销的手段、一种诱导消费的圈套，它并不唤醒任何"深层"的东西，只表达文化内涵，是一种"内涵元语言"，其真正的且唯一的目的乃是实现对商标这一超级符号的消费。因此，广告中的色情是无害的且可以通过画

---

① ［法］让·波德里亚：《消费社会》，刘成富、全志钢译，南京大学出版社2006年版，第114—115页。

② ［法］让·波德里亚：《消费社会》，刘成富、全志钢译，南京大学出版社2006年版，第116页。

面形式即时消费的，它使得一切性欲都从实体中摆脱出来而成为消费材料，同时也使得一切给人消费的东西都染上了性暴露癖。

  针对性欲幻象和色情机制在广告等媒介文化生产与消费中的普遍化，鲍德里亚还从社会学和精神分析学的层面进行了深刻的剖析，认为这里的性欲膨胀和色情的逐步升级并不意味着真正的性解放的实现，反而建立了一种新的审查机制。因为，它们与各种"感官的放纵"毫无关系，而只是一种"背景式放纵"，只是构成了某种集体"氛围"。其中，性欲的即时决定与利益的即时决定混淆为同一种狂热不满，它不仅变成了对利益的个人狂热，而且在加剧的同时变得对自身充满渴望。因此，约束这种性欲的，不再是作为几个世纪及清教传统的标志的羞涩、廉耻或犯罪感，而是个体压抑的恳切要求，是个体内心的审查。也就是说，笼罩着人们的各种性满足，本身就包含了对自身持续的审查，这种审查已变成了一种日常功能。而渗透在广告等媒介文化生产中的色情机制令我们承受的调控，并非对无意识欲望"深不可测的"劝导和建议，而是"对一个清晰句法中的深刻意义、象征功能、幻象表达方式的审查，简单地说就是对性能指的生动流溢的审查"[①]。这种审查不再是从宗教、道德、法律出发建立在与性欲相对立的位置上，而是渗入个体的无意识中并和性欲一起汲取着同样的源泉。它透过性解放的赝象、透过对性解放炫耀的模拟发挥着作用，这种模拟总是建立在一种对性的物化现实的文化玄想基础上的，而"性解放"的现实在这里则成了对本真的物化和颠倒：一切都被人为地赋予性征，不过是系统的一种新型控制策略，其真正的目的是更好地祛除力比多和象征功能。说到底，凌驾于那些"玩弄"性欲的把戏以促进消费的广告等媒介文化生产

---

① [法]让·波德里亚：《消费社会》，刘成富、全志钢译，南京大学出版社2006年版，第117页。

之上的，是现存的社会秩序，"它'玩弄'性解放的把戏以反对对总体性造成威胁的唯物主义"①。

2. 个性化幻象

鲍德里亚还深刻揭示了消费意识形态借助广告等大众传媒所制造的消费的"个性化"幻象对大众进行隐蔽操控的实质。在他看来，在生产型社会，由于对劳动力进行的剥削触及的是一个集体的社会劳动领域，所以它从特定起点出发显得具有团体性。而在消费社会，对消费财富和物品的拥有表现为个人性、非团体性、非历史性。作为消费者的人重归孤独或隔离，至多也只是聚生的（如一起看电视的家庭成员、体育场或电影院中的观众等）。于是，消费被编排成一种自我指向的话语。"没有一位女人，不管她如何挑剔，在得到一辆梅塞德兹—奔驰的时候仍然感到不能满足自己个性的欲望和品味！……""找到自己的个性并肯定它，这便发现了真正成为自己的乐趣。……用了如此自然的丽丝达金黄色，我并没有改变：我比任何时候都更像我自己了。"从这两篇所述产品在知名度和地位方面均不可相提并论的广告文本，鲍德里亚敏锐地发现了一个相通之处，那就是：无论这两个广告文本所论述的产品及其针对的潜在消费者在社会等级上有着怎样的天壤之别，它们都有着同一种"区别的约束""个性化的约束"。换言之，一种相同的"个人"价值模式蕴含于不同的广告论述之中。鲍德里亚进一步指出："对所有正在'可选'商品的'个性化'丛林中披荆斩棘，正在绝望地找寻……能够反映自身深刻特异性并使自己成为自己

---

① ［法］让·波德里亚：《消费社会》，刘成富、全志钢译，南京大学出版社2006年版，第114页。

的那种差异的那些人来说，这种价值模式都是一样的。"① 也就是说，追求"个性化"差异的"个人"价值模式，其实正是消费社会中广告等大众传媒所生产的一种普遍化价值模式。

鲍德里亚犀利地指出：诸如"请您自己对您的居室进行个性化"这种过分指向"个性化"自我的广告修辞格式，恰恰透露了人——那种"被整个西方传统锻造成主体组织神话的具有其热情、愿望、性格……或平庸的'人'"的缺席，"而要进行'个性化'的正是这个缺席的人"，进一步说，"正是这种丧失了的存在要通过符号的力量抽象地重构"，以便重新创造出一种"在最具总体性的匿名之中闪耀光芒"的综合的个体性。② 在他看来，人的主体性的丧失也就决定了广告所宣扬的"个体性"消费、"个性化"消费实际上无法真正实现。一方面，广告总是竭力说服一个消费者，让他相信是他"个人"在欲求某一商品，但用的手段往往是事先向他传送一个投射着他的影子的合成形象——一群庞大而且无法分辨面目的群众。"这个群众，就是他，而他的欲望，也就是在对集体欲望影像的推定之中被勾引起来。"③ 广告正是这样灵巧地利用个体欲望的普遍化诉求倾向，"通过他人来激起每个人对物化社会的神话产生欲望"④的。其吊诡之处便在于，一边以"买这一件东西吧，因为它与众不同"来劝导和鼓动人们透过购买和使用某一商品来显示自己的"个性"，

---

① ［法］让·波德里亚：《消费社会》，刘成富、全志钢译，南京大学出版社2006年版，第57页。

② ［法］让·波德里亚：《消费社会》，刘成富、全志钢译，南京大学出版社2006年版，第58页。

③ ［法］尚·布希亚：《物体系》，林志明译，（台湾）时报文化出版企业股份有限公司1998年版，第194页。

④ ［法］让·波德里亚：《消费社会》，刘成富、全志钢译，南京大学出版社2006年版，第37页。

使自己与他人有所区别;一边又以"买这一件东西吧,因为大家都在用它呢"来引导人们以所有人的名义、以"反射式的团结意识"购买一个商品,从而使得每一个读了同一张广告海报或者看了同一个广告影像的人,都以个人的方式购买了同样的产品。现代人被广告所撩拨起来的"个性化"消费的欲求,就这样被实质上的同一化消费所消解了。另一方面,广告引导人们进行的"个性化""差异化"消费是以某些集体而神话化的投射图式——范例为样本和参照的,因此,无论消费者怎样努力地通过物品/广告体系进行自我区分,"实际上都是向某种范例趋同,都是通过对某种抽象范例、某种时尚组合形象的参照来确认自己的身份,并因而放弃了那只会偶尔出现在与他人及世界的具体对立关系中的一切真实的差别和独特性"①。换言之,消费并不是围绕着某个个体组织起来的,因为"个体的个人需求是以集体语境为索引的。其中首先有一种区分的结构逻辑,它将个体生产为'个性化的',也就是生产为相互区别的,但是根据某些普遍范例及它们的编码,他们就在寻找自我独特性的行为本身中相互类同了"②。也就是说,消费者对物品/符号所表征的社会差异的追求,实际上是建立在真实差别和个人独特性丧失的基础上的。在广告煽动下努力追求"个性化"的消费,并未给消费者贴上独特个性的标签,只不过标明了其对某种编码的服从和对某种变幻的价值等级的归并。而整个购物过程也并非马丁诺所说的"是一个人的个性和产品的个性之间的互动",因为人们的购物行为丝毫不是一种自由的、活生生的交换,而是一种事先受到规范的运作,其中,个人变动的、冲突的、不一致的需

---

① [法]让·波德里亚:《消费社会》,刘成富、全志钢译,南京大学出版社2006年版,第58—59页。

② [法]让·波德里亚:《消费社会》,刘成富、全志钢译,南京大学出版社2006年版,第62页。

要体系在产品符码化、分级、不连续、相对一致的生产体系中被强迫整合,二者之间根本没有互动。进一步说,个人的需要被物品/广告的体系所登录、分级、分割,并因此成为可被引导,而这便是体系在社会—经济层面上的真正目的性。①

(三)操控范式:个体结构范例

根据鲍德里亚的分析,由广告等大众传媒在个性化自恋和自恋式关切基础上工业化地生产出来并由可定向符号组成的个体结构范例——男性范例和女性范例——为消费意识形态对现代人的媒介化生存进行操控提供了一个重要范式。其中,男性范例是一种高要求的、选择的范例,这表现在一切男性广告都以一套极其细致严格的措辞来坚持一种关于竞争、选择的"道义"规则,而不妥协、果断、高尚以及懂得选择和防止失败等"雄性"的品德,在作为当代男性范例的广告中被造就成为一种等价于军人及清教徒的品德,一种在身着罗摩利或卡丹时装的最不起眼的时髦青年身上所具有的品德。与此相反,女性范例不再是选择性、高要求的,而是"严格地讨好"及充满"自恋式关切"的范例,它们更多地诱导、催促女人进行自我取悦和自我满足。鲍德里亚用社会霸权理论的话语对男性范例与女性范例的这种结构性对立进行了重新诠释:在男性用品广告中生产出来的选择竞争、"角斗"、高品质、完美无缺的男性范例,显示的是高贵、荣誉、自我证明以及苦行式道德;相反,在女性用品广告中生产出来的追求美丽、线条、独特、个性的女性范例,彰显

---

① [法]尚·布希亚:《物体系》,林志明译,(台湾)时报文化出版企业股份有限公司1998年版,第202—204页。

的是自恋、依附、自我消费、价值派生以及享乐主义道德。这里不仅存在着两种个体结构范例的隔离，而且明显可见男性优越性的等级残余与社会价值系统的不变性。鲍德里亚尖锐地指出："永恒存在于女性范例中的，是一种派生的价值，间接的价值……女性只是为了更好地作为争夺对象进入男性竞争才被卷入自我满足之中的（自我取悦为的是更好地取悦男性）。"如此一来，"在自我满足的旗号下，女性（女性范例）在一套完善的'服务'中被间接地贬低"①。这就是消费社会中女性真实的异化了的生存状况。正如艾弗琳·苏勒罗精辟指出的："人们向女人出售女性的东西……女人自以为是在进行自我护理、喷香水、着装，一句话即自我'创造'，其实这个时候她在自我消费。"②更确切地说，她在对物品/广告的符号体系所构成的女性范例进行模拟性、趋同性消费的过程中，实际上是在消费她与自身之间由这一符号体系表达和维持的"个性化"关系以及根据某种创建了的编码所进行的自我赋值。由此可见，"每个人都可以在这些范例的实现中找到自己的个性"不过是一个神话或者说谎言，因为事实上，"消费社会中个体的自恋并不是对独特性的享受，而是集体特征的折射"③。正是在她接近理想参照之时，她最服从集体命令，也最与一种强加的范例相吻合。而在她依据广告生产的女性范例所进行的自我赋值中，建立在功用性女性化基础上的指数价值——如虚假做作的自然化、色情、"线条"、表现度等——消解了美、魅力、感性等

---

① ［法］让·波德里亚：《消费社会》，刘成富、全志钢译，南京大学出版社 2006 年版，第 67 页。
② ［法］让·波德里亚：《消费社会》，刘成富、全志钢译，南京大学出版社 2006 年版，第 65 页。
③ ［法］让·波德里亚：《消费社会》，刘成富、全志钢译，南京大学出版社 2006 年版，第 65 页。

一切自然价值，从而使得属于她自己的东西丝毫不能给她带来自信。于是，大部分的女性（尤其是那些受人供养的家庭妇女）委身于食品（家用物品），满足于以其消费活动在实现某种社会经济功能的同时还能具有某种名望力价值（通过一种贵族式或资产阶级式游手好闲体现出她们丈夫的名望）。这使她们虽然有权自由自主地支配着家庭物品等"二级标志"，却依然不能摆脱自身就是一种他人名望之标志的隶属性地位。而一些中产阶级及高等阶级的女性，虽然会投身于某些"文化"活动（实际上是"消费"着一种装饰性文化），但这种文化只是"美"的一种附加的奢侈效应——文化和美已经丧失了自我实现的本来价值，成了"被异化了"的（间接实现的）社会功能。因此，对于她们来说，"这种打着种种民主借口的文化提升对应的同样还是一种文化约束"①。

鲍德里亚不仅剖析了消费社会中女性在物品/广告体系所生产的女性范例的规训下生存状况的异化实质，更进一步指出了这种异化生存状态的普遍化趋势及其后果，那就是：当今物品/广告体系中的女性范例已普遍扩张到整个消费领域，其潜在地且绝对地具有总体的"同性化消费者"的意义——男人和女人没有了区别。这使得一些阶级全体投身于女性形象（其作为女性—物品依然是消费的象征）并发挥着消费者的功能，而这同时也就意味着他们已彻底从属于自己的奴隶命运。值得注意的是，正是消费大众这种异化了的活动，"撑起了今天国民计算的美丽天空"②，实现了体系对现代人的新型奴役和隐性剥削。

---

① [法]让·波德里亚：《消费社会》，刘成富、全志钢译，南京大学出版社2006年版，第67页。

② [法]让·波德里亚：《消费社会》，刘成富、全志钢译，南京大学出版社2006年版，第68页。

二、一般大众媒介及其文化生产原则的操控

鲍德里亚把广告视为当代社会最出色的大众媒介,而报纸杂志、广播、电影、电视、互联网等则是一般大众媒介。这些一般大众媒介通过对消费文化的生产操纵着现代大众的物质文化生活和精神文化生活。所谓"消费文化"(consumer culture),顾名思义,就是指消费社会的文化,即在消费社会中伴随消费活动而来的、表达某种意义或传承某种价值体系的符号系统。费瑟斯通指出,消费文化这一概念的提出,乃是为了强调商品世界及其结构化原则对理解当代社会所具有的核心地位。"这里有双层的含义:首先,就经济的文化维度而言,符号化过程与物质产品的使用,体现的不仅是实用价值,而且还扮演着'沟通者'的角色;其次,在文化产品的经济方面,文化产品与商品的供给、需求、资本积累、竞争及垄断等市场原则一起,运作于生活方式领域之中。"①消费文化的产生以产品的丰盛和大众购买能力的提高与闲暇时间的增加为基础,消费大众既是消费文化的创造主体又是消费文化的接受主体,因此,大众文化是消费文化的典型形态与本质属性。而消费文化主要是由一般大众传媒所生产的,因此,媒介文化便成为消费文化的主要表现形态。大众文化与媒介文化,共同构筑了消费社会的独特文化景观,而大众文化生产的媚俗原则和媒介文化生产的仿真原则,则是使现代人深陷于媒介化生存困境而不自知的深层操控机制。

---

① [英]迈克·费瑟斯通:《消费文化与后现代主义》,刘精明译,译林出版社2000年版,第123页。

（一）大众文化生产的媚俗原则及其操控

"大众文化"这一概念在不同的历史时期、不同的流派那里具有完全不同的意义。在 20 世纪法兰克福学派的文化批判理论产生以前，大众文化基本上是一个与精英文化、高雅文化对立的概念，指一种来自于底层民众的、与统治阶级对立的、自娱自乐的文化形态。但在法兰克福学派的理论家们看来，大众文化并不是一种从群众中自发形成的文化，而是在现代工业社会由文化工业体系凭借机械复制技术大规模生产的、借助于大众传播媒介而流行于大众之中的文化。这种文化整体上是一种大杂烩，是由上而下地强加给大众的。统治阶级通过这种文化的兜售，占据大众的闲暇时间，用娱乐和美丽的幻觉来消解他们对满足现实需要的追求，用欺骗和媚俗的抚慰来压抑他们的反抗欲望。鲍德里亚继承了法兰克福学派的大众文化理论的批判精神，并从符号学的视角，对消费社会由大众传媒所生产的大众文化的本质、特征及其对现代人生存状态的影响与操控进行了独到的分析和揭示。

在鲍德里亚看来，消费社会中的大众文化本质上是一种消费文化，是消费社会的文化再循环的必然结果。所谓"文化再循环"，指的是消费社会文化的内在精神沦丧后，文化不断追求翻新而成为时尚附属物的一种现象。文化再循环的组织原则内在地支配着今天所有的"大众"文化。"所有适应了新环境文化的人（而且在此范围内，即使是有教养的人也不例外，或者说不会例外）并没有权利参与到文化当中去，他们有权参与的是文化再循环。他们有权做的是……每月或每年对自己的整套文化进行翻新。他们有权做的是忍受这种像时尚般永远动荡着的简单摆动的约

第四章 大众传媒:媒介化生存的操控性系统

束……"①每一个不想被淘汰、被疏远、被取消资格的人为了"跟上潮流",成为消费社会的真正成员,都不得不随时对自己所拥有的日常生活用品、所消费的文化产品进行更新和再循环。这就使得以"继承""持续"为核心意义的传统文化观念遭到了彻底颠覆,文化不再是持续的稳定的,而是像时尚般永远动荡着的、不断循环着的。人们消费的并不是文化意义实体,而只是文化再循环本身。对大众文化的消费问题具有决定意义的既不是本来意义上的文化内容,亦不是"文化公众"的数量,而是文化产品或艺术作品"注定了只是昙花一现的符号",在循环和再循环的生产的普遍范畴中被生产出来。如此,文化再也不是为了延续而被生产出来。通过大众传媒系统,"它们被强制性地赋予了一种承接、交替的形式,一种与裙子长度及电视节目长度的组合调整相同的组合调整。也就是从这点出发,文化和'新闻'中的伪事件一样,和广告中的伪物品一样,可以(很可能已经是这样了)根据媒介自身、根据一些参照规则被制造出来"②。也就是说,消费社会的大众文化产品,是以文化消费的时尚循环性为参照规则,运用"模拟范例"的逻辑程序,由大众传媒根据自身的商业利益需要而制造出来的。这样"生产"出来的文化产品,实际是产自符号编码规则要素及媒介技术操作的"赝象"③,是一种伪文化。然而,在消费社会,正是这种赝象、伪文化把大众文化产品的一切意义,无论它本该如何,规定为可消费的。

大众文化的消费文化本性决定了其具有"媚俗"的典型特征。"媚俗"

---

① [法]让·波德里亚:《消费社会》,刘成富、全志钢译,南京大学出版社2006年版,第72页。
② [法]让·波德里亚:《消费社会》,刘成富、全志钢译,南京大学出版社2006年版,第73页。
③ [法]让·波德里亚:《消费社会》,刘成富、全志钢译,南京大学出版社2006年版,第96页。

(kitsch)一词出自德文。在19世纪中叶的德国，该词用来表达为迎合新兴资产阶级附庸风雅的需求而出现的便宜或粗糙的绘画。20世纪初开始，"媚俗"逐渐统一为表达任何艺术类别里的赝品或低品位，以及为商业目的而生产的粗俗艺术品。在20世纪30年代，艺术领域媚俗思潮的泛滥被视为对文化的威胁，媚俗的定义逐渐趋同为一种"伪意识"，一种在"资本主义社会结构里因欲望及需求而误导的思想状况"（马克思）。①

鲍德里亚对现代消费社会中大众文化的媚俗性有着自己的独特认识。在他看来，所谓媚俗是一个文化范畴，它指的是通过模拟、复制等手段制造的伪物品，包括"所有那些粉饰的、伪造的'蹩脚'物品、附属物品、民间小杂什、'纪念品'、灯罩或黑人面具的总体，所有那些在各地特别是度假休闲之地激增的伪劣博物馆"②。媚俗随处可见，它主要表现为"真实含义的缺乏和符号、寓物参照、不协调内涵的过剩"，"对细节的歌颂并被细节填满"。③鲍德里亚进一步指出，大众文化中媚俗的激增，在技术层面上，是由机械复制的工业生产带来的文化产品的平民化导致的；在物品层次上，"是由借自一切记录（过去的、新兴的、异国的、民间的、未来主义的）的截然不同的符号和'现成'符号的不断无序增加造成的"④；而其赖以形成的社会现实基础，则是消费社会的社会流动性以及消费大众对社会地位进行符号化认同的文化心理需求。鲍德里亚认为，在一个没有社会流动性的社会中是没有媚俗的，因为一个有限的奢侈品公园作为特权阶

---

① 李晓东：《媚俗与文化——对当代中国文化景观的反思》，载《建筑》，2008年第4期。
② ［法］让·波德里亚：《消费社会》，刘成富、全志钢译，南京大学出版社2006年版，第80页。
③ ［法］让·波德里亚：《消费社会》，刘成富、全志钢译，南京大学出版社2006年版，第80页。
④ ［法］让·波德里亚：《消费社会》，刘成富、全志钢译，南京大学出版社2006年版，第81页。

第四章　大众传媒：媒介化生存的操控性系统

级的特殊物资就足够了。而在正处于持续流动阶段的当代资本主义社会，"广大阶级的人们沿着社会等级发展，终于达到更高的地位并同时提出了文化需求，而这种需求就是需要用符号来炫耀这一地位"①。因此，必须看到媚俗是由社会流动性功能所决定的大众文化需求，有着深刻的社会学现实基础，简单地对公众的"庸俗"或那些想推销自己假货的工业家们的"无耻"策略进行指责是无用的。同时必须看到，媚俗有着强大且持久的生命力。因为"媚俗有一种独特的价值贫乏，而这种价值贫乏是与一种最大的统计效益联系在一起的：某些阶级整个地占有着它。与此相对的是那些稀缺物品的最大独特品质，这是与它们的有限主体联系在一起的。……越来越多的阶级对某特定符号的接触，迫使高等阶级通过其他数量有限的符号（这种数量的限制要么是由于它们的来源，如古代真品、油画；要么是受到了刻意限制，如豪华版书籍、特制小汽车）来与前者保持一定距离。在这种区分的逻辑中，媚俗永远不会改变"②。并且与传统的关于美以及独创性的美学相对，媚俗提出了其"模拟美学"原则，即"技术的滑稽模仿、无用功能的赘生、缺乏实际操作意义的对功能的持续模拟"③。这种模拟美学带来了以潜在无用性和游戏式组合价值为特征的、显示着消费社会中物品真相的"摆设"的泛滥，也带来了以现成的、"刚刚从流水线上下来的"物品自身的形象（而不是其本质或意义）为旨归的流行艺术的激增。从表面上看，在模拟美学指导下的机械复制时代的艺术生产使艺术作品摆脱了孤芳自赏的处境，从神圣的殿堂走进了寻常百姓家，从孤独的拥

---

① ［法］让·波德里亚：《消费社会》，刘成富、全志钢译，南京大学出版社2006年版，第81页。
② ［法］让·波德里亚：《消费社会》，刘成富、全志钢译，南京大学出版社2006年版，第81—82页。
③ ［法］让·波德里亚：《消费社会》，刘成富、全志钢译，南京大学出版社2006年版，第82页。

有者或内行的爱好者手中传到了同样喜爱它的社会大众的手中，但实际上，成倍备份艺术作品本身并没有真正导致艺术的平民化，也没能真正实现大众艺术修养和审美品位的提升，而只是使以往作为意义载体与其他成品相对立的艺术品变成了与日常消费品同质的东西，并进入那一批、一堆普通公民赖以确定自己"社会文化"地位的附件的行列。消费大众只是在占有文化工业再生产出的价廉物美的艺术品"备份"，以此表达着他们作为特定阶级的社会预期和愿望，并在对具有高等阶级形式、风尚和符号的某种文化的虚幻参与中感受着快乐和满足，而他们的欣赏趣味却在媚俗而贫乏的文化氛围中日益弱化着自身。

消费社会大众文化的媚俗性对其文化消费和文化生产具有深刻的影响。从消费大众来看，媚俗导致艺术市场标准的丧失和艺术判断的丧失。一方面，媚俗艺术品的价格不再代表着作品的真正价值，而只是表现了一种商品市场的价值规律；另一方面，消费逻辑取消了艺术传统的崇高地位，占有媚俗艺术品成为个人身份和地位的矫情的符码。而对于文化生产者来说，虽然媚俗是对消费大众的趣味的趋从和附和，但它并不是被动的，反而是为了达到获取最大经济效益的目的，积极地通过制造时尚的文化策略去满足大众需要的主动行为。因此，媚俗的文化生产是以文化的品位、格调和深度为代价来换取某种非文化利益和实惠的过程，它与消费大众的文化趣味和心理需求相契合，绘制出一幅以消遣性、平面性、包装性、低幼性、快餐性等为标志的消费社会大众文化地形图。

（二）媒介文化生产的仿真原则及其操控

"仿真"（simulation，或译为拟仿、拟真）是鲍德里亚媒介文化理论的一个核心概念，指的是作为符号体系和拟像体系的当代媒介文化的价

第四章 大众传媒：媒介化生存的操控性系统

值生产秩序、模式和原则。鲍德里亚指出，在文艺复兴以前的种姓社会、等级社会、古代社会，符号被统治阶级所垄断，符号的生产是有限的、强制的。受禁忌和礼仪保护的每一个符号都没有歧义地指向一种阶级地位，数量有限、传播范围也有限的每一个符号都有自己的完整禁忌价值①，符号与现实的关系是固定而清楚的——从人们的服饰和外表能很容易地辨别出他们的社会身份和阶级地位，符号（或拟像）与真实是直接同一的。文艺复兴以后，随着资产阶级秩序对封建等级秩序的解构，在差异符号的生产层面，"竞争的民主接替了法定秩序特有的符号内婚制"，使得所有阶级都可以没有区别地玩弄符号，符号的生产由一种受限秩序过渡到按需增生、自由生产的秩序。②从这时起，作为符号被生产的拟像经历了四种价值生产秩序（模式）：一是在从文艺复兴到工业革命这段"古典"时期占统治地位的对自然价值的"仿造"（counterfeit）秩序；二是工业时代对商品价值的"生产"（production）秩序；三是被代码所主宰的时代对结构价值的"仿真"（simulation）秩序③；四是在以上三种秩序之后出现的价值"碎片化"（fractal）秩序。在符号（拟像）生产的"仿造"秩序中，从神学和封建等级体系中解放出来的符号的实质是效法自然，符号的生产所依赖的是价值的自然规律，所遵循的是"本原""原件""自然""意义""必然性""理性"等价值观念。在这种符号的价值生产秩序中，拟像是对原型的模仿，任何一个被复制的客体都被看作一个独一无二的原件的

---

① [法] 让·波德里亚：《象征交换与死亡》，车槿山译，译林出版社2006年版，第68页。

② [法] 让·波德里亚：《象征交换与死亡》，车槿山译，译林出版社2006年版，第69页。

③ [法] 让·波德里亚：《象征交换与死亡》，车槿山译，译林出版社2006年版，第67页。

仿造品,"是某个壮丽真实的投影"。在此,拟像受一种神圣秩序的支配,表现为"优良的表相"[①]。在机械化大生产成为社会主要生产方式的工业时代,自然不再是被敬畏被崇尚的对象,而是被征服被支配的对象,这就意味着符号(拟像)的生产被进一步地从对自然的依赖关系中解脱出来,再生产本身成为其主导原则。更具体地说,符号(拟像)的"生产"秩序所依赖的不再是价值的自然规律而是以等价交换为原则的价值的市场规律或商品规律。在这里,"生产"已不再是马克思政治经济学意义上的"劳动"了,鲍德里亚将符号(拟像)的"生产"秩序视为一种以机械复制为特殊形式的价值生产模式,大规模生产、无差别复制、大众化系列是这一生产模式的主要特征。在这种符号(拟像)的生产秩序(模式)中,产品不再是某个原件的复制品,而是更多相同客体构成的系列中的等同成分,是彼此的复制品。也就是说,符号(拟像)表征的不再是与原型之间的相似性,而是一种与其相互等同的无差别性,这使它"遮盖了壮丽的真实,并异质它的本体"。在此,拟像受一种邪恶秩序的支配,表现为"邪恶的表相"[②]。而在当代符码化(coded)社会的"仿真"秩序中,真实的事物退隐了,符号(拟像)不再是对真实事物(原型)的模拟和仿造,也不再是由机械复制技术大规模再生产出来的等同性系列,而是根据它们的复制性本身设计出来的,是从一个被称为模型(model)[③]的生成核心散射出

[①] [法]尚·布希亚:《拟仿物与拟像》,洪凌译,(台湾)时报文化出版企业股份有限公司1998年版,第23页。

[②] [法]尚·布希亚:《拟仿物与拟像》,洪凌译,(台湾)时报文化出版企业股份有限公司1998年版,第23页。

[③] 在鲍德里亚的思想体系中,模型是个非常含糊的概念,大致是指"学者或技术人员通过数据处理等综合手段对一个系统和过程作的简化再现"。参见张天勇:《社会符号化——马克思主义视阈中的鲍德里亚后期思想研究》,人民出版社2008年版,第82页。

第四章　大众传媒：媒介化生存的操控性系统

来的。这样，符号（拟像）生产的"仿真"秩序便意味着：任何东西都不再按照自己的目的发展，而是通过"差异调制"出自模型即出自"参照的能指"。模型"仿佛是一种前目的性，唯一的似真性"①。所有的符号（拟像）不再依赖于原型而是通过模型生产出来，只有忠实于模型才能生成和表达意义，而它们的内容则是由不同模型之间的差异性或相对性结构决定的。因此，"重要的……不再是等价法则，而是各项的替换——不再是价值的商品规律，而是价值的结构规律"②。在此，符号（拟像）在一种魔法秩序的支配下，"玩弄着可能变成表相的游戏"，从而让壮丽的真实化为乌有③，但同时却以高超的仿真技术掩盖了真实的缺场。鲍德里亚认为，我们生活于其中的当代社会正处在第三种符号（拟像）秩序（即仿真的秩序）之中，而这种秩序的进一步延伸和发展，使得我们又处于另一种新的符号（拟像）秩序之中。在这第四种秩序中，事物与表象、原型与摹本、现实与符号的对应关系已不复存在，存在的只是没有原型而互相模仿的各种符号和模型。这些符号、拟像和模型，与任何形式的现实、与所谓的真实一点关系都没有，而只是"自身最纯粹的拟仿物"④。由此，原来意义上的"真实"（上帝、自然、人和产品）已不再能够被称为真实，符号秩序本身就是真实，此外再无真实可言。不仅如此，在这第四种符号（拟像）秩序中，就连价值的生产也失去了任何的参照物——无论是自然的使用价值、商品的交换价值，还是结构的符号价值。"价值不再有任何的参照点，而

---

① [法]让·波德里亚：《象征交换与死亡》，车槿山译，译林出版社2006年版，第78页。
② [法]让·波德里亚：《象征交换与死亡》，车槿山译，译林出版社2006年版，第78页。
③ [法]尚·布希亚：《拟仿物与拟像》，洪凌译，（台湾）时报文化出版企业股份有限公司1998年版，第23页。
④ [法]尚·布希亚：《拟仿物与拟像》，洪凌译，（台湾）时报文化出版企业股份有限公司1998年版，第23页。

是在所有的维度上发散,并占据所有的空间。确切地说,价值规律已不存在了,存在的只是一种价值的流行、一种价值的大众化突变,以及价值的随意性增殖和扩散。其实,我们根本不应该再谈论'价值'了,因为价值如此的无限增殖和连锁反应使任何的价值判断都不再可能了。我们已不可能衡量美与丑、真与假或善与恶,就像不可能同时测定分子的速度和位置一样。"① 在这种价值分裂、价值碎片化的秩序中,所有的事物、符号、拟像和行为都摆脱了各自的理念、观念、本性、价值、参照点和因果链,而只是处于一种无止境的自我复制过程中。

鲍德里亚认为,"仿真"和"碎片化"是当代符码统治的社会生活中两种共同发挥着作用的符号(拟像)生产秩序。我们生活于其中的,正是由大众媒介(尤其是电子媒介)依靠模型大规模生产拟像的仿真社会。仿真"不同于虚构(fiction)或者谎言(lie),它不仅把一种缺席(absence)表现为一种存在(presence),把想象(imaginary)表现为真实(real),而且也潜在削弱任何与真实的对比,把真实同化于它的自身之中"②。这样,以仿真为主导模式进行的符号生产的结果,就是"超真实"(hyperreality)幻象的普遍形成。所谓"超真实",就是指在符码控制一切的结构性价值秩序中,各种模型和符号的互相模仿使得原本与摹本、真实与非真实的区别已经模糊不清了,非真实超越了真实,甚至比真实还要真实。人们已无法将真实与拟像、真实与超真实区别开来,甚至认为模拟的是更好的、更真实的,并以此为标准来剪裁现实、进行价值判断。拟像成了认识现实、

---

① Jean Baudrillard, *The Transparency of EVIL*: *Essay on Extreme Phenomena*, Translated by James Benedict, New York: Verso, 1990, p.6.

② [美]马克·波斯特:《让·鲍德里亚思想引论》,张云鹏译,载《南阳师范学院学报》(社会科学版),2003年第4期。

评价现实的标准和模板，拟像甚至生产着现实。海湾战争就是这种拟像的仿真生产的典型例子。这是第一场真正仿真意义上的战争，战争的每一个环节、每一个步骤，都预先在电脑里进行了千百万次的调整和推演，以至于实际发生的战争反倒成为战争的拟像，而全世界从电视画面上了解战争进程、观看现代战争"奇观"的人们，则已经几乎分不清这究竟是真实的战争还是好莱坞出品的战争大片了。既然超真实是一种以模型取代真实的新的现实秩序，那么模型就成了真实的决定因素，现实反而成为拟像的模仿：小说、影视剧中的爱情故事和生活场景成了现实世界中人们的婚恋理想与生活样本，广告宣传的商品成为人们超市与商场购物的首选目标，时尚杂志中所宣扬鼓吹的家居、服饰潮流成为人们纷纷仿效的"品位"楷模[1]……大众媒介所制造的仿真文化的特点就是"模型先行"，模型"在轨道上（像炸弹一样）的流动构成了事件的真正磁场"[2]。当代大众媒介就是以这样的方式生产着超现实的社会文化空间和人们对现实的审美幻觉。

吊诡的是，大众传播媒介遵循仿真逻辑构造超现实文化景观的过程，竟是建立在媒介满足受众对现实性、"真相"和"客观"的热切要求之上的。鲍德里亚指出，尽管写实电影、新闻报道、快讯、爆炸性照片以及证词资料等随处可见，但人们仍到处寻求媒介所展示的"事件中心""争论中心"、活生生的东西、面对面的东西——亲临事件发生现场所产生的头晕目眩、亲身体验时所产生的剧烈寒战——也就是又一次奇迹，"因为确切地说，所见到的、拍上电影的、录进录音带的事实真相，指我并不在场。但却是最真实的，是具有重要意义的事实。换句话说，就是实际不存

---

[1] 连珩、李曦珍：《后现代大祭师的仿象、超真实、内爆——博德里亚电子媒介文化批评的三个关键词探要》，载《科学·经济·社会》，2007年第3期。

[2] Jean Baudrillard, *Simulacra and Simulations*, Stanford University Press, 1988, p.175.

在但又偏偏存在的事实，再换句话说，就是幻影"①。为什么人们对仿真的大众媒介文化如此痴迷？鲍德里亚认为，原因在于大众的"心理退缩"机能。人们在对仿真的媒介文化的消费中获得的不是现实，而是对现实所产生的眩晕。人们耽于享受这种眩晕，因为它来自于激情和事件的寓意符号，而符号让人产生安全感。从某种意义上来说，人们对图片、新闻和信息的普遍消费就在于牟取现实符号中的现实以及牟取变化符号中的历史。人们隔着符号的距离提前或过后消费着现实，在符号的掩护下并在否定真相的情况下以奇迹般的安全和宁静生活着。于是，意义在媒介中内爆为信息的碎片，社会在媒介中内爆为冷漠的大众，而作为仿真机器的媒介本身则在大众的真相诉求和对现实的审美幻觉中内爆为超现实。仿真—内爆—超现实的三位一体，构成了消费社会大众媒介文化的独特景观。

鲍德里亚进一步指出，一般大众媒介在依据仿真逻辑生产拟像、超现实的过程中，体现出了媒介权力对大众接收媒介信息和消费媒介文化产品的隐蔽操控。一方面，电子传媒通过技术组织所承载的是一个经过其任意显像、任意剪辑并可用画面解读的世界的意识形态。人们通过传媒看到的是某一媒介与其他媒介之间不断参照、传译、转录、拼接而成的"超真实""超文本"，一个仿真复制的符号世界。这个世界是以牺牲现实世界的丰富性为代价的，并且我们在这个世界中看到和想到的只是大众传播媒介要我们看到和想到的东西。所谓的现场直播似乎让观众看到的是完全真实的事件，甚至目睹了事件发生的整个过程，然而，这一经由媒介记录、传播的事件，只不过是在真实的地点和场所之中，完全产自媒介编码规则要素组合的一种现实的替代品——新现实或超现实。另一方面，广播电视

---

① [法]让·波德里亚：《消费社会》，刘成富、全志钢译，南京大学出版社2006年版，第9页。

第四章 大众传媒：媒介化生存的操控性系统

等大众传媒提供的、被大众无意识地深深地解码了并"消费了"的真正信息，"并不是通过音像展示出来的内容，而是与这些传媒的技术实质本身联系着的，使事物与现实相脱节而变成互相承接的等同符号的那种强制模式"①。该模式对其中每一则信息进行全盘抽象化，并在此基础上进行编排，通过信息有条不紊地承接、轮换，强制性地造成了历史与社会新闻、事件与演出、消息与广告在符号层次上的等同，从而强制性地造成了唯一的接受模式——消费模式，而人们所消费的，并不是本来意义上的某一场景或画面，而是一切可能的场景承接之潜在性，即在媒介技术操作的抽象形式背后隐蔽的意识形态性。

总的来看，面对着一个混乱、充满了冲突和矛盾的世界，每一种媒介都把自己最抽象、最严密的逻辑强加于其上，每一种媒介都把自己作为信息强加给了世界。媒介"既不让人们看到也不让人们理解具有各自特性（历史的、社会的、文化的）的事件，而是在根据同样的编码规则对它们进行了重新诠释之后便不加区别地将它们播发出来，这一编码规则既是一种意识形态结构也是一种技术结构——在电视的情况中，这就是大众文化意识形态的编码规则（道德、社会和政治价值体系）和造成了某种推论类型的剪辑模式、媒介自身的联接模式，那种推论类型将充满了多种变化信息的内容中性化了，并代之以其自身对意义的命令性约束"②。在鲍德里亚看来，电视媒介的这种深刻推论与画面的明显话语相反，要由观众不自觉地进行解读。正是在这个意义上，广告也许是消费社会最出色的大众媒

---

① ［法］让·波德里亚：《消费社会》，刘成富、全志钢译，南京大学出版社2006年版，第93页。

② ［法］让·波德里亚：《消费社会》，刘成富、全志钢译，南京大学出版社2006年版，第95页。

介。它"通过一种同谋关系,一种与信息但更主要是与媒介自身及其编码规则相适应的内在、即时的勾结关系,透过每一个消费者而瞄准了所有其他消费者,又透过所有其他消费者瞄准了每一个消费者",从而"伪造了一种消费总体性"。"每一幅画面、每一则广告都强加给人一种一致性,即所有个体都可能被要求对它进行解码,就是说,通过对信息的解码而自动依附于那种它在其中被编码的编码规则。"①

由于大众传播处处都是由这种与技术媒介和编码规则相适应的信息的系统化生产规定的,人们对大众媒介文化的消费也就无形中受到相应的制约甚至强制。人于是成为媒体的附属、媒体的延伸。媒体将人内化,使人只能如此看、如此听、如此想。"人从接受的主体成为媒体的隶属品——终端接受器;人从思想的动物退化为储存信息的动物。"② 在各种传媒多方面全天候的狂轰滥炸中,人不断接受储存很多杂芜的信息,从而因超负荷的信息填塞而导致信息膨胀焦虑症和信息紊乱综合征。在鲍德里亚看来,大众传媒中符号或信息的泛滥,化解了所有意义和参照物,并使所有的观念和经验同质化了。正是在这个意义上,他认为,后现代社会的凝聚力不是源于经济生活,而是来自传播媒介的控制。但大众传媒的控制方式并非赤裸裸的、强硬的,而是隐蔽的、软性的,甚至是充满温情的。大众传媒为了迎合大众的心理、口味、兴趣、幻想等,制造出一系列"狂欢化"的娱乐性场面,使大众乐不可支地沉浸其中,并最终使人类陷入"物"的包围与报复之中。然而,这是一种没有留下任何罪证的"完美的罪行",人

---

① [法]让·波德里亚:《消费社会》,刘成富、全志钢译,南京大学出版社2006年版,第95页。

② 王岳川:《博德里亚消费社会的文化理论研究》,载《北京社会科学》,2002年第3期。

们并没有感觉丝毫的不适，反而对此产生迷恋，心安理得地享用着大众传媒带来的一切便利和快感。① 当代社会中的读者、听众、观众或者社会学意义上的受众和大众，作为无反思能力的、自身视角缺席的个体，就是这样由大众传媒造就出来的。他们接收了各种各样的传媒内容，拒斥和消除了其中的意义，而只是要求获得其中的娱乐性场面，从而进一步消除了传媒资讯与现实之间的界限。

---

① 梅琼林、连水兴：《论鲍德里亚的后现代媒介思想——一种哲学层面的审视和反思》，载《东南大学学报》（哲学社会科学版），2007年第5期。

第五章　象征交换与命定策略：
　　　　媒介化生存的救赎理想

　　将"媒介"视为"指向个体与外界之间的一切社会化交往中介"的鲍德里亚，对消费社会中人们被全面渗透于日常生活世界的"符号—物"体系、消费意识形态和广告、电视、广播、互联网等大众传媒所操控的媒介化生存这一新的异化生存形式进行了深刻的分析和批判。那么，如何才能走出媒介化生存的困境呢？对这一问题的思考和探究，是鲍德里亚媒介化生存批判理论的一个重要内容，也是其最终的理论旨归。与马克思为商品社会的人们走出物化生存困境所指明的阶级革命的解放之路不同，在德波为景观社会的人们摆脱景观化生存困境所制定的文化—政治革命的突围策略的启发下，鲍德里亚提出了重建原始社会"象征性交换"的社会交往模型，通过采取客体的"诱惑"和死亡的"自由"等"命定性策略"来建构现代社会的主体身份，彻底消除媒介化生存对主体自我的异化等"文化革命"的主张，从而宣示了其试图引领当代消费社会的人们走出媒介化生存困境的乌托邦救赎理想。

第五章　象征交换与命定策略：媒介化生存的救赎理想

一、物化、景观化生存困境的突围策略：历史参照系

（一）阶级革命：物化生存困境的解放之路

1."物化"的含义与物化生存的意识形态表现

马克思所说的"物化"有两种：一种是对象化的物化；一种是异化的物化。对象化的物化是指人的劳动在其自然规定性和社会规定性上的物化，前者表现为劳动所创造的使用价值（有用物），后者表现为劳动所创造的交换价值（价值物），二者原本都是人类的智力进步和生存自由状态的反映，因而作为对象化的物化是一个肯定性的概念。而异化的物化则是一个否定性的概念，是指人类历史发展到以资本为轴心的私有制社会，由于劳动分工和商品交换的发展而形成的社会关系的物化，具体表现为人们在生产中结成的社会关系从人与人的关系变为物与物的关系，人所创造的物（商品、货币、资本）脱离了人的控制，反过来支配人、奴役人，导致人的主体地位丧失、整个社会运转只见物不见人。这种社会关系的物化和异化，直接后果便是带来了资本主义社会中人们生存方式的物化和异化。"物化成为社会普遍性存在的逻辑之格。其要义为：把一切社会关系归结为物与物的关系；把一切人的需要归结为财富与物质利益的需要；把一切社会存在与发展的动因归结为单一的经济因素；把一切存在的价值归结为交换价值。"① 对商品、货币和资本的狂热膜拜，成为感性个体物化（异化）生存的表征。商品拜物教、货币拜物教、资本拜物教，成为资本主义社会人的物化（异化）生存现实在意识形态领域的反映。

拜物教（fetishism）具有宗教和非宗教两方面的含义。宗教意义上的拜

---

① 张雄、曹东勃：《拜物逻辑的批判：马克思与波德里亚》，载《学术月刊》，2007年第12期。

物教是指宗教信仰的原始形式之一，与"拜神教"相对①。其产生是源于原始人生产力水平低下，因而为自身之外的许多自然物赋予神秘的、超自然的"灵性"，对它们祈祷、礼拜或祭献，以期获得嘉惠和庇佑。从非宗教意义来看，"拜物教一词也用来比喻对某种事物的迷信"②。马克思正是在后一种意义上使用这个词的，意指资本主义条件下人们对商品、货币和资本的迷信，并相应地称之为商品拜物教、货币拜物教和资本拜物教。其中，商品拜物教反映了资本主义商品经济条件下，在商品生产和商品交换过程中，商品以其能够决定人的高低贵贱甚至生死存亡的魔力成为人们顶礼膜拜的对象，操纵、支配着人的一切社会行为的异化生存现实。在此，"商品形式的奥秘不过在于：商品形式在人们面前把人们本身劳动的社会性质反映成劳动产品本身的物的性质，反映成这些物的天然的社会属性，从而把生产者同总劳动的社会关系反映成存在于生产者之外的物与物的社会关系。由于这种转换，劳动产品成了商品，成了可感觉而又超感觉的物或社会的物。……这只是人们自己的一定的社会关系。但它在人们面前采取了物与物的关系的虚幻形式"③。可见，商品拜物教既是资本主义社会人的物化（异化）生存的表现形式，同时亦是导致社会关系物化（异化）的一个重要原因。随着资本主义生产关系的建立，越来越多的产品进入市场成为商品，用货币购买商品的行为日益普遍化，生产者的劳动时间也越来越多地被资本家购买以获取更多的利润。这样，"钱的权力日益增大，生产者的权力日益减小，人变成了钱的支配对象，变成了钱的奴隶。钱也就变成了人贪婪的对象，成了人崇拜的神"④。作为商

---

① 冯契、徐孝通主编：《外国哲学大词典》，上海辞书出版社2000年版，第611页。
② 《辞海》（缩印本），上海辞书出版社1979年版，第1452页。
③ 《马克思恩格斯选集》第2卷，人民出版社1995年版，第138—139页。
④ 董美英、程家福：《论现代人类生存矛盾及人的异化》，载《思想政治教育研究》，2007年第5期。

第五章　象征交换与命定策略：媒介化生存的救赎理想

品拜物教更高一级的发展形式的货币拜物教由此产生。由于货币不仅本身就是一种商品，而且它作为一般等价物可以和任何商品交换，它本身成了纯粹的价值，成了衡量一切商品价值的尺度，因此，货币使本来就神秘化的商品更加神秘和富有魔力了。货币拜物教表明"货币具有兑换生活世界一切价值的神秘力量。……货币能购买一切、占有一切、支配一切，能把一切人的和自然的性质加以颠倒和混淆，使各种冰炭难容的人亲密起来"①。

> 金子！黄黄的，发光的，宝贵的金子！
> ……　……
> 这东西，只这一点点儿，
> 就可以使黑的变成白的，丑的变成美的；
> 错的变成对的，卑贱变成尊贵，
> 老人变成少年，懦夫变成勇士。
> ……　……
> 它可以使窃贼得到高爵显位，和元老们分庭抗礼；
> 它可以使鸡皮黄脸的寡妇重做新娘……②

马克思引用莎士比亚在《雅典的泰门》中的精彩诗句，深刻揭示了资本主义生产方式下货币对人的生存的异化作用。不仅如此，当货币转化为资本后，拜物教又产生了新的形态：资本拜物教。资本家用货币（G）购买生产资料和劳动力，把二者结合起来即进行生产，创造了产品（W），然后再卖出去获得货币（G′），在这个过程中，实现了资本增值。因此，

---

① 张雄、曹东勃：《拜物逻辑的批判：马克思与波德里亚》，载《学术月刊》，2007年第12期。

② 转引自：《马克思恩格斯全集》第42卷，人民出版社1986年版，第151页。

资本又被称为生息资本,获得了可以创造货币的魔力。这样一来,资本比货币更加神秘且更具魅力:货币是财富的象征,可以换来任何财富,而资本可以实现货币的增殖。于是,人们对资本顶礼膜拜、信仰臣服,使资本成为了商品经济社会的统治者。①

2. 物化生存的异化根源

从商品拜物教,经货币拜物教,再到资本拜物教,人所创造的物的神秘魔力越来越大,人对物的膜拜越来越深,人的物化生存的异化程度也越来越重。那么,如何才能使资本主义社会的人们从物的虚迷幻景中走出,摆脱物化生存的困境呢?马克思认为,前提条件是要找到物化(异化)生存的根源。通过对资本主义经济事实和人类发展史的考察,马克思探讨并回答了这一问题,认为社会劳动中固定化分工的出现、私有制的确立、阶级剥削的产生以及由此导致的劳动异化,是资本主义社会劳动者遭受物化(异化)生存命运的直接原因。马克思分析说,当固定化分工出现后,产品的生产被限制在一定的范围内,生产者也被限制在一定的、强加于他的活动范围之内,人们开始筑起自身的"监狱"。而由于"社会活动的这种固定化,我们本身的产物聚合为一种统治我们的、不受我们控制的、与我们愿望背道而驰的并且把我们的打算化为乌有的物质力量"②。伴随着生产劳动中造就的固定化社会分工,出现了对工具和材料的私人占有,人与人之间的社会关系出现了分裂,一些人因为能够占有财产和生产资料而成为剥削者,更多的人则因为不能占有生产资料和财产而成为在生产中处于附属地位的被剥削者。社会劳动的固定化分工、生产资料与财产的个

---

① 张天勇:《社会符号化——马克思主义视阈中的鲍德里亚后期思想研究》,人民出版社2008年版,第163页。

②《马克思恩格斯选集》第1卷,人民出版社1972年版,第38页。

第五章　象征交换与命定策略：媒介化生存的救赎理想

人私有，带来了处于同一个共同体中的两个阶级——剥削阶级和被剥削阶级——日益严重的利益分化和对立："在资本主义商品经济条件下，工人阶级失去了任何生产资料成为一无所有的无产者，资本家阶级掌握了所有的资本和财富。在资本主义生产劳动中，资本家依靠货币购买活劳动（劳动力）和死劳动（生产资料），生产的过程就是死劳动吸附活劳动的过程，在这个过程中，资本家对工人的剥削关系完全被掩盖了，却体现为死劳动对活劳动的奴役，人与人的关系在这种异化中体现为物的关系，体现为资本对劳动者的奴役。资本家对工人所做的一切都体现为资本对劳动的要求，体现的是物对人的赤裸裸的奴役和挟持。"① 而所有这一切，最终导致了人的生产劳动异化，具体表现在四个方面：（1）劳动者的劳动与他的劳动产品相异化；（2）劳动者与他的劳动活动相异化；（3）劳动者与其类本质相异化；（4）劳动者与他人的关系相异化。从劳动结果来看，"工人生产的财富越多，他的产品的力量和数量越大，他就越贫穷。工人创造的商品越多，他就越变成廉价的商品。物的世界的增值同人的世界的贬值成正比。……劳动所生产的对象，即劳动产品，作为一种异己的存在物，作为不依赖于生产者的力量，同劳动相对立。……工人对自己的劳动的产品的关系就是对一个异己的对象的关系。……工人在劳动中耗费的力量越多，他亲手创造出来反对自身的、异己的对象世界的力量就越强大，他自身、他的内部世界就越贫乏，归他所有的东西就越少"②。由此，工人的劳动产品非但不是他生命活动的确证，反而成为其生命的摧残；从劳动活动本身来看，工人的劳动"不是自愿的劳动，而是被迫的强制劳动……这种劳动不是他自己的，而是别人的；劳动不属于他；他在劳动中也不属于他自

---

① 张天勇：《社会符号化——马克思主义视阈中的鲍德里亚后期思想研究》，人民出版社2008年版，第167页。

② 《马克思恩格斯选集》第1卷，人民出版社1995年版，第40—41页。

己，而是属于别人"①。由此，工人不能自由地发挥自己的体力和智慧，只能使自己的肉体和精神遭受摧残。工人的劳动活动非但不是生命活动的自由舒展，反而成为对生命的扼杀。以上两种异化——劳动者与他的劳动产品以及他的劳动活动的异化——造成了劳动者更深层次的异化，即劳动者与其类本质相异化。"异化劳动从人那里夺去了他的生产的对象，也就从人那里夺去了他的类生活，即他的现实的类的对象性，把人对动物所具有的优点变成缺点。"②这就意味着人的本质的异化的完成。劳动不再属于人的本质，人对自身的关系只有通过与他人的关系才得以实现和表现，所以人同自己的劳动产品、自己的生命活动、自己的类本质相异化的直接结果就是人和人相异化，即人与人之间关系的异化。由此，马克思深刻揭示了资本主义商品社会中造成人的物化（异化）生存状况的社会历史根源，并强调指出人与人之间关系的物化（异化）既是人自身生存异化的结果，同时又是人的物化（异化）生存的最终完成形式："人对自身的关系只有通过他对他人的关系，才成为对他来说是对象性的、现实的关系。在物质生活中，人同自己的劳动产品发生异化的关系，这种产品如商品、货币、资本等作为一种实际的异己力量统治着人本身，人们把这种对象化的劳动当作物神来对待，也只有通过那些从劳动的人类本身中分裂出去的另一部分人才能实现。这些人之所以是资本家，只不过是因为有异化的劳动和异化的产品存在；反之，人要使劳动的异化和产品的异化变为现实，必须产生出资本家来。"③通过对人与人之间相互关系异化的阐述和强调，马克思不仅使他的劳动异化理论在哲学层面上达到了完整，而且为他的阶级革命理论奠定了社会思想基础。

---

① 《马克思恩格斯选集》第 1 卷，人民出版社 1995 年版，第 43—44 页。
② 《马克思恩格斯选集》第 1 卷，人民出版社 1995 年版，第 47 页。
③ 马克思：《1844 年经济学哲学手稿》，人民出版社 2004 年版。

3. 摆脱物化生存困境的解放之路

在马克思看来，自由自觉的劳动是人特有的本质，是推动人类社会进步的力量，人类正是在这一实践活动过程中认识和改变自然界并重构自身的。然而，在资本主义社会，原本自由自觉的劳动却被异化为同人的自由本性相对立，成了被迫的、痛苦的活动。这种异化劳动使劳动者"在自己的劳动中不是肯定自己，而是否定自己，不是感到幸福，而是感到不幸，不是自由地发挥自己的体力和智力，而是使自己的肉体受折磨、精神遭摧残。……因此，他的劳动不是自愿的劳动，而是被迫的强制劳动。因此，它不是满足劳动需要，而只是满足劳动需要以外的那些需要的一种手段。劳动的异己性完全表现在：只要肉体的强制或其他强制一停止，人们会像逃避瘟疫那样逃避劳动"[①]。异化劳动阻碍了人类自由自觉的创造能力的发挥，终结了人们在自由自觉的劳动中对生活乐趣、自我价值以及生命意义的体验，从而使人们陷入一种以"物化"为标志的异化生存困境。而造成劳动异化的根本原因，是以财产和生产资料的个人私有制为核心的资本主义社会制度。因此，无产阶级要摆脱物化（异化）生存的困境，就必须通过阶级斗争和暴力革命来推翻奴役人的资本主义制度，从根本上废除私有制，消灭阶级剥削和阶级压迫，从而使自己能够自由自觉地进行生产劳动，实现由劳作性、单一性、功利性、利己性的劳动向创造性、多样性、自由性、为他性的劳动的转变。[②] 只有这样，作为普通劳动者的无产阶级大众才能够在劳动中尽情地展示自己的智慧、才能和力量，充分地肯定自己的个人生命和个性特点，最大限度地实现自我创造的本性，从而使劳动成为自己"真正的、活动的财产"[③]，使自身从劳动中体验到内在的充实感，

---

① 《马克思恩格斯选集》第1卷，人民出版社1995年版，第43—44页。
② 王会平：《异化劳动的超越与人的生存意义》，载《社会科学研究》，2008年第6期。
③ 《马克思恩格斯全集》第42卷，人民出版社1986年版，第38页。

获得对自我生命价值和生活意义的体验和确证，最终达到一种全面、自由发展的理想的生存境界。

（二）文化—政治革命：景观化生存困境的突围策略

1."景观"的含义与景观化生存的意识形态表现

景观（spectacle），原意为一种被展现出来的可视的客观景色、景象，也指一种主体性的、有意识的表演和作秀，当代法国著名思想家、社会活动家居伊·德波（Guy Dobord）创造性地将这一语汇引入社会文化批判领域，借以概括他眼中当代资本主义社会的新特质。在他看来，当代资本主义社会已经从生产阶段发展到一个独特的景观阶段。在这个阶段里，社会存在的主导性本质主要体现为一种被展现的图景性，生活的每个细节几乎都已经被异化成景观的形式，所有活生生的东西都仅仅成了表征。正如张一兵指出的："如果说在马克思笔下，资本主义社会生活中人与人之间真实的直接关系倘不能物化为物与物的关系就无法顺利实现出来的话，那么到了德波这里，则成了个人的现实如果不能被虚化为一种非真实的景观式的'名望'，个人就将一无所有。"① 于是，真实的商品世界沦为景观（被展现的影像），景观（被展现的影像）却升格成看似真实的存在。人们的生存活动不再基于自己真实的需要，而是被景观——商品的影像化布展——所制造的异化性的伪需求所引导、操控，以至于在日常生活的每个情境中，都不得不在广告和其他大众传播媒介炫示的商品影像的牵引下，不自觉地面对一个已经被装饰过的欲望对象世界。"优雅迷人的画面、窈窕的影像美女、时尚的生活样态和各式各样令人不得不信服的专家引导，使每个人从表层

---

① ［法］居伊·德波：《景观社会》，王昭风译，南京大学出版社2007年版，第14页。

第五章　象征交换与命定策略：媒介化生存的救赎理想

的理性认知到深层的隐性欲望都跌入了五光十色的诱人景观之中，万劫不复。"① 景观化生存，已经成为 20 世纪 20—60 年代人们异化生存的新形式。

这种新的生存异化状况，在意识形态领域突出地表现为景观拜物教。对景观——由大众传媒刻意制造的商品的表象和影像群——的膜拜、迷入和疯狂追逐，成为大众主导性的生活模式。与早期资本主义社会人们对商品、货币和资本的膜拜和追逐始终是自发的、无意识的不同，在景观生产和景观消费占据社会生活主导地位的当代资本主义社会，人们对景观的膜拜和追逐却是被人为地、故意地制造出来的。掌握媒介技术霸权和象征资本支配权的景观生产者们，"通过消灭事物的真实存在而使之影像化，尔后再进一步将其蒸发为虚幻的图景"②，从而使"真实的世界被优于这一世界的影像的精选品所取代，然而，同时这些影像又成功地使自己被认为是卓越超群的现实之缩影"③。在马克思揭示的经济拜物教中，人们膜拜的还是被自己创造出来的商品、货币和资本等实体性的东西，而在德波所描绘的景观拜物教中，人们膜拜的却是被他人制造出来的非真实然而被当作真实的商品影像。前者是赋予实体性事物以神秘的魅力和神奇的魔力而加以崇拜，后者则是将作为现实事物颠倒的表象化的虚幻图景进行赋魅而加以膜拜。因此，景观拜物教"是对宗教幻觉的具体重构。景观技术没有驱散人类将自己异化的力量投射其中的宗教迷雾；相反，它只是将这些迷雾降落到人们生活的尘世，并达到这样的程度——使生活最世俗的方面也日益变得暧昧不清和令人窒息"④。所谓"生活最世俗的方面"，当指满足人们

---

① [法]居伊·德波：《景观社会》，王昭风译，南京大学出版社 2007 年版，第 22 页。
② 张一兵：《文本的深度耕犁——后马克思思潮哲学文本解读》第 2 卷，中国人民大学出版社 2008 年版，第 105 页。
③ [法]居伊·德波：《景观社会》，王昭风译，南京大学出版社 2007 年版，第 53 页。
④ [法]居伊·德波：《景观社会》，王昭风译，南京大学出版社 2007 年版，第 7 页。

最基本的衣、食、住、行、用等需求的方面,在此,景观拜物教使商品的使用价值已经分化为实际的使用价值和景观形象价值,并且使得"交换价值最终成功地控制了使用价值","使用价值总体已经被替换为抽象表征的总体"①。德波认为,由于大众传媒的影响,人们所消费的物品首先需要经过广告的宣传,在消费者的心目中形成一定的景观映像后才会被购买和消费。因此,人们实质上更多的是在消费商品影像化布展中的景观形象价值,而不是商品的使用价值。景观拜物教的最终目的,就是驱使景观社会中的消费大众把商品影像当成真实的存在来追求和拥有,从而使人的本真的生存完全被景观生产所遮蔽,并且使被商品拜物教所颠倒、物化了的人与人之间的关系再次被颠倒、虚化为遮蔽真实存在的景观。

2. 景观化生存的异化根源

在德波关于景观社会的描述中,我们可以探察到景观化生存这一现代资本主义社会新的异化生存方式由以产生的社会历史根源,那就是:资本的帝国主义殖民与大众传媒的过度景观生产。与马克思所处的自由资本主义时期不同,在德波生活的垄断资本主义时代,高度发达的机器大工业生产已经使社会商品极大丰裕。此时,如何才能最大限度地刺激工人的消费需求,使其从基本生存需要的满足转向对更多更高的生活需要的追求,成为资本家为了扩大社会再生产和商品市场、获得更多剩余价值而必须解决的首要问题。而20世纪上半叶在西方世界渐次兴起并迅速普及开来的电影、广播、电视等电子传媒,使西方社会进入以"文化消费"为主要内容和特征的时代。人们的消费更多地而且更大程度地被广告中所宣传的产品意象和时尚潮流所引导,凡是未经广告编码与意象加工的商品,都不具有

---

① [法]居伊·德波:《景观社会》,王昭风译,南京大学出版社2007年版,第56页。

第五章　象征交换与命定策略：媒介化生存的救赎理想

消费的优先权。人们跟随着大众传播媒介所散播的新闻、广告、娱乐节目等，以景观（影像化的商品世界）为中介来感知现实世界、建立个人生活模式，景观成为商品经济高度发达的现代资本主义社会人们全部视觉和全部意识的焦点，对景观的迷入和疯狂追逐成为大众主导性的生活模式。正是在这由商品意象统领消费的景观社会，资本找到了自身增殖的新出路——与媒介技术相结合，大量制造可供消费的媒介景观（商品意象），从而获得最大的利润。因此，可以说，景观的逻辑，就是资本的帝国主义殖民逻辑。① 这一以"视觉表象化篡位为社会本体基础的颠倒世界"②，表面上看是影像的拓疆殖民、恣意狂欢，是非生命之物自发运动的结果，实际上却是由一只无形的巨大的推手——资本主义意识形态——进行着隐性的然而却是霸权性的操控。"从整体上理解景观，它不仅是占统治地位的生产方式的结果，也是其目标。"③ 然而，经由工人的具体劳动生产出来的景观却不属于他们自身，而是一种独立于他们自身的力量。这种异化产品的日益骤增，使得全部的时间和空间越来越外在于生产者。景观生产越是成功，景观产品越是丰裕，景观的生产者就越是与他们的产品、与他们所生活的世界相分离。他们的生活越是他们自己的产物，他们就越是被排除于这一生活之外。质而言之，景观生产的成功及其产品的丰裕，实际上是作为一种剥夺的丰裕为生产者所经历的。④ 可见，景观化生存的异化，是由资本向景观世界的帝国主义殖民以及景观的过度生产（或者说景观生产的异化）所直接导致的。

---

① ［法］居伊·德波：《景观社会》，王昭风译，南京大学出版社2007年版，第23页。
② ［法］居伊·德波：《景观社会》，王昭风译，南京大学出版社2007年版，第9页。
③ ［法］居伊·德波：《景观社会》，王昭风译，南京大学出版社2007年版，第3页。
④ ［法］居伊·德波：《景观社会》，王昭风译，南京大学出版社2007年版，第10页。

3. 超越景观化生存困境的突围策略

针对景观社会人们的景观化生存的异化，德波从文化和政治两个面向展开了他关于超越这种生存困境的策略性思考。

（1）情境主义的文化革命策略 本·海默尔认为，德波的景观社会批判理论是"对于浸淫在景观之中而又被景观弄得一贫如洗的日常生活"进行的残酷无情的批判。[①]的确，作为"情境主义国际"（Situationist International）这一当代西方激进文化思潮和组织的创始人，德波对于被景观（商品意象）所统治的现代资本主义社会中人们的异化生存现实的关注，对摆脱这一异化生存困境的出路的探寻，最早都是在日常生活领域[②]进行的。

日常生活是一个古远的存在。文艺复兴以来，关注日常生活成为对神圣进行祛魅的有效策略。20世纪，随着资本主义在全球范围内的扩张和普适，日常生活成为西方思想家们进行文化和政治批判的关注焦点和核心论域。法国哲学家列斐伏尔的现代社会日常生活批判理论，在西方思想界的影响颇为深远。在他看来，生活在前现代时期的人们，其日常生活和自然界之间保持着和谐一致的节奏和循环，作为日常生活主要内容的工作、休闲和家庭生活也是圆融一体的，因而前现代社会的人们始终处于一种自在的存在状态。而在现代社会即"新资本主义社会"，由于技术理性和市场交换的入侵，日常生活已经被全面组织和纳入生产与消费的总体环节中，对差异的普遍压抑构成了现代日常生活的基础，由技术和官僚阶层相结合的统治方式已经渗透到日常生活的各个角落。由此，人们被抛入一

---

① ［英］本·海默尔：《日常生活与文化理论导论》，王志宏译，商务印书馆2008年版，第229页。

② 日常生活、艺术和政治是情境主义思潮关注的三大重心，所谓情境主义即由其发起者倡导变革伪日常生活，将生活变成艺术的情境而得名的。

第五章　象征交换与命定策略：媒介化生存的救赎理想

个风格和指涉消失、意义走向零度化的社会。针对现代社会日常生活的异化，列斐伏尔提出了"让日常生活成为艺术品！让每一种技术方式都被用来改变日常生活"①的文化革命主张。正是这一文化革命的激进策略，给了他的学生德波以深刻的影响。

德波认为，既然景观社会的人们被铺天盖地的广告和商品意象围困在景观幻象的囚牢，从而完全被虚假的欲望与异化的消费所操纵，那么，从这个完全被异化了的社会与文化中突围出来的唯一方式就是"构境"（constructed situation），即在日常生活中由一个统一的环境和事件的游戏的集体性组织重新具体地精心地建构一种新的情境，从而摧毁平庸化的日常生活所建构的虚假迷人景观，消除由景观所诱发的冷漠、欺骗、被动性与碎片化，使人们重新回到一个真实的生存空间和生活瞬间。而构境作为主体根据自己真实的愿望重新设计、创造和实验人的生命存在的过程，可以从日常生活和艺术两个方面进行。

在日常生活构境方面，德波主张采取漂移（dérive）策略来打破日常生活的既有陈规，还原主体的自我真实。所谓漂移，即"一种与城市社会生活相关的实验行为模式：一种快速通过各种各样环境的技巧。这一词还指明了它是一种特殊的连续的漂移过程"②。德波倡导的漂移实践，是从肉身和精神两方面与现代城市日常生活的模式化所导致的无聊和异化进行迂回战斗的。在肉身反抗的层面，漂移者必须在有限的漂移时间内，抽身于其所有的社会关系、工作和休闲，全身心地投入对城市地形的探险和这一探险所经历的所有遭遇中。"只有这样，人才能重新发现城市的神秘与诗

---

① Henri Lefebvre, *Everyday Life in the Modern World*, translated by Sacha Rabinovitch, London: The Penguin Press, 1971，p.204.
② 王昭风:《景观社会的文化——一种否定的文化或文化的否定》，载《山东社会科学》，2006 年第 1 期。

性，才能使自我从日常城市生活模式化的无聊和异化中解放出来，才能充分发现城市的美丽和人的自我与解放本性"①，从而使沉重的肉身获得解放，释放疲乏和困窘。而在精神反抗的层面，德波认为现代城市日常生活中充斥的强制性消费影像抽离了人的主体性，客观上造成了人的主体性缺失，所以需要对城市生活的景观强制性尤其是建筑空间布展的凝固性进行否定，通过漂移来唤回或者激起人们对城市、工厂等异化最为集中区域的主体性想象，从而寻求一种替代性把握。德波的"漂移"策略号召人们对日常城市生活进行想象的、幻觉的"观照"，可以理解为超现实主义者漫步于乡间的都市变调。从本质上看，它既是一种政治实践上的空间生产，又是一种微观心理学革命，更是一种寻找海德格尔意义上的主体诗意化生存方式的审美化生存追求。

在艺术构境方面，德波主张采取异轨（de'tournement）策略来消解文化和艺术的区隔，内爆生活和艺术的边界。所谓异轨，即"对先于美学原理而存在的东西的整体再运用的一种简称。它是将过去与现在的艺术产品整合为一种环境的更高级的建构"②。异轨的具体手法有模仿、引用、反打、拼贴等，但运用异轨的宗旨不应该是单纯的游戏、模仿和嬉戏，而首先应是一种对先前表述体制之价值的反转、颠覆与否定。因此，异轨的运用必须遵循两个基本原则："一是每一项被异轨的对象元素的意义必须要丧失，直到原始意义的完全丧失；二是新的意义整体被组织起来，并赋予其每一个元素以新的意义域与影响。"③这样，人们就能够体验到一种通过新旧意

---

① 王昭风：《景观社会的文化——一种否定的文化或文化的否定》，载《山东社会科学》，2006年第1期。

② 王昭风：《景观社会的文化——一种否定的文化或文化的否定》，载《山东社会科学》，2006年第1期。

③ 王昭风：《景观社会的文化——一种否定的文化或文化的否定》，载《山东社会科学》，2006年第1期。

义整合共存产生的词汇意义的最大丰富性,获得一种源自于双重意义的特殊力量,从而不仅能够发现、开拓人的才能,而且也能够对全部社会法律习俗加以正面反抗。①

在德波那里,景观社会中人们对异化了的自我生存样态的改观,需要通过构境、漂移、异轨等文化革命策略来对自身生存境遇进行自我调适。德波期望由此通达对异化社会和异化生存的整体性颠覆。然而,我们看到,"从某种意义上来说,这些革命与造反的策略都带有某种鲜明的愤世嫉俗的情绪发泄,玩世不恭的游戏调侃色彩,都浮在人类感情层面的表层。因此,我们可以说,德波和国际情境论者的所有策反行为充其量只是一种心理学或说心理地理学的革命"②。事实也证明,德波所倡导的构境、漂移、异轨等文化革命策略有着强烈的理想主义和乌托邦色彩,缺乏实践性和斗争性,并不能带领人们成功逃离景观幻象的虚拟囚牢。

(2)无产阶级的政治—意识革命策略 作为一个情境主义者,德波大力提倡以构境、漂移、异轨等文化革命策略来反抗现代资本主义社会中景观对人们生存的异化、奴役和压迫,同时,作为一个深受卢卡奇影响的新马克思主义者,德波理论推演的归宿却在于革命实践。在《景观社会》一书里,德波将粉碎景观化生存这一现代社会异化生存现实的希望寄托在了无产阶级大众的革命上。

德波反对那种以纯粹的经济力量作为决定历史发展的唯一要素的资产阶级革命思想,对马克思将无产阶级这一革命的阶级自身看作全部生产工具中最伟大的生产力的做法十分赞赏。在马克思所描述的现代中央集

---

① 王昭风:《景观社会的文化——一种否定的文化或文化的否定》,载《山东社会科学》,2006年第1期。
② 杨亭:《德波的景观社会批判》,载《西南师范大学学报》(人文社会科学版),2005年第2期。

权官僚政治"独裁者"的原型（即一种"资本统治劳动的国家权力，一种为了社会奴役被组织起来的公共暴力"的形式）中，德波看到了"现代景观的社会政治基础已清晰可辨，这些基础已否定性地暗示了无产阶级是历史生活唯一觊觎者"①。然而，与马克思主张暴力革命的理论不同，"德波吸收了卢卡奇以来西方马克思主义强调阶级意识自觉的理论，认为无产阶级只有变成有意识的阶级，才能获得革命中的权力，形成自己的革命规划，并将自己的革命同资产阶级的革命区别开来"②。在他看来，作为与马克思的理论真正相关的历史上唯一两个革命的阶级，资产阶级业已取得革命的胜利，而无产阶级的革命至今仍是没有实现的规划。掌握着资本的资产阶级依靠发展经济获得了统治社会的权力，一无所有的无产阶级若要获得生存和发展的权力，必须变成有意识的阶级。而无产阶级的自我解放意识和革命斗争意识的最终生成，依赖于革命斗争实践及其组织形式。"在革命时刻社会的重组和组织革命斗争的过程中，无产阶级被构成为主体。正是在这一时刻，正是在这里意识的实践条件一定会存在。"③然而，由于在工人运动创立时期的革命理论忽视了这种组织的关键问题，"在这一理论失职基础之上发展起来的工人运动组织形式，反过来禁止一种整体理论的建构，并粉碎整体理论代之以各种各样的专门化的和碎片式的知识样式"④。

与卢卡奇关于"总体性革命"的理论相一致，德波认为：要超越景观社会就必须以一种总体性的革命理论尤其是革命实践对景观社会进行一种

---

① [法]居伊·德波：《景观社会》，王昭风译，南京大学出版社2007年版，第36页。
② 仰海峰：《德波与景观社会批判》，载《南京社会科学》，2008年第10期。
③ [法]居伊·德波：《景观社会》，王昭风译，南京大学出版社2007年版，第37页。
④ [法]居伊·德波：《景观社会》，王昭风译，南京大学出版社2007年版，第37—38页。

第五章 象征交换与命定策略：媒介化生存的救赎理想

总体性否定，而这种否定的力量则在于工人的阶级斗争。① 由此出发，德波逐一考察了历史上各种专门化的和碎片式的工人运动组织形式，对各种各样的官僚政治意识形态进行了揭露和批判，并在此基础上，对当代无产阶级的生存状况及其蕴藏着的巨大革命潜能进行了分析。首先，德波指出，在现代资本主义不断强化的异化之下，丧失了独立自主能力，在最基本的意义上也丧失了其幻想的工业化国家的无产阶级，不仅没有丧失其存在，而且以工人大众的形式保持了其不可缩减的现存，并通过农民阶级的真实消失，通过屈从于工厂劳动逻辑的"服务"行业和知识产业的日益增加而不断地被强化着。其次，德波认为：当代无产阶级是一种潜在地运行于社会内部的否定性力量。尽管主观地看，这一阶级仍然远离任何实际的阶级意识，但是德波相信，一旦工人大众意识到他们已失去控制自己生命的权力，一旦他们发现自己客观化的权力与资本主义社会达成了持续稳固的共谋，不但不再仅仅以它的劳动异化的形式，而且还以他自己创造的解放自己的协会、政党和国家权力机构的形式强化着这种共谋时，他们就会激发自己真正的阶级意识，发现自己是总体上反对具体化、客观化和所有权力专门化的阶级。② 最后，对于当代无产阶级而言，没有什么关于它贫穷的大量安慰，也没有任何在等级体系中幻想的参与能够对其不公提供一种永久性的治疗。他们只能在那种将其排除于任何真实生活之外的绝对不公中认识自己，在反抗青年拒绝艺术、日常生活和旧政治专门化领域的启示下酝酿其对阶级社会的第二轮进攻——但这次他们进攻的目标不再是官僚政治的机器，而是放任消费的机器。德波进一步指出：领导当代无产阶级运动的革命的组织，必然要建立一种社会的整体批判——这一批判拒绝

---

① 德波所谓的工人阶级的斗争主要指的是工会自治基础上的阶级斗争，在这个意义上，德波持一种工团主义的想法，这种想法，也与早年卢卡奇的革命主体论相一致。

② [法]居伊·德波：《景观社会》，王昭风译，南京大学出版社2007年版，第51页。

与任何分离权力相妥协,并直接反对全球范围内所有社会生活的异化。然而,"由于资本主义不断在所有层面上强化异化的负担,对工人来说它日益增加了工人认识和命名自己贫困的难度,并且最终将工人阶级置于或在整体中拒绝异化或者什么也不能做的境地,所以革命组织必须明白它不能够再依靠斗争的异化形式去与异化战斗"①。也就是说,在工人的生存状况和全部社会生活更加异化了的现代景观社会,以往的武装斗争和暴力革命业已成为异化了的斗争形式,不再适宜于对抗新的社会异化了。为此,德波开出了一剂以革命的理论唤醒工人的阶级意识和自我解放意识的药方:"无产阶级革命完全以这一条件为基础,即人类第一次把理论作为人类实践的知性来认识,并依人民大众为生。它要求工人成为辩证法家并将他们的思想付诸实践。"②可见,对于如何才能超越景观社会的景观化生存困境,德波强调的是批判理论与革命实践的结合。"为了有效地消灭景观社会,需要的是把实践的力量置入行动中。只有与社会一切否定的实际潮流相结合,景观的批判理论才可能是真实的;并且这一否定,这一革命阶级斗争的重新复兴,应通过发展景观批判变成自己的意识……这一理论的真正规划和传播不能没有严酷的实践而被设想,可以肯定的是,朦胧的、艰难的批判理论的道路一定也是按照社会规模行动的实践活动的命运。"③

需要注意的是,尽管德波强调批判理论与革命实践的结合,但他所说的革命实践却不是马克思意义上的由无产阶级政党领导的暴力革命,而是在"工人自治委员会"这样的社团组织下的非暴力抵抗活动。与马克思主张的无产阶级暴力革命注重对工人阶级的革命斗争精神和实际战

---

① [法]居伊·德波:《景观社会》,王昭风译,南京大学出版社2007年版,第54页。
② [法]居伊·德波:《景观社会》,王昭风译,南京大学出版社2007年版,第54页。
③ [法]居伊·德波:《景观社会》,王昭风译,南京大学出版社2007年版,第92—93页。

斗能力的培养和锻炼不同，德波所说的这种革命实践，更为注重的是唤醒和熔铸工人大众自觉的阶级意识和自我解放意识。同时，这种革命实践更多地指向艺术与日常生活的审美化情境建构，体现出一种以审美现代性反抗启蒙现代性的救赎理想。因此，德波为景观社会的人们如何超越景观化生存困境而设计的只是一种微观政治学意义上的文化—政治革命策略而已。

二、媒介化生存困境的救赎理想：鲍德里亚的乌托邦

（一）媒介化生存的意识形态表现

由于鲍德里亚是在"指向个体与外界之间的一切社会化交往中介"这一更广泛的意义上使用"媒介"一词的，因此，在他的理论视野中，"媒介化生存"就不仅仅是指一种在当代消费资本主义社会，人们的物质消费和文化消费活动被大众传媒所生产的各种商品广告、商品意象和消费景观所引导、控制和支配，失去了主体应有的想象力、辨识力，成为"麻木的消费追求者、时尚崇拜者、媚俗颂扬者"[①]的异化生存状态，而且还包括了日常生活世界中的物品体系以及其中渗透的各种意识形态（尤其是消费意识形态）宰制人们的生活和思想而形成的非自主、非自由和非本真的生存状态。在"中介物"的意义上，鲍德里亚的媒介文化批判理论中的媒介包括了"符号—物"和"拟仿物"（或称为"拟像""仿象"）两种形态。"符号—物"是指在消费社会，消费意识形态以符码的差异化逻辑建立起一种

---

① 张天勇：《社会符号化——马克思主义视阈中的鲍德里亚后期思想研究》，人民出版社2008年版，第48页。

消费的符号秩序，从而使一切进入消费领域的物品都具有了一种体现社会地位、身份和个性差别的符号价值和意义，也就是说，使消费品成为一种凝结着符号意义的"符号—物"。"拟仿物"是指在电子媒介尤其是数字媒介广泛应用于社会生活领域的时代，在以电子媒介和数字媒介的模拟技术手段建立起来的模拟秩序（或称为"拟像秩序""仿真秩序"）的统治下，一切媒介文化产品均成为一种由电磁波和数字代码所产生的拟像、仿象，而这些非实体性的"拟仿物"，成为电子媒介时代人们认知社会、体验世界、进入消费、追求时尚、认同和确证自我的主要媒介。因此，鲍德里亚所指认的"媒介化生存"，实际上包括了"符号化生存"和"拟像化生存"（随着计算机和多媒体虚拟现实技术的产生，又进一步发展为"虚拟化生存"）两种形态。与此相应，"媒介化生存"在意识形态领域的表现——媒介拜物教——便也有了两种表现形态：符号拜物教和拟像拜物教。

在鲍德里亚看来，符号拜物教是一种古老的拜物教，它在原始时代便以"神话、仪式、拥有某种力量的操持（pratique），一种富有魔力的高于一切的权力，一种神性（mana）"[1]等各种各样的形式表现出来。它还是一种带有宗教色彩的神秘主义的延续，是自18世纪以来那些殖民主义者、人种学家以及传教士们共同谱写的充满西方基督教色彩与人道主义色彩的意识形态交响乐的回响，是主流意识形态用来麻痹人民的鸦片。[2]而在当代社会，符号拜物教理论也是一种显性的意识形态生产的结果，因而"成为覆盖在当代社会分析这块蛋糕上的奶油"[3]。为了揭示当

---

[1] [法]让·鲍德里亚：《符号政治经济学批判》，夏莹译，南京大学出版社2009年版，第75页。

[2] [法]让·鲍德里亚：《符号政治经济学批判》，夏莹译，南京大学出版社2009年版，第74—75页。

[3] [法]让·鲍德里亚：《符号政治经济学批判》，夏莹译，南京大学出版社2009年版，第74页。

第五章　象征交换与命定策略：媒介化生存的救赎理想

代资本主义社会的拜物教实质上是一种符号拜物教，鲍德里亚对"拜物"（fetish，或译为"物恋"）这一术语进行了词源学考察。据他讲，"拜物"（"物恋"）一词出现在 17 世纪的法国，其来源是葡萄牙语 feitico，意思是"人工的、人为的（artificiel）"，而这一术语本身又来自于拉丁语 facticius，其最初的意思是"去做（去制造）""通过某种符号模仿"。可见，"拜物"的原初含义就是指编造、伪造一种人工制品，或是指一种为了展现某种外观（表象）和凸显某种符号的劳作。显然，最初的拜物教是一种文化意义上的带有符号性的劳动，它作用于物恋的载体，同时也作用于这种物恋让人产生的迷恋之中。然而，这一方面的内涵却很快被另外一种内涵——意指一种力量、一种物的超自然的特质①——所压抑，由此导致了符号的操控被某种力量的操控所代替，能指的调控被一种富有魔力的所指的流通的经济学所代替。② 在当代消费资本主义社会，拜物教的概念在一个更为简明、经验的层面上流行于社会话语——物的拜物教、汽车拜物教、性拜物教和休闲拜物教等，在分散的、喧闹的、充满偶像崇拜的消费领域中得到了淋漓尽致的显现。③ 对于消费理论中的拜物教徒、市场的策划者们以及消费者们来说，可消费的物在任何地方都是作为某种力量（幸福、健康、安全和荣誉等）的承载而被给予和接受的。这种具有魔力的载体散播得如此广泛，以至于人们忘记了最初与他们打交道的其实是符号：一种被普遍化了的符码（code），一种完全任

---

① 葡萄牙语的 feitico 包含两个方面的内涵：作为形容词，它的意思是人造的；而作为名词，它的意思则是被蛊惑之物，或者直接意指一种魔法。参见 [法] 让·鲍德里亚：《符号政治经济学批判》，夏莹译，南京大学出版社 2009 年版，第 78 页。

② [法] 让·鲍德里亚：《符号政治经济学批判》，夏莹译，南京大学出版社 2009 年版，第 77—78 页。

③ [法] 让·鲍德里亚：《符号政治经济学批判》，夏莹译，南京大学出版社 2009 年版，第 74 页。

意的差异化符码。①

鲍德里亚认为，弥漫在当代消费资本主义社会中的正是一种符号拜物教。被人们神秘化的，正是那些围绕在他们身边，在其与他人和社会进行交往的过程中充当媒介（中介）的各种物的符号价值，而不是它们所具有的使用价值或者某种内在的"特性"，而物也正是凭借这些显示差异的符码价值才得以展现其自身的迷人魅力。因此，被依赖于媒介—物而生存的人们抽象地生产出来的媒介拜物教，实质上是一种符号拜物教。这种拜物教所揭示的并不是对于实体（物或者主体）的迷恋，而是对于符码的迷恋，它控制了物与主体，使它们全部屈从于它的编排，并将它们的存在抽象化。②也就是说，"是符号本身统治着主体与客体，使它们服从于符码"③，作为客体的媒介—物以及依赖于媒介—物而生存的主体，都在这种符号拜物教中被异化了。于是，意识形态发挥作用的地方并不在那些被各种不同上层建筑所反映出来的异化了的意识之中，而是存在于各个层面的结构性符码的普遍化之中。这样，消费资本主义社会的商品拜物教实际上就是某种被抽去了具体劳动实质的产品的拜物教，由此不得不屈从于另外一种类型的劳动，即一种意义的劳动，也就是被符码化了的抽象劳动——差异的生产以及符号/价值的生产。由此，拜物教实际上与符号—物关联了起来。物被掏空了，失去了它的实体存在和历史，被还原为一种差异的标记以及整个差异体系的缩影。④鲍德里亚相信："在当代资本主义社

---

① ［法］让·鲍德里亚：《符号政治经济学批判》，夏莹译，南京大学出版社2009年版，第78页。
② ［法］让·鲍德里亚：《符号政治经济学批判》，夏莹译，南京大学出版社2009年版，第78—79页。
③ 高亚春：《符号与象征：波德里亚消费社会批判理论研究》，人民出版社2007年版，第110页。
④ ［法］让·鲍德里亚：《符号政治经济学批判》，夏莹译，南京大学出版社2009年版，第79—80页。

第五章　象征交换与命定策略：媒介化生存的救赎理想

会消费过程中所反映的商品拜物教，不仅仅是在某个特权商品上的投射和投资，而且还是关于社会名望和差异化的整个系统的拜物教，因此拜物教卷入了社会差异的整个系统中。这样拜物教也就变成了对符号物体的崇拜"①，从而成为符号拜物教。鲍德里亚还特别指出，符号拜物教广泛存在于当代资本主义社会的各个社会阶层中，成为一种集体无意识。它既体现了当代资产阶级——这个被金钱化了的阶级——对等级价值的怀旧梦（自 17 世纪开始，区分和声誉的社会心理，就同资产阶级作为一个稳定的阶级相关联），也体现了所有中产阶级和小资产阶级的普遍心理。即使是被奴役于社会的物质生产领域，只能维持较低消费水平的无产阶级，也不可避免地深陷于这种符号拜物教中。所以，如果认为符码逻辑只同统治阶级或中产阶级相关，正是他们有着"区分的渴望"，而无产阶级由于实践的物质性能够避免这种逻辑，那将是非常荒谬的。②

随着电子媒介和数字媒介在社会生活中的普及化发展，商品化了的媒介机器（电话机、传真机、可视对讲机、收音机、电视机、收录机、影像摄录机、计算机、多媒体和通信网络等）渗透进人们工作生活的所有领域，使人们生活的每一个细节都被掩埋于媒介机器中。电子化、数字化的媒介机器不仅仅是媒介的物质外壳，更演化为人们所有生存领域的环境，使他们生存、延续于与媒介环境的相互作用中。③在这样一个电子化、数字化的媒介机器进入了千家万户的时代，人们对于自身与外界的认识都不可避免地经过广播、电视、电脑、互联网等电子媒介和数

---

①　高亚春：《符号与象征：波德里亚消费社会批判理论研究》，人民出版社 2007 年版，第 111—112 页。

②　[法]鲍德里亚：《生产之镜》，仰海峰译，中央编译出版社 2005 年版，第 108—109 页。

③　[日]水越伸：《数字媒介社会》，冉华、于小川译，武汉大学出版社 2009 年版，第 27 页。

字媒介的中介,尤其是电视和计算机、互联网所生产的影像世界,作为由电子媒介和数字媒介按照模型①和模拟秩序、仿真逻辑生产出来的拟像、仿象世界,虽然并不等同于现实世界,甚至也不是对真实的指涉物或某种物质性实体世界的模拟,却以其"比真实还真实、比现实还现实"的"超真实""超现实"的特性,为人们认知世界、认同自我提供了不可或缺的依据②,甚至使他们在缺席于某种场景时,也能获得一种比身临其境还要真实、真切的感觉。因此,"人们渴求的生活往往就是'和在电视上看到的生活'一样的生活"③。拟像成了现实的标准和模板,拟像生产着现实。于是,人们对那些按照模拟秩序在仿真逻辑操控下制造出来的"超真实""超现实"的拟像顶礼膜拜、趋之若鹜,由此将符号拜物教(对作为物的符号的膜拜)发展为一种拟像拜物教(对数字符码的膜拜)。拟像拜物教是当代消费资本主义社会发展到电子信息化和数字信息化时代的产物,也是受电子媒介和数字媒介控制和支配的当代人的生存异化状态在意识形态领域的表现。

---

① 在鲍德里亚的思想体系中,模型是一个非常含糊的概念,大致是指学者或技术人员通过数据处理等综合手段对一个系统和过程所作的简化再现,现在往往指的是电脑图形/模拟图。这种模拟图不再是根据现实进行的模拟,而是根据主体的思想或感觉而进行的创造。参见张天勇:《社会符号化——马克思主义视阈中的鲍德里亚后期思想研究》,人民出版社2008年版,第82页。

② 当大众传媒的消费者在面对媒介文本时,他们不得不被结构进由这一媒介文本提供的符号体系当中,当他们遭遇到他们认同的符号(如年龄、性别、民族、种族、地域和阶级等因素)时,这些符号会以强有力的方式凸显出来,消费者会不自觉地把这些荧屏形象与自我形象进行一番联系与比较。大众传媒中提供的艺术形象激发了消费者想象可能的自我的欲望,在现实的自我与想象的自我之间便发生了某种内在性的"对话",在某种意义上讲,这种"对话"能够达到反思现实的目的,同时能够使消费者借助媒介文本表征自我认同与社会认同。参见王杰文:《媒介景观与社会戏剧》,中国传媒大学出版社2008年版,第100—101页。

③ [英]齐格蒙特·鲍曼:《流动的现代性》,欧阳景根译,上海三联书店2002年版,第129页。

（二）媒介化生存的异化根源

在当代资本主义社会，人们对具有区分功能的符号—物和"超真实"的拟仿物的追逐，催生了符号拜物教和拟像拜物教，这就使得媒介化生存实质上成为符号化生存和拟像化生存，而这种生存方式的异化，则根源于符码逻辑和仿真逻辑对人们行为的深层次、无意识的支配。

1. 符码逻辑的支配

符号是伴随着人类的产生而产生并随着人类的发展而变化的，它是人类创造文明、交流思想的重要工具，甚至可以说，符号是人类区别于动物的一个重要标志，符号建构了人类自身的存在方式。卡西尔指出，人除了具有在一切动物种属中都可看到的感受器系统和效应器系统之外，还有一个"第三系统"即符号系统。人的突出特征，人与众不同的标志，既不是他的形而上学本性也不是他的物理本性，而是人通过这一符号系统所进行的劳作（work）。正是这种劳作，规定和划定了"人性"的圆周，人类就是在运用自己的符号构造能力创造语言、神话、宗教、艺术、科学和历史等文化符号系统的过程中凸显了自己的本质。[①] 卡西尔还强调指出，人通过符号活动"创造的并不是一个实体性的东西，而是一种关于经验世界的陈述"[②]。也就是说，人们所创造的是一种文化世界，是一种通过符号对实体世界进行加工的意义世界。由此可见，在卡西尔那里，符号的真谛就在

---

① [德]恩斯特·卡西尔：《人论》，甘阳译，上海译文出版社2004年版，第35页。
② [德]恩斯特·卡西尔：《语言与神话》，于晓等译，生活·读书·新知三联书店1988年版，第175页。

于:"符号是一种意义编码,是人们对客观世界的意义化。"①

卡西尔将符号的存在指向意义世界的思想,对后人产生了直接的影响。法国结构主义符号学家罗兰·巴特在继承卡西尔符号创造意义系统这一理论的基础上,又对他的符号哲学思想进行了发展,即不再把符号的功能局限在创造精神文化产品上,而是将其推广到整个社会所有领域的创造活动及其成果中,对包括食品、服装和摄影等的日常生活物品和文化产品进行了符号学分析,并且揭示了符号意义生成的多级系统,清晰明了地建构了符号的意指结构。与人们通常将符号当成单一的能指不同,巴特赞同瑞士著名的语言学家索绪尔的观点,即认为符号是由能指和所指构成的一种"双面的现实"②,不能无视符号的意义层面而将它仅仅视为能指。而符号的意义生成于意指(signfication),即能指与所指的结合过程,亦即一种符号化过程。这种意指过程有不同的层级,在第一层级的符号系统中,能指和所指的结合构成了一个意指符号,而这一符号(能指/所指)又可以作为一个能指进入第二层级的符号系统中,与其中的所指构成更高层级的意指符号。他以一幅照片为例进行了说明。照片的内容是一个身着法国军服的黑人青年行着军礼,两眼向上看,可能在凝视飘扬的法国国旗。按照巴特的分析,黑人向军旗敬礼这一行为本身构成了第一层级的符号系统,其能指是"黑人在军旗面前的举动",所指是"黑人对国家的忠诚"。在这一符号系统成为媒体的表现内容时,"黑人向军旗敬礼以示对国家的忠诚"这个意指符号系统又成为一个新的能指,其所指是"在这个国家人人平等,人人都对国家忠诚",由此形成了一个新的意指符号系统,即第

---

① 张天勇:《社会符号化——马克思主义视阈中的鲍德里亚后期思想研究》,人民出版社 2008 年版,第 126 页。

② [法]罗兰·巴尔特:《符号学原理》,王东亮等译,生活·读书·新知三联书店 1999 年版,第 29 页。因译者不同,罗兰·巴尔特即罗兰·巴特。

第五章　象征交换与命定策略：媒介化生存的救赎理想

二层级的符号系统。这样，"黑人向军旗敬礼"这一符号的意义就由表现"黑人对国家的忠诚"进一步提升到表现"在这个国家人人平等，人人都对国家忠诚"的高度，并且由表层意指进入深层意指，由显性意指转为隐性意指。

巴特对物品符号意义系统的结构主义分析方法深深影响了鲍德里亚，其《物体系》一书，就是在巴特的《流行体系》（The Fashion System）的直接影响下写成的。在运用符号学方法对消费社会的物品体系及其意义系统展开分析的过程中，鲍德里亚还吸取了索绪尔语言学中关于符号的区分性与差异性的思想（即语言符号的能指只是在整个符号系统内彼此之间的区分和差异中来进行指示的，所指只有在能指的相互区分中才能存在，符号的指涉意义就建立在能指的差异基础上），提出了决定物品符号意义的乃是一种深层的符码逻辑。鲍德里亚认为，物的符号/功能①是自古以来就存在的。在原始社会，最初对物的消费不是为了满足个人的经济需要，而是发挥着散播声望和彰显等级的社会功能。所有的物品都必须是为了社会等级的显现而被生产和交换的，甚至有时会采取一种极富破坏性的形式（如大规模地损毁、丢弃物品，故意浪费）来凸显物品的符号/功能。这已成为一种制度，一种不同于自然法则的文化法则。随着社会的发展，库拉和夸富宴作为原始的象征交换体系（它们的符号/功能在于构建了一个价值与地位的社会体系）已经消失，但其彰显社会等级的原则却作为物的社会学理论的基础而被保留了下来，并在阶级社会中有闲阶

---

① 鲍德里亚喜欢用"/"来表示两个不同领域的连接。符号与功能就是两个不同领域的东西，严格说来符号作为语言学要素，本身不具有什么功能性，功能性只能在经济体制之下才是有意义的，符号只有通过意指关系才与功能连接起来。因此我们需要注意此处鲍德里亚在符号和功能之间所加的"/"。参见［法］让·鲍德里亚：《符号政治经济学批判》，夏莹译，南京大学出版社2009年版，第3页。

级的炫耀性浪费和奴仆以主人之名进行替代性消费①的过程中得到了进一步说明。由此可见,"消费是一种受限的社会制度,这种制度甚至在社会行为者有意识地考虑在内之前已经设定了行为本身"②。也就是说,对物品的消费不是出自个人的基本需求或遵从一种"自然法则",而是遵循着一种通过物品符号标明社会地位的符码逻辑,这种符码逻辑已深深地植入社会机体的无意识之中,先在地规定着处于这一社会共同体中的人们的行为。而在物质产品更为丰裕甚至极度过剩的当代资本主义社会,物品的生产和消费就更加不是为了满足人的基本生存需要,而是在一种符号区分的意义上来进行的。而且,"今天的区分已经从简单而又单纯的拥有转变为了物的组织以及社会应用。由此一种社会的阶层划分必然最终存在于一个更为细致的对于环境和日常生活实践的符号学分析之中。对内在的或者家庭的空间分析并不是基于物的清单,而是基于物的分配之中(中心/非中心、对称/非对称、继承/偏移、混乱/有序),基于形式化或功能化的语段(syntagmes),也就是说,基于一种对物的文法分析,从而产生了一种依据某种生存环境和社会阶层而构建的组织规定"③,这种组织规定即内在地主宰着物的符号/功能之发挥的符码逻辑。在这种符码逻辑中,隐藏着严谨的社会逻辑:某种符号—物的拥有者和消费者,将被纳入一个以相同方式来拥有和消费它的个人所组成的阶级之中,由此,个人行为的符号也就是社会凝聚的符号,它使得每一个人以及每一个群体都必须借助于物在某种序列中找寻他/她的位置,同时根据个人的发展努力地挤入这一序列

---

① 参见[美]凡勃伦:《有闲阶级论》,蔡受百译,商务印书馆2005年版。
② [法]让·鲍德里亚:《符号政治经济学批判》,夏莹译,南京大学出版社2009年版,第5页。
③ [法]让·鲍德里亚:《符号政治经济学批判》,夏莹译,南京大学出版社2009年版,第9页。

第五章　象征交换与命定策略：媒介化生存的救赎理想

之中。每个人都只有通过他们消费的物才能获得确证，而且每个人最终都不得不屈从于这种确证。这表明，在当代消费资本主义社会，人们生活在一种符号编码秩序的强制下，每个个人或者每个群体都只有将自身放置到这种符号编码秩序中才能实现自身的社会化。而这种符号编码秩序或者说符码逻辑，又借助于广告等大众传媒及其所制造的时尚，更加深入地渗透到人们的日常生活之中，使人们在无意识中接受着它的引导和规训，丧失了自身生存和发展的自由、自主性，从而异化为一种被建构的存在。

2. 仿真逻辑的支配

鲍德里亚认为，后工业社会的人们生活在一个由仿真逻辑支配的拟像时代。这种仿真逻辑主要遵循三个原则。

（1）**非真实性、非确定性**　鲍德里亚说：仿真的意思就是"从此所有的符号相互交换，但决不和真实交换（而且只有以不再和真实交换为条件，它们之间才能顺利地交换、完美地交换）"①。这就是说，仿真逻辑下的符号生产是符号之间的相互模拟和复制，而不是符号对"真实"事物的模拟。从与"真实"的关系来看，仿真逻辑支配下生产出来的拟像有两种类型：一是通过对客观世界中真实存在的事物进行逼真的模拟和精确的复制而形成的仿真品，它消解了自然与符号之间的等价关系，模糊了原本与摹本之间的边界，并把符号从"真实"中解放出来使其成为独立的存在（如沃霍尔利用复制、拼贴手段创造的《玛丽莲·梦露》，生物克隆技术所制造出的克隆羊等）；二是通过现代电子技术和信息技术创造的，看起来极度"真实"但在客观世界并不存在的虚拟物象和虚拟场景（如美国的迪尼斯乐园、足球比赛的现场直播、赛博空间的沟通和交流等），它们使符号

---

① [法]让·波德里亚：《象征交换与死亡》，车槿山译，译林出版社2006年版，第4页。

彻底摆脱了过去那种指称某物的"古老"义务和确定的等价法则，可以按照一种随意性和一种完全的不确定性展开结构或组合的游戏。这类拟像虽然是一种仿真的存在，但却"比真实还要真实""比现实还要现实"，是一种"超真实""超现实"。它使得人们宁愿相信在电视、电影和互联网中所获得的信息、影像是真实的，而不愿相信他们在生活中所看到、体验到的事物是真实的。

（2）**代码化、数字化** 鲍德里亚指出：在仿真逻辑支配下的符号生产，依据的不是生产逻辑下的商品价值规律，而是价值的结构规律。这种结构规律不仅影响意指，也影响其余的一切，其形式不是一般的符号形式，而是某种作为代码（code）形式的组织。"拟像的起源"如今正是在代码中找到了自己的完美形式。这些代码不可解读，如同在"生物"体深处隐藏多年的程序母型，其中酝酿着所有的指令和所有的回应。它使"各种符号的问题，例如它们的理性用途、它们的真实和想象、它们的压抑、它们的转向、它们呈现的幻觉、它们的沉默或它们的平行意指——所有这一切都被抹去了"[1]。由此，符号的空间终结了，意指终结了，只剩下代码的黑匣子，只剩下发送信号的分子，人们受此辐射，被作为信号射线的问/答所穿越，不断地被自身细胞中记录的程序所测试。[2] 这种根据遗传密码模式进行的调节，完全不局限于实验室效果或理论家的狂热幻想。代码化、数字化占据了最平常的生活，缠绕着这个社会的所有信息和符号，其最具体的形式就是测试：问/答测试、刺激/反应测试。整个交流系统都从语言的复杂句法结构过渡到问/答这种二元信号系统，即一个

---

[1] [法]让·波德里亚：《象征交换与死亡》，车槿山译，译林出版社2006年版，第81页。

[2] [法]让·波德里亚：《象征交换与死亡》，车槿山译，译林出版社2006年版，第80—81页。

第五章　象征交换与命定策略：媒介化生存的救赎理想

不断"测试"①的系统。到处都是相同的剧本、"试错"的剧本、提供选择答案的剧本——到处都是通过实践和答案的无限可分性进行的测试，而这种测试的答案是从问题中归纳出来的，是事先就被设计好了的。尤其是作为仿真机器的电视、电影等大众传媒，生产出大量的拟像，这些拟像把人们的感觉粉碎成连续的片段，粉碎成一个接一个的刺激，对此，人们只能用"是"与"否"来即时回答——反应被最大限度地缩短了。信息扮演的角色不再是告知，而是测试，最终是控制，因为人们的所有回答都已经预先被写入代码登记册，从而使得被提问者的表现，永远和问题对他们的想象、对他们的要求一模一样。②因此，测试是一种完美的仿真形式，也是基本的社会控制形式。人们在0/1代码和数字信号构成的拟像系统中，已经丧失了选择的主动权和裁决的自主权，其主体地位已经被消解，从而异化为一种被质询、被限定、被剪辑、被切割、被煽动、被勒令——简言之，被操纵——的存在。

（3）**模型先行**　鲍德里亚指出：我们目前生活在一个仿真的时代，仿真逻辑不仅支配着符号生产过程，而且支配着社会生活的一切领域。在仿真逻辑支配下的拟像生产活动中，工业时代的大规模系列复制的生产模式被一种"模型先行"的生产模式取代了。"模型"不同于"原型"，它不是一种本真性的实体性存在，而是一种根据"复制性本身"即复制性的理念设计出来的、由代码加以结构化、由数字仿真技术加以图形化影像化现实化的虚拟性存在。就是从这种本身即是拟像（仿真的产物）的模型，生成了没有本源的仿真化的现实：超现实。对此，鲍德里亚借助博尔赫斯笔下

---

① "测试"一词的精确意义，就是按照程式或分析模式，释放某些回答问题的机制。参见［法］让·波德里亚：《象征交换与死亡》，车槿山译，译林出版社2006年版，第90页。

② ［法］让·波德里亚：《象征交换与死亡》，车槿山译，译林出版社2006年版，第88—96页。

的古老寓言故事做了形象的说明：今天的抽象之物再也不是所谓的地图、副本、镜影或概念的化身。拟像的本源也不再是所谓的实质领土、某种指涉物或实体。拟像的形成来自于"没有本源的真实"所凝聚成的模型，或者说超度现实。领土不再先于地图，不再比地图存在得更加久远。反之，是地图先于国土——仿像先行——地图肇生了国土，而实际的国土在地图的轴页之间逐渐地腐烂掉。① 简言之，在鲍德里亚看来，帝国的领土不再是地图的本源，而是地图的拟仿物；是地图凌驾着领土，是地图肇生了领土。由于依据仿真逻辑生产的拟像符号不再受制于现实之物，而是依赖于先在的模型和范本，这样就使"原本"在符号生产活动中不复存在。于是，在这第三级拟像中，不再有对原型的仿造，也不再有纯粹系列的生产，而只有一些模型。所有的符号形式都通过差异调制而出自这些模型，任何东西都不再按照自己的目的发展，而是出自这种先在的模型，出自一种"参照的能指"。模型仿佛是一种前目的性，唯一的似真性。② 生活中，人们到处都被这种模型控制着。比如，针对太空计划的实施，人们的激昂情绪并非来自事件本身，而是源于被电脑程序所建立的完美模型与电子科技的精确操纵所震慑，被那些预先设定好的事件之美态所攫获。在此，科技的精准操作实际上成为社会的精准操作模型，甚至就是社会化的本质。③

---

① 参见［法］尚·布希亚：《拟仿物与拟像》，洪凌译，（台湾）时报文化出版企业股份有限公司1998年版，第14页。

② ［法］让·波德里亚：《象征交换与死亡》，车槿山译，译林出版社2006年版，第78页。

③ ［法］尚·布希亚：《拟仿物与拟像》，洪凌译，（台湾）时报文化出版企业股份有限公司1998年版，第76—77页。

（三）文化革命：媒介化生存困境的救赎理想

鲍德里亚从符号学和科学技术发展的角度，揭示了当代资本主义社会人的媒介化生存（具体表现为符号化生存和拟像化生存）的异化根源，即社会意指生产过程中符码逻辑和仿真逻辑的支配。那么，如何才能走出媒介化生存的困境呢？对此，他在否定马克思的阶级革命策略的同时，受德波的文化—政治革命策略的启发，提出了通过纯粹的"文化革命"消除媒介化生存对人的异化的救赎理想。具体而言，这一救赎理想主要有两个方面的内容。

1. 象征性交换：重建原始社会交往模型的乌托邦构想

鲍德里亚是在巴塔耶的强调耗费和馈赠的普遍经济学理论以及莫斯的原始社会礼物交换理论的直接影响下提出他的象征交换（symbolic exchange）理论的。[①]鲍德里亚认为，在原始社会存在着一种与现代社会的商品交换和符号交换截然不同的交换形式，即象征性交换。"象征不是概念，不是体制或范畴，也不是'结构'，而是一种交换行为和一种社会关系"[②]，它主要指的是人与人（或与自然、上帝）之间以一定的客体（如礼物）为媒介或象征的关系，且这种关系往往是社会性的、仪式性的。也就是说，"象征交换"并非实物之间对等的"等价"交换，而是具有某种象征性含义的"非等价"交换，或者说，是一种"象征性的等价"交换，而非"真正的等价交换"。进而言之，象征交换是带有某种"符号性"的

[①] 参见高亚春：《符号与象征：波德里亚消费社会批判理论研究》，人民出版社2007年版，第156—168页。

[②] ［法］让·波德里亚：《象征交换与死亡》，车槿山译，译林出版社2006年版，第206页。

交换，是发生在非"实在"的领域，并与实体或实物之间的等价交换不同的社会性交往活动。① 象征性交换最重要的是实现人与人之间的交流，是一种社会交往关系的表达。它主要有以下特征。

（1）**互惠性**　在原始社会的象征交换行为和社会关系中，送礼与还礼是紧密联系在一起的：送礼必须还礼，这是一种强制性的社会交往规则。也就是说，进行象征性交换的双方必须是相互受益的，而不能是单方面受益或获利。原始社会的象征交换过程没有经历过单方面无偿的馈赠，它只经历过交换的挑战和复归。当这种复归被打断时，严格意义上的象征交往关系就死亡了，于是权力就出现了。换言之，单向度的礼物馈赠作为以互惠性为基础的象征交换的反面，只是赠礼者在地位、财富、尊严等方面具有优越性的体现。可见，"互惠"乃是构成象征交换双方进行平等交易的前提和基础：如果是单方面的受益或获利，就会导致交易双方社会地位的不平等，进而滋生出权力和权威的压制与压迫。因此，只有特权阶层，如封建主可以允许自身接受礼物而不回馈，由此打破礼物交换的规则，因为他们的地位保护了他们，使其免受挑战以及免于丧失名誉。而普通阶层的成员一旦接受礼物却不回赠，就会在部落或团体中地位低下，遭人鄙视。②

（2）**可逆性**　象征性交换有一种节奏，一种必不可少的格律：东西必须在相同的速度中按照相同的节奏交还，否则就没有相互性，这个东西也就完全无法交还。因此，在象征性交换活动中，馈赠礼物、接受礼物同回赠礼物是可逆的、循环往复的。鲍德里亚在《象征交换与死亡》中指出：复归原则（反馈赠）是在所有领域都相同的可逆性的、循环复归的、象征

---

① 孔明安：《物·象征·仿真：鲍德里亚哲学思想研究》，安徽人民出版社2008年版，第67—68页。
② 孔明安：《文明的挽歌——鲍德里亚〈象征交换与死亡〉的解析》，载《吉林大学社会科学学报》，2008年第2期。

第五章　象征交换与命定策略：媒介化生存的救赎理想

的形式。这一形式"在各处都结束了时间的线性、语言的线性、经济交换和积累的线性、权力的线性"①。"从此礼物在回赠中逆转，交换在献祭中逆转，时间在循环中逆转，生产在毁灭中逆转，生命在死亡中逆转，语言的每一个项和价值在变位中逆转，这种可逆性的形式正是象征本身的形式。"②"一种精细的可逆性，这就是象征的职责。"③总之，可逆性"是象征交换的一个重要特征，是人类社会中一种普遍存在的'大形式'，是'线性'进步观的反对者和终结者"④。它既不是神秘的、深奥的，也没有难以破解的结构，但它却是任何社会都不可避免的交往形式的特征。

（3）象征性　鲍德里亚认为，象征本质上是一种交换行为和一种社会关系。在象征交换中，物/被交换的东西（的意义）依赖于人，物的地位取决于人，通过人来表现，物的作用在于象征人。在这种交换中，客体是透明的，它直接展示了交换双方的社会关系。因此，象征性交换超越了被给予的礼物，成为交换双方的自我的交换、人性的交换。"馈赠不仅设立了一种象征性的关系——一种交流——而且也使馈赠者之间进行交流，并且建立关系。"⑤在此过程中，礼物是馈赠者情感、人格、自我和尊严的象征物，是馈赠者生活和人际关系的独特体现，并把象征性交换中的物质要素转变为情感交流的象征性要素。而且，原始社会中的象征性交换活动，

---

① ［法］让·鲍德里亚：《象征交换与死亡》，车槿山译，译林出版社2006年版，第3页。
② 高亚春：《符号与象征：波德里亚消费社会批判理论研究》，人民出版社2007年版，第170页。
③ ［法］让·鲍德里亚：《象征交换与死亡》，车槿山译，译林出版社2006年版，第7页。
④ 孔明安：《物·象征·仿真：鲍德里亚哲学思想研究》，安徽人民出版社2008年版，第75页。
⑤ 高亚春：《符号与象征：波德里亚消费社会批判理论研究》，人民出版社2007年版，第176页。

不仅以礼物的馈赠、接受与回馈使人与人之间具有了给予与接受、获得与回报、挑战与应战等象征性的互换关系，而且还以祭祀、祭礼等仪式性的象征形式，在人与自然、人与上帝之间形成了一种和谐一致的关系。

在鲍德里亚看来，原始社会的象征性交换，是一种未被资本逻辑玷污的、积极的、互惠的、自发的社会交往形式，它可以把我们从当代社会生活中符号交换活动的符码逻辑以及拟像生产过程中大众传媒的仿真逻辑的支配下拯救出来。

首先，在当代消费资本主义社会，符码逻辑控制着全部的社会生产和社会消费活动，使得社会生产的重心由物质生产转向意指生产，而社会消费的重心也由对物品的使用价值和交换价值的膜拜转向对物品的符号／价值的追逐。符号／价值和符号交换都是由资本主义符码体系决定的，该符码体系把商品和消费还原为价格、社会地位、社会名望等，体现了资本逻辑对社会生活的侵蚀和控制。而象征性交换活动既不是受控于市场等价逻辑的经济交换，也不是受控于地位差异逻辑的符号交换，而是一种遵从不定性的礼物逻辑的交互性交换。它超越于资本逻辑之外，以对"剩余物"的耗费和挥霍反对生产主义的资本积累（在鲍德里亚看来，积累是一切恶的源头），以建立在互惠逻辑基础上的对无偿馈赠和义务性回馈的倡导和践行反对单方面馈赠所暗含的不平等。因此，在鲍德里亚看来，象征性交换可以摧毁当代消费资本主义社会的符号／价值与符码逻辑，为人类提供一种自由、自主、平等、互利的交往模式，从而使现代人摆脱被符号消费活动中的符码逻辑所支配、丧失了自我的本性与本真追求的生存困境。

其次，在拟像生产过程中，大众传媒作为"反中介的和不及物的"仿真机器，在社会权力和媒介资本的操纵下，依赖于对媒介技术的掌握和垄断，形成了单向度的传播模式。一方面，作为信息传播机构的大众媒体不

第五章　象征交换与命定策略：媒介化生存的救赎理想

是独立自主的，也不是绝对中立的，它们被社会权力所支配、掌控，所传播的就是那些社会权力的掌控者发出的一些指令。这样，由个别人选择和建构的讯息、影像被强加给观者，成为他们认知、体验外部世界的主要依据。而讯息、影像、客观事物被呈现的节奏、方式，也由媒介生产者单方面地决定和实行，所采取的资讯和影像的密集型狂轰滥炸的播放方式，使观者没有任何的思考余地，除了被动地接受之外别无选择。另一方面，媒体本身的高科技高成本的特性，使得普通大众无法接近媒体，无法参与到电视媒体的制作和播放过程中，无形之中媒体与大众之间便形成了一种单向播放与被动接受的关系。由此，大众媒介在信息传播的过程中总是阻止回应，从而让所有相互交流成为不可能。对此，鲍德里亚指出：要正确地理解"回应"这一术语，深刻认识其所具有的重要意义，就必须到"原始"社会去找寻其等同物。按照原始时代的象征性交换逻辑，如果某个人能够给予别人一种力量，却不能被回报，那么，这种不能被回报的给予就打破了根据自身利益所进行的交换，构建了一种垄断，从而使社会发展到了非平等的阶段。但是，回报（回应）却能打破这种权力关系，并且在相互对立的基础上建构（或者重建）象征性交换的循环。鲍德里亚认为，要打破媒介的言说垄断性和传播单向性，除了恢复象征性交换的回馈（回应）原则，别无他途。"所有那些模糊的冲动，那些试图将现实民主化，颠覆既存现实，恢复'符码的透明性'，控制信息传递的过程，努力构建可逆性的循环，或者掌控媒介等冲动都是毫无希望的——除非这种言说的垄断被打破；然而，如果人们只是简单地将它平等地散播到每个人那里，那么言说的垄断是无法被打破的。"[①] 言说必须能够交换，能够使言

[①] [法]让·鲍德里亚：《符号政治经济学批判》，夏莹译，南京大学出版社2009年版，第168页。

说者自我给予和互相回报。(但这并非一个"对话"的问题,因为对话不过是两个抽象的言说者之间功能性的相互调节,其中没有回应,对话者并不在场,在场的只是被模式化的话语。)正是象征性交换活动所要求的回应(回馈)的恢复,才有可能打破传播的单向性和垄断性,实现媒介领域(同时也是所有领域)的革命,使大众从媒介霸权强行带其进入的符号和拟像的泡沫阵中突围出来。

2. 客体的"诱惑":建构现代社会主体身份的命定策略

主客体关系以及主体身份的建构问题是近代以来西方哲学的一个核心主题,也是鲍德里亚媒介化生存批判理论的一个关注重点。面对在现代资本主义社会中人被符号—物、消费意识形态、大众传媒及其拟像所围困导致其主体性日渐丧失的现实,鲍德里亚提出了建构现代社会主体身份的"命定策略"[1]。所谓命定策略,就是指"物"追逐某种行动过程或发展轨迹直至其极限,而且要突破其局限,超越其界限。[2]鲍德里亚认为,既然在现代媒介技术打造的幻觉世界中,客体已经在很大程度上替代并支配了主体,那么不如干脆服从这种命定性。在鲍德里亚那里,"命定性所代表的不是宿命论或是某种神秘的天启,而是一种更高的必然性。"它是"外在于主体并与之相关的东西","位于主体消失之处的东西","也正因此,那

---

[1] "命定策略"(Les Strategies Fatales)是鲍德里亚后期思想中的一个核心概念。Fatales一词既有"命定的、命中注定"的意思,也有"致命的、可怕的、灾难性的"之意。鲍德里亚使用该词阐发的主要是某种与因果关系相对应的逻辑,在其两个含义中更偏重于强调事物间的宿命性关联,其中所包含的命定论和悲观主义色彩相当浓厚,因此笔者采用"命定策略"这一译法。关于该词的译法,笔者主要参考了孔明安:《物·象征·仿真:鲍德里亚哲学思想研究》,安徽人民出版社2008年版,第168页;刘翔:《采取物的立场——让·鲍德里亚的极端反主体主义思想研究》,中国社会科学出版社2012年版,第129页。

[2] [美]贝斯特·凯尔纳:《后现代理论:批判性的质疑》,张志斌译,中央编译出版社1999年版,第169页。

第五章 象征交换与命定策略:媒介化生存的救赎理想

些不再受制于人的策略就成为了命定策略"①。

命定策略在鲍德里亚的思想谱系中主要呈现出"主体客体化"和"客体主体化"两种形态。

(1)主体客体化 鲍德里亚提出,在当前这个日益媒介化、符号化、拟像化的社会,面对电子传媒带来的信息、符号、拟像的大肆泛滥,面对经由大众媒介生产出的客体日益占据社会生活的核心且越来越具有"主体性"地位,大众无所适从,只能麻木接受、漠然处之,成为一群被动接收一切信息但并不进行反馈、不断接受传媒测试和调查但并不反思的"沉默的大多数"。他们不仅不想被告知自己想要什么,而且不想了解它,甚至无法确定他们想要之物。他们把自己交给劝说他们的广告和信息系统,把选择权完全交给别人,从而使自己"身处不负责任、反讽挑战的游戏之中,缺乏意志或秘密诡计的自主权"②,作为"纯粹的客体""从主体的地平线上消失","从历史的地平线上消失"③。需要注意的是,在鲍德里亚看来,大众的这种沉默不仅仅是一种被动的反应,也是一种主动的反抗策略:"沉默是借助退却而生成的一种具有巨大能量的应答,沉默是一种策略。……它完全是终结意义的一条途径,也是终结庞大的政治和信息操纵制度的一条途径。"④在此,大众作为纯粹的客体,以沉默和欲望的缺席来抵制任何使其开口说话的政治期待,从而实施了一种被动的不透明的自

---

① 刘翔:《采取物的立场——让·鲍德里亚的极端反主体主义思想研究》,中国社会科学出版社2012年版,第132页。
② [法]让·波德里亚:《致命的策略》,刘翔、戴阿宝译,南京大学出版社2015年版,第138页。
③ [法]让·波德里亚:《致命的策略》,刘翔、戴阿宝译,南京大学出版社2015年版,第133页。
④ Mike Gane, *Baudrillard Live, Selected Interviews*, London and New York: Routledge, 1993, p.87.

治，使得整个政治场景和话语都中性化了，并以其巨大的沉默抗体抵御了媒介和政治霸权的压迫和操控。可见，这是一条通过使主体客体化的顺应策略来建构现代大众的主体身份的救赎之路。

（2）**客体主体化**　在《论诱惑》（1979）、《命定策略》（1983）等著作中，鲍德里亚已经不再局限于近代哲学的主体性原则，而是开始以"物的立场"和"命定之物"反对传统形而上学的主客体学说。在他看来，形而上学主体的魅力在于其作为权力主体和历史主体的超越性，而在当今的符号社会、拟像社会，大众媒介与人之间的关系发生了颠倒，"不再是主体来欲求，却是转而由客体来引诱"[1]。这样一来，原本作为人（主体）的创造对象（客体）的媒介成为"主体"，具有了"主体性"（不是我们在看电视，而是电视在看着我们），而人（主体）反而成了媒介的诱惑对象（客体）。此时，鲍德里亚对媒介社会中大众的看法已经发生了变化，它是物的化身，甚至也可以说就是物本身。但这个"物"已不是完全被动的、沉默的、受到技术媒介和统治阶级愚弄和操纵的对象，而是要报复主体、摧毁主体、夺取主体位置的"邪恶"之物。作为民意测验的对象，它不再是被动地顺从的客体，而是主动地与民意测验的主体进行调侃、游戏、"水晶复仇"，从而成为主体化的客体。另一方面，媒介生产出来的产品，也已不是传统哲学意义上和主体对立的"客体"，而是一个特殊之物，一个诱惑之物，一个"被赋予了高科技特性的技术物品"，"甚至是具有'意识'功能性的特殊物品，如智能之物"[2]。它具有物活论的特征，是仿真的、命定的、威力无比的，因此对人的生存构成了威胁。形而上学主体的

---

[1] ［法］让·波德里亚：《致命的策略》，刘翔、戴阿宝译，南京大学出版社2015年版，第160页。
[2] 孔明安：《物·象征·仿真：鲍德里亚哲学思想研究》，安徽人民出版社2008年版，第167页。

第五章　象征交换与命定策略：媒介化生存的救赎理想

欲望不再处于世界的中心，占据社会生活核心地位的已是物的命运。该物不是自然状态下朴素的"自然之物"，而是包含了高科技的成分，融入了人的智慧甚至比人还要高明的"物"。正因如此，该物才会具有"策略"，才会通过漠然的"热情"，通过物的惰性（inertia）、调侃似的沉默和认同等，对主体进行"报复"，使主体迷失了方向，失去了其固有的理性中心地位。① 在此情况下，鲍德里亚认为，现代社会中的主体已经深深沦陷于现代性中，失却了革命的可能，只有那些在生活中处于弱势和边缘地位的人或事物，才有可能奋起反抗。于是，他把革命的最后希望留给了"命定之物"。这里所说的"命定"，是指客体已达到其终结状态，或事物的终结可从其起源中预测出来的状态。在此状态下，"客体永远是既成事实"，而主体消失于客体中。因此，命定之物和命定策略都已经与"主体"无关。此时，鲍德里亚赋予命定之物以自主的地位和权力，使它们可以独立于社会关系而自我运转。这是一个以客体主体化的命定策略来建构主体身份的救赎理想。 从主体的客体化（成为没有回应的"沉默的大多数"）到客体的主体化（命定之物取代主体），可以看出鲍德里亚对现代社会主体身份的建构越来越失去信心，越来越走向消极、悲观和虚无。

---

① 孔明安：《物·象征·仿真：鲍德里亚哲学思想研究》，安徽人民出版社2008年版，第174页。

结　语

　　20世纪是现代人类历史上一个波谲云诡的时代，伴随着科学技术飞速发展带来的社会生活的急剧变化，各种社会文化思潮层出不穷。在鲍德里亚为踏上学术之旅进行社会生活体验和思想文化积累的岁月，正是历经两次战火洗礼的西方社会陷入政治、经济、文化的全面危机从而导致生存哲学和存在主义思潮风起云涌的时代，这无疑为他未来的社会文化批判提供了立足点和风向标，从而使其在几十年涉猎颇广、成果颇丰、影响颇大的学术生涯中，在纷繁多样的理论主题的流变中，始终贯穿着对现代、后现代社会人的媒介化生存及其异化问题的关注和思考。不过，在鲍德里亚眼中，"媒介"并非仅仅指传播学意义上的信息发布、散播、交流的工具，而是泛指一切具有中介作用的事物和符号，是个体与外界（他人、社会）之间一切社会化交往和沟通的桥梁。由此，从日常生活世界的各种功能性的、非功能性的、伪功能性的和具有消费功能的物品，到消费社会中的符号消费逻辑及其意识形态幻象，再到由消费意识形态和媒体机构操纵的大众传媒……举凡能对人类生存产生影响的一切具体和抽象事物，均纳入了其媒介文化批判理论的视阈。而贯穿了鲍德里亚整个学术生涯的媒介化生存批判,并非一成不变的思想因循和自我重复。随着时代和社会生活的变迁以及鲍德里亚自身在学术思想方面的发展变化,其媒介化生存批判理论也在内容和方法上呈现出前后不同的特点。在其早期的《物体系》《消费社会》《符号政治经济学批判》《生产之镜》《象征交换与死亡》等著作中,鲍德里亚主要从符号学方法出发,结合精神分析学、人类学、批判哲学等方法,较为系统地揭示和分析了现代消费社会中人在"符号秩序"统治下,依赖于"符号—物"的生产和消费以确定自己的社会地位、确证自身的生命价值的"符号化生存"状态,并对造成这种符码逻辑宰制下的媒介化生存困境的意识形态根源进行了深入的批判。此后,在《论诱惑》《拟像与拟仿》《拟仿》《命定性策略》《交流的迷狂》《在沉默大多数的阴影里》《终结的幻觉》《恶的透明》《完美的罪行》《海湾战争不曾发生》等晚期著作中,则以诗化哲学、后现代形而上学、技术哲学等方法论为依托,对大众传媒(尤其是电视、互联网等电子媒介、数字媒介)按照"模拟秩序"建构而成的"超现实"世界里人的"拟像化生存"和"虚拟化生存"状态进行拟仿式的描述,并对这种媒介化生存困境的新形式进行戏谑式的、反讽性的解构和批判。而贯通这一流变的思想主脉和逻辑引线,则是对与主客体关系的异化、嬗变相应的主体性建构策略(即媒介化生存困境的超越策略)的思考和追索。与马克思主张通过阶级革命消灭阶级剥削、实现自由劳动从而走出物化生存困境不同,鲍德里亚在与其同时代的情境主义者德波主张通过文化—政治革命走出景观化生存困境的思想启发下,将超越媒介化生存困境的希望完全寄托在"文化革命"上。他先是梦想着通过对原始社会象征性交换原则的回归来实现人与人、人与社会之间的平等、互惠、可逆的双向交流,使被媒介(广义的)霸权所压抑的主体性获得解放;尔后面对消费社会的符号—物、大众传媒等客体对主体的全面

"内在殖民",他深感自己这种乌托邦救赎理想的虚弱无力,遂诉诸"主体沉默"和"客体狂欢"的"命定性策略",以期通过"顺势疗法",在有朝一日社会体制和结构系统的"内爆"和逆转中实现主体的涅槃。显然,鲍德里亚的媒介化生存批判理论存在唯心主义、理想主义、保守主义、悲观主义和虚无主义的消极成分,但不可否认的是,其对当代社会的人们深刻认识、理性反思自身所处的媒介化生存困境、警惕并反抗造成这一生存异化的资本主义意识形态的隐性操控和奴役有着巨大的警醒和启示作用。在当代资本主义社会,媒介化生存这一异化现象不仅没有消除,而且随着媒介资本的全球化扩张、消费意识形态的全球化扩散而日益向发展中国家转移和渗透,这就使得鲍德里亚的媒介化生存批判理论可以在更广大的时空中被审视、理解、检验、生发甚至批评、改造,从而使其更加富有活力。鲍德里亚的全部社会文化批判理论可谓博大精深,本书着重阐述的媒介化生存批判理论不过是其思想沧海不断地冲击着人们视野和心灵的阵阵波涛。这波涛后面的大海尚埋藏着丰富的思想资源,还需要我们以足够的理论勇气和丰厚的学养经验去深入地探察和开发。或许,我们可以说,在今后相当长的时期内,中西学术界都无法忘记鲍德里亚!

参考文献

一、中文图书

1. ［法］尚·布希亚:《物体系》,林志明译,(台湾)时报文化出版企业股份有限公司1998年版。
2. ［法］让·波德里亚:《消费社会》,刘成富、全志钢译,南京大学出版社2006年版。
3. ［法］鲍德里亚:《生产之镜》,仰海峰译,中央编译出版社2005年版。
4. ［法］让·鲍德里亚:《符号政治经济学批判》,夏莹译,南京大学出版社2009年版。
5. ［法］让·波德里亚:《象征交换与死亡》,车槿山译,译林出版社2006年版。
6. ［法］尚·布希亚:《拟仿物与拟像》,洪凌译,(台湾)时报文化出版企业股份有限公司1998年版。

7. ［法］让·博德里亚尔：《完美的罪行》，王为民译，商务印书馆2000年版。

8. ［法］尚·布希亚：《波湾战争不曾发生》，黄建宏、邱德亮译，（台湾）城邦（麦田）出版社2003年版。

9. ［法］让·波德里亚：《论诱惑》，张新木译，南京大学出版社2011年版。

10. ［法］让·波德里亚：《美国》，张生译，南京大学出版社2011年版。

11. ［法］让·波德里亚：《致命的策略》，刘翔、戴阿宝译，南京大学出版社2015年版。

12. ［法］罗兰·巴尔特、让·鲍德里亚等：《形象的修辞：广告与当代社会理论》，吴琼、杜予编，中国人民大学出版社2005年版。

13. ［法］雅克·拉康、让·鲍德里亚等：《视觉文化的奇观》，吴琼编，中国人民大学出版社2005年版。

14. ［美］道格拉斯·凯尔纳：《波德里亚：一个批判性读本》，陈维振、陈明达、王峰译，江苏人民出版社2005年版。

15. ［英］克里斯托夫·霍洛克斯：《鲍德里亚与千禧年》，王文华译，北京大学出版社2005年版。

16. ［英］克理斯·何洛克斯：《布希亚》，王尚文译，（台湾）立绪文化事业有限公司1998年版。

17. ［美］瑞安·毕晓普、道格拉斯·凯尔纳等：《波德里亚：追思与展望》，戴阿宝译，河南大学出版社2008年版。

18. ［美］道格拉斯·凯尔纳、斯蒂文·贝斯特：《后现代理论：批判性的质疑》，张志斌译，中央编译出版社2006年版。

19. ［英］迈克·费瑟斯通：《消费文化与后现代主义》，刘精明译，译林出版社 2006 年版。

20. ［英］史蒂文·康纳：《后现代主义文化——当代理论导引》，严忠志译，商务印书馆 2002 年版。

21. ［美］道格拉斯·凯尔纳、斯蒂文·贝斯特：《后现代转向》，陈刚等译，南京大学出版社 2002 年版。

22. ［美］道格拉斯·凯尔纳：《媒体文化：介于现代与后现代之间的文化研究、认同性与政治》，丁宁译，商务印书馆 2004 年版。

23. ［加拿大］马歇尔·麦克卢汉：《理解媒介》，何道宽译，商务印书馆 2003 年版。

24. ［美］托马斯·德·曾戈提塔：《中介化》，王珊珊译，上海译文出版社 2009 年版。

25. ［英］尼古拉斯·阿伯克龙比：《电视与社会》，张永喜等译，南京大学出版社 2002 年版。

26. ［美］约翰·斯道雷：《文化理论与通俗文化导论》，杨竹山等译，南京大学出版社 2001 年版。

27. ［英］多米尼克·斯特里纳蒂：《通俗文化理论导论》，阎嘉译，商务印书馆 2001 年版。

28. ［美］约翰·费斯克：《理解大众文化》，王晓珏、宋伟杰译，中央编译出版社 2001 年版。

29. ［英］戴维·莫利、凯文·罗宾斯：《认同的空间：全球媒介、电子世界景观与文化边界》，司艳译，南京大学出版社 2001 年版。

30. ［英］尼克·史蒂文森：《认识媒介文化》，王文斌译，商务印书馆 2001 年版。

31. ［美］马克·波斯特：《第二媒介时代》，范静哗译，南京大学出版社 2000 年版。

32. [美]戴安娜·克兰:《文化生产:媒体与都市艺术》,赵国新译,译林出版社2001年版。

33. [美]马克·波斯特:《信息方式》,范静晔译,商务印书馆2000年版。

34. [美]戴维·哈维:《后现代的状况》,阎嘉译,商务印书馆2003年版。

35. [英]吉登斯:《现代性与自我认同》,赵旭东、方文译,生活·读书·新知三联书店1998年版。

36. [美]马丁·杰伊:《法兰克福学派史》,单世联译,广东人民出版社1996年版。

37. [苏]鲁特凯维奇:《从弗洛伊德到海德格尔:存在精神分析评述》,关谷鹰译,东方出版社1989年版。

38. [美]W.考夫曼:《存在主义:从陀斯妥也夫斯基到沙特》,陈鼓应等译,商务印书馆1987年版。

39. [美]弗雷德里克·杰姆逊:《后现代主义与文化理论》,唐小兵译,陕西师范大学出版社1986年版。

40. [美]弗兰克:《从存在主义到精神分析》,黄宗仁译,台北杏文出版社1977年版。

41. [德]卡尔·雅斯贝斯:《生存哲学》,王玖兴译,上海译文出版社2005年版。

42. [美]梯利:《西方哲学史》,葛力译,商务印书馆2006年版。

43. [法]让-诺埃尔·让纳内:《西方媒介史》,段慧敏译,广西师范大学出版社2005年版。

44. [美]梅尔文·德弗勒等:《大众传播学诸论》,杜力平译,新华出版社1990年版。

45. [美]塞伦·麦克莱:《传媒社会学》,曾静平译,中国传媒大学出版社 2005 年版。

46. [法]居伊·德波:《景观社会》,王昭风译,南京大学出版社 2007 年版。

47. [法]居伊·德波:《景观社会评论》,梁虹译,广西师范大学出版社 2007 年版。

48. [美]道格拉斯·凯尔纳:《媒体奇观——当代美国社会文化透视》,史安斌译,清华大学出版社 2004 年版。

49. [美]罗杰·菲德勒:《媒介形态变化:认识新媒介》,明安香译,华夏出版社 2001 年版。

50. [美]迈克尔·海姆:《从界面到网络空间——虚拟实在的形而上学》,金吾伦、刘钢译,上海科技教育出版社 2000 年版。

51. [美]大卫·李斯曼等,《孤独的人群》,王昆、朱虹译,南京大学出版社 2002 年版。

52. [美]阿瑟·阿萨·伯杰:《媒介分析技巧》(第 2 版),李德刚、何玉译,中国人民大学出版社 2005 年版。

53. [美]理查德·沃尔曼:《信息饥渴——信息选取、表达与透析》,李银胜等译,电子工业出版社 2001 年版。

54. [加]埃里克·麦克卢汉、弗兰克·秦格龙:《麦克卢汉精粹》,何道宽译,南京大学出版社 2000 年版。

55. [美]丹尼尔·贝尔:《资本主义文化矛盾》,赵一凡等译,生活·读书·新知三联书店 1992 年版。

56. [美]凡勃伦:《有闲阶级论》,蔡受百译,商务印书馆 2005 年版。

57. [美]埃利希·弗洛姆:《健全的社会》,欧阳谦译,中国文联出版公司 1988 年版。

58.［英］本·海默尔：《日常生活和文化理论导论》，南京大学出版社 2008 年版。

59.［日］水越伸：《数字媒介社会》，冉华、于小川译，武汉大学出版社 2009 年版。

60.［英］齐格蒙特·鲍曼：《流动的现代性》，欧阳景根译，上海三联书店 2002 年版。

61.［德］恩斯特·卡西尔：《人论》，甘阳译，上海译文出版社，2004 年版。

62.［德］恩斯特·卡西尔：《语言与神话》，于晓等译，生活·读书·新知三联书店 1988 年版。

63.［法］罗兰·巴尔特：《符号学原理》，王东亮等译，生活·读书·新知三联书店 1999 年版。

64.［英］尼格尔·多德：《社会理论与现代性》，陶传进译，社会科学文献出版社 2003 年版。

65.［法］鲁尔·瓦纳格姆：《日常生活的革命》，张新木等译，南京大学出版社 2008 年版。

66.［美］苏特·杰哈利：《广告符码》，马姗姗译，中国人民大学出版社 2004 年版。

67.［英］弗兰克·莫特：《消费文化——20 世纪后期英国男性气质和社会空间》，余宁平译，南京大学出版社 2001 年版。

68.［芬］尤卡·格罗瑙：《趣味社会学》，向建华译，南京大学出版社 2002 年版。

69.［法］尼古拉·埃尔潘：《消费社会学》，孙沛东译，社会科学文献出版社 2005 年版。

70. 刘怀玉：《现代性的平庸与神奇：列斐伏尔日常生活批判哲学的文本学解读》，中央编译出版社 2006 年版。

71. 汪民安：《罗兰·巴特》，湖南教育出版社 1999 年版。

72. 宋继杰：《海德格尔与存在论历史的解构》，江苏人民出版社 2008 年版。

73. 李智：《论海德格尔的现代性批判：另一种后现代主义》，首都师范大学出版社 2003 年版。

74. 刘敬鲁：《海德格尔人学思想研究》，中国人民大学出版社 2001 年版。

75. 徐崇温等：《萨特及其存在主义》，人民出版社 1981 年版。

76. 王睿欣：《精神分析与法兰克福学派的意识形态批判》，红旗出版社 2008 年版。

77. 傅永军：《法兰克福学派的现代性理论》，社会科学文献出版社 2007 年版。

78. 梁虹：《视觉审美批判》，文津出版社 2009 年版。

79. 邹诗鹏：《生存论研究》，上海人民出版社 2005 年版。

80. 张曙光：《生存哲学：走向本真的存在》，云南人民出版社 2001 年版。

81. 刘扬：《媒介·景观·社会》，重庆大学出版社 2010 年版。

82. 夏莹：《消费社会理论及其方法论导论：基于早期鲍德里亚的一种批判理论建构》，中国社会科学出版社 2007 年版。

83. 高亚春：《符号与象征：波德里亚消费社会批判理论研究》，人民出版社 2007 年版。

84. 戴阿宝：《终结的力量：鲍德里亚前期思想研究》，中国社会科学出版社 2006 年版。

85. 仰海峰：《走向后马克思：从生产之镜到符号之镜——早期鲍德里亚思想的文本学解读》，中央编译出版社2004年版。

86. 孔明安：《物·象征·仿真：鲍德里亚哲学思想研究》，安徽人民出版社2008年版。

87. 张天勇：《社会符号化：马克思主义视阈中的鲍德里亚后期思想研究》，人民出版社2008年版。

88. 刘翔：《采取物的立场——让·鲍德里亚的极端反主体主义思想研究》，中国社会科学出版社2012年版。

89. 张一兵：《反鲍德里亚：一个后现代学术神话的祛序》，商务印书馆2009年版。

90. 孔明安、陆杰荣：《鲍德里亚与消费社会》，辽宁大学出版社2008年版。

91. 刘燕：《媒介认同论》，中国传媒大学出版社2010年版。

92. 冯俊等：《后现代主义哲学讲演录》，商务印书馆2005年版。

93. 高宣扬：《当代法国思想五十年》，中国人民大学出版社2005年版。

94. 蒋原伦：《媒体文化与消费时代》，中央编译出版社2004年版。

95. 石义彬：《单向度、超真实、内爆：批判视野中的西方传播思想研究》，武汉大学出版社2003年版。

96. 罗钢、王中忱：《消费文化读本》，中国社会科学出版社2003年版。

97. 夏光：《后结构主义思潮与后现代社会理论》，社会科学文献出版社2003年版。

98. 潘知常：《传媒批判理论》，新华出版社2002年版。

99. 俞吾金等：《现代性现象学：与西方马克思主义者的对话》，上海社会科学院出版社 2002 年版。

100. 包亚明：《后现代性与地理学的政治》，上海教育出版社 2001 年版。

101. 何佩群：《20 世纪谁在指导我们的思想》，敦煌文艺出版社 2000 年版。

102. 盛宁：《人文的困惑与反思》，生活·读书·新知三联书店 1997 年版。

103. 姜华：《大众文化理论的后现代转向》，人民出版社 2006 年版。

104. 周宪：《审美现代性批判》，商务印书馆 2005 年版。

105. 周宪：《文化现代性与美学问题》，中国人民大学出版社 2005 年版。

106. 周宪：《20 世纪西方美学》，南京大学出版社 1999 年版。

107. 张法：《20 世纪西方美学史》，四川人民出版社 2003 年版。

108. 张弘：《西方存在美学问题研究》，黑龙江人民出版社 2005 年版。

109. 王岳川：《二十世纪西方哲性诗学》，北京大学出版社 1999 年版。

110. 方成：《精神分析与后现代批评话语》，中国社会科学出版社 2001 年版。

111. 鲍宗豪：《网络与当代社会文化》，上海三联书店 2001 年版。

112. 陈卫星：《网络传播与社会发展》，北京广播学院出版社 2001 年版。

113. 张昆：《大众媒介的政治社会化功能》，武汉大学出版社 2003 年版。

114. 蔡勇：《消费者发现与主体性缺席：现代广告理论及运用史评》，中国传媒大学出版社 2008 年版。

115. 曾振华：《广告学原理》，暨南大学出版社 2006 年版。

116. 杜国清：《广告即战略：品牌竞合时代的战略广告观》，北京广播学院出版社 2004 年版。

117. 刘泓：《广告社会学》，武汉大学出版社 2006 年版。

118. 李显杰、修倜：《电影媒介与艺术论》，华中师范大学出版社 1994 年版。

119. 樊葵：《媒介崇拜论：现代人与大众媒介的异态关系》，中国传媒大学出版社 2008 年版。

120. 董焱：《信息文化论：数字化生存状态冷思考》，北京图书馆出版社 2003 年版。

121. 莫少群：《20 世纪西方消费社会理论研究》，社会科学文献出版社 2006 年版。

122. 王宁：《消费社会学》，社会科学文献出版社 2001 年版。

123. 张一兵：《文本的深度耕犁：后马克思思潮哲学文本解读》第 2 卷，中国人民大学出版社 2008 年版。

124. 王杰文：《媒介景观与社会戏剧》，中国传媒大学出版社 2008 年版。

125. 吴宁：《日常生活批判——列斐伏尔哲学思想研究》，人民出版社 2007 年版。

126. 文长辉：《媒介消费学》，中国传媒大学出版社 2007 年版。

127. 杨魁、董雅丽：《消费文化：从现代到后现代》，中国社会科学出版社 2003 年版。

128. 叶晓璐：《法兰克福学派的意识形态批判及其存在论视域》，上海人民出版社 2009 年版。

129. 陆扬、王毅：《文化研究导论》，复旦大学出版社 2007 年版。

130. 汪德宁：《超真实的符号世界——鲍德里亚思想研究》，中国社会科学出版社 2016 年版。

131. 宋德孝：《符号政治经济学批判——鲍德里亚早期思想研究》，上海社会科学出版社 2016 年版。

二、中文期刊

1. ［美］道格拉斯·凯尔纳：《消费社会批判：法兰克福学派与让·波德里亚》，樊柯译，载《首都师范大学学报》（社会科学版），2008 年第 1 期。

2. ［美］道格拉斯·凯尔纳：《鲍德里亚：一个千禧年的跨学科思想家》，孔明安译，载《南京社会科学》，2008 年第 8 期。

3. 张念：《鲍德里亚：人性与风俗德性的思索者》，载《中国图书评论》，2007 年第 11 期。

4. 王岳川：《消费社会中的精神生态困境——博德里亚后现代消费社会理论研究》，载《北京大学学报》（哲学社会科学版），2002 年第 4 期。

5. 孙燕：《博德里亚的后现代媒介理论》，载《广西社会科学》，2007 年第 6 期。

6. 梅琼林、连水兴：《论鲍德里亚的后现代媒介思想——一种哲学层面的审视和反思》，载《东南大学学报》（哲学社会科学版），2007 年第 5 期。

7. 张一兵：《青年鲍德里亚与莫斯 - 巴塔耶的草根浪漫主义》，载《东南学术》，2007 年第 1 期。

8. 徐琴、曾德华：《波德里亚对技术社会的后现代主义批判》，载《上海大学学报》（社会科学版），2007 年第 1 期。

9. ［英］J. 雷契：《让·鲍德里亚的符号价值》，齐鹏译，载《世界哲学》，2004 年第 4 期。

10. 孔明安：《从媒体的象征交换到"游戏"的大众——鲍德里亚的大众媒体批判理论研究》，载《南京大学学报》（哲学·人文科学·社会科学版），2004 年第 2 期。

11. 王岳川：《博德里亚消费社会的文化理论研究》，载《北京社会科学》，2002 年第 3 期。

12. 戴阿宝：《鲍德里亚媒介理论的若干问题》，载《外国文学评论》，2004 年第 2 期。

13. 仰海峰：《"物"的分析：从马克思、海德格尔到鲍德里亚》，载《东岳论丛》，2004 年第 2 期。

14. 仰海峰：《功能化时代的物的意识形态批判——鲍德里亚〈物体系〉解读》，载《福建论坛》（人文社会科学版），2003 年第 3 期。

15. 仰海峰：《拜物教批判：马克思与鲍德里亚》，载《学术研究》，2003 年第 5 期。

16. 仰海峰：《从西方马克思主义到后马克思思潮——早期鲍德里亚的思想转变》，载《南京大学学报》（哲学·人文科学·社会科学版），2003 年第 2 期。

17. 孔明安：《从物的消费到符号消费——鲍德里亚的消费文化理论研究》，载《哲学研究》，2002 年第 11 期。

18. 荣耀军：《现代性与媒介文化批评中的主体型像——从本雅明、麦克卢汉到鲍德里亚》，载《厦门大学学报》（哲学社会科学版），2008 年第 3 期。

19. 张异宾：《我拟真故我在：鲍德里亚的理论逻辑转换》，载《哲学动态》，2008 年第 1 期。

20. 张天勇：《社会符号化——鲍德里亚的另一个研究视角》，载《哲学动态》，2008 年第 1 期。

21. 莫凡：《马克思与鲍德里亚意识形态理论之比较》，载《理论观察》，2008 年第 1 期。

22. 胡大平：《荒诞玄学何以成为革命的理论——鲍德里亚的资本主义批判逻辑》，载《吉林大学社会科学学报》，2008 年第 2 期。

23. 夏莹：《象征性交换：鲍德里亚思想的阿基米德点》，载《吉林大学社会科学学报》，2008 年第 2 期。

24. 张一兵：《以死亡反对死亡：作为理论恐怖主义者的鲍德里亚——鲍德里亚〈象征交换与死亡〉解读》，载《南京社会科学》，2008 年第 8 期。

25. 孙燕：《幻象、超真实与内爆——博德里亚的后现代文化理论》，载《学术论坛》，2007 年第 9 期。

26. 许玲：《消费社会视阈下的电视广告——基于鲍德里亚早期的消费和媒介文化思想》，载《理论月刊》，2007 年第 10 期。

27. 张一兵：《青年鲍德里亚：从后马克思到反马克思主义》，载《现代哲学》，2007 年第 2 期。

三、外文图书

1. Jean Baudrillard, *The Intelligence of Evil or the Lucidity Pact*, translated by Chris Turner, Oxford ang New York: Berg, 2005.

2. Jean Baudrillard, *The Conspiracy of Art*：*Manifestos*，*Interviews*，*Essays*, edited by Sylvère Lotringer, translated by Ames Hodges, New York: Semiotext（e）, 2005.

3. Francesco Proto edited, *Mass*，*Identity, Architecture*: *Architectural*

Writings of Jean Baudrillard. Chichester, West Sussex: Wiley Academy, 2003.

4. Jean Baudrillard, *The spirit of Terrorism: And Other Essays,* translated by Chris Turner, London and New York: Verso, 2003.

5. Jean Baudrillard, *Screened out,* translated by Chris Turner, London and New York: Verso, 2002.

6. Jean Baudrillard, *Forget Foucault & Forget Baudrillard: An Interview with Sylvere Lotringer,* New York: Semiotext(e), 1987.

7. Jean Baudrillard, *In the Shadow of the Silent Majorities-or, the End of the Social: And Other Essays,* translated by Paul Foss, Paul Patton and John Johnston, New York: Semiotext(e), 1983.

8. Mark Poster edited, *Jean Baudrillard: Selected Writings,* Stanford, Calif: Stanford University Press, 1988.

9. Jean Baudrillard, *Simulations,* translated by Paul Foss, Paul Patton and Philip Beitchman, New York: Semiotext(e), Inc, 1983.

10. Jean Baudrillard, *The Ecstasy of Communication,* translated by Bernard, Caroline Schutze, edited by Slyvere Lotringer, New York: Semiotext(e), 1988.

11. Jean Baudrillard, *Fragments,* translated by Chris Turner, London and New York, Routledge, 2004.

12. Jean Baudrillard, *Impossible Exchange,* translated by Chris Turner. London and New York: Verso, 2001.

13. Gary Genosko edited, *The Uncollected Baudrillard,* London: SAGE Publications, 2001.

14. Jean Baudrillard, *The Vital Illusion,* edited by Julia Witwer, New

York: Columbia University Press, 2000.

15. Mike Gane, edited, *Baudrillard Live: Selected Interviews*. London and New York, Routledge, 1993.

16. Jean Baudrillard, *The Illusion of the End*, translated by Chris Turner, Stanford, Calif: Stanford University Press, 1994.

17. William Merrin, *Baudrillard and the Media*, Polity, 2005.

18. Paul Hegarty, *Jean Baudrillard: Live Theory*, Continuum, 2004.

19. David Scott, *Semiologies of Travel: From Gautier to Baudrillard*, Cambridge; New York: Cambridge University Press, 2004.

20. Tilottama Rajan, *Deconstruction and the Remainders of Phenomenology*, Stanford University Press, 2002.

21. Patricia Cormack, *Sociology and Mass Culture: Durkheim, Mills, and Baudrillard*, Toronto, Buffalo: University of Toronto Press, 2002.

22. M. W. Smith, *Reading Simulacra: Fatal Fheories for Postmodernity*, Albany: State University of New York Press, 2001.

23. Richard J. Lane, *Jean Baudrillard*, London and New York, Routledge, 2000.

24. Victoria Grace, *Baudrillard's Challenge*, London and New York, Routledge, 2000.

25. Gary Genosko, *McLuhan and Baudrillard: The Masters of Implosion*, London and New York, Routledge, 1999.

26. Rex Butler, *Jean Baudrillard: The Defence of the Real*. London, SAGE Publications, 1999.

27. Charles Levin, *Jean Baudrillard: A Study in Cultural Metaphysics*, London: Prentice Hall/Harvester Wheatsheaf, 1996.

28. Gary Genosko, *Baudrillard and Signs*. London and New York, Routledge, 1994.

29. Douglas Kellner, *Baudrillard: A Critical Reader*. Oxford Blackwell, 1994.

30. Mike Gane, *Baudrillard's Bestiary: Baudrillard and Culture*, London and New York, Routledge, 1991.

31. Julian Pefanis, *Heterology and the Postmodern*, Duke University Press, 1991.

32. Mike Gane, *Baudrillard: Critical and Fatal Theory*, London and New York, Routledge, 1991.

33. Douglas Kellner, *Jean Baudrillard: From Marxism to Postmodernism and Beyond*, Stanford University Press, 1989.

后　记

　　本书为廊坊师范学院 2016 年出版基金项目（项目编号：LSCB201602），是在我的博士论文《媒介化生存的批判与救赎——鲍德里亚媒介文化理论的生存论阐释》基础上修改完善而成的。

　　最初被鲍德里亚的理论所吸引，是在 2007 年的早春时节。彼时，我的导师冯毓云教授希望我能在后现代理论家中择取一位作为我博士论文的研究对象。于是，某日在翻阅张法先生的《20 世纪西方美学史》时，其所概述的法国哲学家、思想家鲍德里亚的后现代美学理论，以"消费社会""符号价值""仿真""拟象""内爆""超真实""超美学"等崭新的概念及其独特的内涵，令我感到耳目一新，并激起了我深入探究的兴趣。但在查阅资料的过程中，我的关注点渐渐从鲍德里亚的"超美学"理论转移到了他的媒介文化理论上来。因为，随着电子媒介和新媒体的发展，大众媒介在现代社会日常生活和文化艺术活动中的地位和作用日益凸显，媒介文化理论及其现实意义成为当代中外学术界的一个研究热点，因此，对鲍德里亚的媒介文化理论进行研究，与当代的学术潮流无疑是相应相合的。在确定了论文的研究范围之后，从哪个角度切入就成了关键问题。当时，国内对鲍德里亚的研究还不多见，在对其主要著作的深入研读中，我发现鲍德里亚深邃的目光始终聚焦于现代人的生存困境，而且，正是由此出发，鲍德里亚对导致现代人丧失了主体性、自由意志的一系列"社会中介物"（即广义的媒介或曰泛媒介，如物品体系、大众传媒、以消费促生产的社会机制乃至各种意识形态等）展开了深刻的分析与批判，并对现代人如何超越这种生存困境进行了独到的且不乏乌托邦色彩的思考。出于对日益严峻的媒介化生存困境的切身感受，我敏锐地意识到：抓住鲍德里亚对现代和后现代社会人的媒介化生存这一新的异化现象的批判进行系统而深入的研究，无疑极具现实意义。而就当时所掌握的资料来看，尽管"媒介化生存"一词已有人使用，但基本上只是用于一般的现象性描述，尚未有人对这一后现代社会人的生存异化的新变进行专门研究；而在对鲍德里亚的理论思想进行的阐释和研究中，也尚未有人关注其从麦克卢汉的泛媒介观出发对人的媒介化生存异化所做的持续不断的思考和批判。这使我再次领略到了在学术研究领域发现一块尚无人耕耘之地的欣喜以及由此而来的挑战的艰巨，它们构成了我日后很长一段时间里无尽的乐趣和无形的压力。

　　本书从确定选题到最后付梓，竟然经历了长达12年的曲折！2008年11月初，经过一年半的潜心研读和反复思考，我撰写的近3万字的博士论文开题报告顺利地通过了开题论证答辩。本应该趁热打铁紧接着开始动笔撰写论文，却因为要完成其他科研任务而被迫中断。2010年春，当我正式开启论文写作工作时，当初准备开题的过程中看过的许多书籍资料已印象模糊，一些最初的思路也不甚清晰了，于是又重新研读鲍德里亚的原著，重新翻阅相关研究资料，并及时地补充新的研究成果。也正是在这一过程中，我对鲍德里亚理论的博大精深有了更多的了解、体会和更浓厚的兴趣，在研究内容、研究重点和论文的框架设计方面也重新做了调整，放弃了以"宏大叙事"方法对鲍德里亚的媒介文化批判理论进行全面、宏观研究的构想，转而决定采用"文本细读"方法，在生存论视域中对鲍德里

后 记

亚的媒介化生存批判理论进行细致、深入的解读和阐释，以期帮助读者更好地理解鲍德里亚在警示世人摆脱媒介化生存异化方面的深刻洞见和苦心孤诣，从而彰显这位后现代社会学家、哲学家、思想家的独特价值。经过两年半多的潜心钻研和艰辛孕育，在2012年的岁尾，我终于迎来了期盼已久的身心"解放"并胜利"出关"。辛苦娩出的论文以选题新颖、结构缜密、阐述细致、挖掘深入获得了答辩委员会的肯定，同时老师们也细致地指出了其中存在的一些问题和不足，希望我能在正式出版前加以修订、完善。然而，论文的修订出版工作因为各种原因一拖又是三四年（其间，我一直关注着鲍德里亚研究的新进展，也陆陆续续做了一些文字修改，并发表了部分章节的内容），即便2016年9月签订了出版合同之后，每一个校次的修订也都或因为我自身工作繁忙或因为赶上出版社机构改革、人员调整等原因而被耽搁再耽搁……

如今，这本书终于要面世了，一块压在我心头多年的石头终于落地了！在感觉到轻松之余，我也不免心存忐忑和惶恐，因为，这毕竟是我的第一部"纯理论"研究的专著，而所研究的对象，又是超越了我以往熟悉的文艺学和文学领域的、思想深刻犀利但被公认为文风散漫晦涩难懂的法国社会学家兼哲学家鲍德里亚！对这样一位思想高深莫测的理论家的著作进行文本学解读，这对过去耽于以唯美主义的审美趣味鉴赏文学艺术、习惯于甚至擅长运用前现代和现代文艺学美学的研究方法评论作家作品的我来说，真的是极具难度的挑战。因此，书中难免存在的力所不逮之处、疏漏错误之处肯定逃不过学养深厚的读者诸君的法眼，在此敬请各位方家不吝赐教和斧正！

在博士论文的《致谢》中，我曾提道：我的论文选题对我来说是个全新的研究领域，带给我的是巨大的身心压力，以至曾经使我多次产生了放弃的念头……感谢我的导师冯毓云教授！感谢我的知心爱人杨万林！感谢周丽明、王雪玲、王巨川、张良丛、贾鲁华、张守海、宁琳、马卫星、邢崇、何志钧、张淑蓉、孙媛、焦丽梅以及所有关心我、扶助我的挚友和亲人！感谢廊坊师范学院文学院的许振东院长、王颖主任、苗雨时先生、李世萍老师、小王颖老师、王丽娜老师等领导和同事！正是你们的鼓励、开导和宽慰，使我最终战胜了精神和肉体的双重煎熬；正是你们各种形式的热情帮助和鼎力支持，使我离梦想的实现仅剩一步之遥！还要感谢黑龙江省社科院文学所研究员曹俊峰先生、哈尔滨师范大学中文系的姜哲军教授和于茀教授，你们精彩的授课和渊博的学识、严谨的治学态度，对我产生了潜移默化的影响，使我受益匪浅！也要感谢华东师范大学中文系的朱国华教授、哈尔滨师范大学中文系的傅道彬教授和乔焕江教授，你们对论文提出的宝贵意见，使我深受启发！尤其要再次感谢我的导师！感谢您以严师的厚望鞭策我进入一个陌生的研究领域，引领我开辟出一个蕴藏丰富、前景广阔的崭新学术天地；也感谢您以慈母的情怀嘘寒问暖、送餐赠饮，温暖着我离家千里、诸多艰苦与不便的一个个日子……

而今，在书稿将要付梓之际，我还要由衷地感谢北京人文在线文化艺术有限公司第一编辑室主任范继义先生为本书出版所做的策划、沟通等一系列工作，感谢人文在线编辑谷晓倩女士在繁琐的编校工作中的辛苦付出，感谢人文在线给予本书部分出版经费资助。同时，也要感谢廊坊师范学院科研处、财务处的有关领导和老师在项目申报、结项、经费报销等方面给予的支持。更要特别感谢中央编译出版社的杜永明先生对本书的大力肯定，这对我来说是极大的鼓励，也激励我今后在鲍德里亚学术思想研究领域继续深入下去、拓展开去，以弥补本书中所留下的遗憾。感谢中央编译出版社责任编辑郑永杰女士对本书字斟句酌编校，使本书增色并顺利付梓。

王咏梅
2019 年 8 月 8 日